U0565303

一书在手，尽览英语民族大历史

Winston
Churchill

丘吉尔论民主国家
A HISTORY OF THE ENGLISH-SPEAKING PEOPLES

The Age of Revolution
革命的年代

〔英国〕温斯顿·丘吉尔 著

刘会梁 译

上海三联书店

作者简介

温斯顿·丘吉尔（Winston S. Churchill, 1874.11—1965.1），二十世纪伟大的政治领袖。1900年当选为英国保守党议员，之后历任英国政府殖民部次官、商务大臣、内政大臣、海军大臣、不管部大臣、军需大臣、陆军大臣、空军大臣、财政大臣等要职。在每一个岗位上，他都做得有声有色，颇有建树。1939年，英国参加第二次世界大战后，他开始担任海军大臣；后来在1940年5月至1945年7月间，担任联合政府首相；1951至1955年间又出任保守党政府首相。由于在一战期间担任英国海军大臣，二战时又担任英国首相，故两次带领英国度过最艰难灰暗的时刻，并获得最终胜利。他高度的文学素养亦为举世公认，著作等身，包括:《伦道夫·丘吉尔传》《我的非洲之行》《自由主义和社会问题》《人民的权利》《我的早年生活》《印度》《当代的伟人们》，以及描述其先祖的《马尔巴罗传》(四卷)，记录第一次世界大战的鸿篇巨制《世界危机》(五卷)，记录第二次世界大战的《第二次世界大战回忆录》和历史著作《丘吉尔论民主国家》(四卷)等。

序

在本卷描述的期间，即1688年至1815年，有三项革命深深地影响了人类。它们发生在一百年的时空中，全都导致不列颠与法兰西之间的战争。1688年的英格兰革命将最后一位天主教国王驱逐出不列颠群岛，并使不列颠与法兰西最后的伟大国王路易十四恶斗。1775年，美国独立战争将英语民族分为两个国家，各自有独特的展望与活动，但是基于共同的语言、传统与法律仍然团结在一起。1789年，法兰西借由一场革命向欧洲宣扬有关平等、自由与人权的原则，只有1917年的布尔什维克革命才能与之相提并论。在政治动乱之下，当时还不太为人所知的是，科学与制造革命正在为今日的工业时代奠定基础。宗教改革的骚动终于平息下去了。此后不列颠遂因实际的党派目的而非教条意见分歧，而欧洲为了物质上的权力与国家的卓越地位的问题发生争执。较老的概念趋于宗教上的统一，而现在却开启了欧洲竞相扩大国家版图的斗争，而宗教潮流在其中扮演的角色则是每况愈下。

这个故事开始的时候，英格兰的革命已经完成。国王詹姆士弃国逃亡，不久将成为国王威廉三世的荷兰奥兰治亲王，已经抵达英国。他立即卷入了与法兰西的斗争中。法兰西试着将欧洲再度带入框架，即查理曼勉强达到的霸权之下，而且为了这种事的例证，我们不得不回顾罗马时代。法兰西热切的期望在路易十四的身上找到了具体的呈现。德意志因三十年战争而民穷财尽，西班牙的衰微，处处都利于它的勃勃雄心。

同时荷兰共和国的兴起，产生了一个新教国家，虽然人数甚少，但是凭着勇气、海权与贸易而成了欧洲大陆的强权之一。英格兰与荷兰的联盟形成了抵抗法兰西的核心。这两个邻着北海的国家，得到神圣罗马帝国的政治利益之助，面对着集中在凡尔赛官的人才与荣耀。凭着威廉三世、马尔博罗以及欧根亲王的利剑，路易十四的权力被砸得粉碎。因此，汉诺威王朝下的英国，决定接受辉格党的概念。这些概念将《大宪章》及远古时代所有英格兰的基本传承熔于一炉，并且以它们的现代形式勾勒出国家与宗教的关系，以及王室听命于国会的情形。

这整个时期中，不列颠海外属地的开拓在扩展。不列颠群岛团结了起来，虽然在人口数量上处于劣势，却对欧洲产生了值得注意的引导的影响力。另一方面，它们追求的是与大陆截然有别的发展。在老皮特的领导下，于新世界与印度都获得了庞大的领土，大英帝国已初步成形。

美洲殖民地的力量一直都在增长，但不为不列颠政府理解，终于导致它与母国不可避免的分裂。借着美国独立战争——美洲人更熟知的革命战争——建立了合众国。法兰西与欧洲其他国家联合起来对抗不列颠。虽然这个岛屿对海的掌握未曾遭到压制，第一大英帝国却告一结束。

自宗教改革以来，再次一个具有决定性的、解放的运动降落到世界权力的这些改变之上。宗教改革已在蕴含甚广的领域建立了信仰自由。法国大革命设法宣扬人类平等，至少言明了阶级与财富可以不计的机会平等原则。在与拿破仑进行大战之际，不列颠几乎是在与整个欧洲，甚至美利坚合众国为敌。滑铁卢战役、有远见的和平条约以及在英格兰的工业革命，已经将不列颠建立在文明世界的巅峰之上差不多一个世纪。

温斯顿·丘吉尔

查德维尔，韦斯特勒姆，肯特

1956 年 12 月 24 日

全书目录

目　录

地图与系谱

第七部

英格兰迈向世界霸权

第一章　奥兰治的威廉

　　这位出色的亲王为了全体的利益，夺走了岳父的不列颠王位，而他从早年起便一直生活在艰苦与严峻的环境中。奥兰治的威廉早年丧父，后来也没有子女；他的生活中没有爱情，婚姻是应国家的政治要求。他由性格凶悍的祖母抚养成人，年轻时受到好几个荷兰委员会的规范限制。他的童年毫无乐趣可言，而且健康情况很差；他患有肺结核和气喘病，脚也有点跛。但是在这个孱弱而又缺陷的躯壳内，燃烧着无情的怒火，欧洲的风暴在一旁煽风助势，而严峻环境对他所造成的压抑，也加深了他的冷酷性格。他在二十一岁之前便开始了他的丰功伟业，经常在战场上拼斗，经历荷兰国内政治与欧洲局势的每个阴谋。他率领英格兰国内的密谋团体，反抗信仰天主教的国王詹姆士二世长达四年之久。

　　女性对他而言几乎毫无意义。有很长一段时间，他对他钟爱的妻子漠不关心；后来到了统治的尾声，他才知道在他执行的所有英格兰政策当中，玛丽王后给他的帮助有多么重要，他对她十分感激，一如他感激忠实的朋友或帮他维持政府的阁员。她的去世让他无比忧伤。

　　在宗教方面，奥兰治的威廉当然是一位加尔文派教徒，但是他似乎并未从这个教派冷峻的教义中得到安慰。他身为君主，统一天下，完全没有宗教上的偏见，没有任何不可知论者比他更能展现冷静与不偏袒。对他而言，新教徒、天主教徒、犹太教徒或无神论者完全是一样的，没有什么差别；不过他畏惧且痛恨法兰西的天主教，原因在于

3

法国的天主教比较鼓吹偶像崇拜，且并不是因为它是法兰西教会；但是如果他的政策需要那些人来执行的话，那么他会毫不迟疑地加以聘雇。威廉利用宗教问题作为他政治斗争的制衡筹码；英格兰与爱尔兰为了新教而争战时，他对教皇有着重大的影响力，他与教皇的关系是古往今来政治手腕的典范。人们觉得威廉几乎是为了抗拒法兰西与其"大帝"的统治而创造出来的一号人物。

由于幼时的教养与所担负的任务，威廉有着残忍无情的性格。虽然他并没有参与1672年杀害荷兰政治家德·威特兄弟的活动，但是他对此事却幸灾乐祸，实际上也从中得到好处；他同时还保护凶手，给予他们金钱救济。他曾经打算去帮助詹姆士二世抵抗新教的蒙茅斯公爵，但是却没有阻止蒙茅斯从荷兰的藏身处扬帆出海。他最大的污点来自苏格兰：一个高地氏族因为首领在归顺的时候动作慢了点，威廉就签署命令予以铲除。他的部队被派前往格伦科去"消灭盗贼的巢穴"。但是这段插曲被人们认为真正的恐怖之处，是部队以恶毒方式对待氏族部落。王室的士兵在山谷中与氏族部落的人民相处数周，对他们伪装友善并且享受这些人民淳朴的待客之道。突然在一个寒冷的冬夜，兵卒转而杀害这些东道主，不管他们是在熟睡中或是从茅舍向外奔逃。国王虽然并没有下令采用这种手段，但是他背负着这项行径所无法磨灭的耻辱。

威廉为人无情，不过私底下并不残酷。他从不浪费时间做一些微不足道的报复，他只与路易十四斗争。就他年轻时所有带兵的经验与英勇无惧的气概而言，他算不上是一位伟大的指挥官，因为真正的军事天才对战场都会有洞察力，而他却毫无这种特长；他只不过是一位具备常识而行为果决的人，是时运让他指挥作战。他的特长在于外交领域。就政治才干方面的精明、耐心与谨慎而论，很少有人凌驾于他之上。他所结合的联盟，他所克服的困难，他熟练掌控时间与玩弄他人的弱点，以及他正确掌握目标与判断轻重缓急的能力，都让他享有最高的声誉。

威廉现在最关心的事是欧洲即将开始的大战，以及他所促成的庞大联盟。他不把对英格兰的冒险行动当作一回事，虽然它是必要的过程，却也让人感到疲累，只不过为了要达到更大的目的，他才勉为其难地这么做。他没有喜欢过英格兰，对其国内事务也没有兴趣，他看到的是英格兰的黑暗面。而此时为了欧洲的战争，他一定要从陆海两路得到英格兰的财富与权力，而他已经亲自前来获取英格兰的支持。他利用了拥有共同目的而与他建立联盟的英格兰政治人物，并依照他们的支持程度而论功行赏；但是从一个民族的角度来看，他认为英格兰在社会结构与人民忠诚等方面都不及他的荷兰同胞。

威廉在英格兰坐稳王位之后，便几乎不掩饰这些情绪。英格兰人对他这样的态度，以及因而显露的心都显得相当憎恶。英格兰人虽然对不得不接纳新权威表示臣服，但他们也都像欧洲的任何民族一样自尊，没有人喜欢成为被厌恶与轻视的对象，尤其当这些公然的侮辱毫不做作、自动自发、真心地表现出来时更是如此。那些制造 1688 年革命以及之后依然死板地持续推动的重要贵族与国会议员，忍不住怀念起查理二世宫廷轻松自在、欢愉优雅的气氛。威廉生性不喜社交，在餐桌上狼吞虎咽，与人相处时沉默不语，郁郁寡欢，对妇女视若无睹，处处都让上流社会对他存有偏见。淑女名媛都说他是一只"荷兰矮熊"；英格兰的官兵也心神不宁，他们对这次革命的军事问题感到羞辱，他们讨厌见到所有重要的指挥权都交给荷兰人。他们郁闷地瞪着荷兰步兵在白厅与圣詹姆士教堂的岗哨巡逻路线不停地迈着步伐，并且把他们寒酸的蓝色制服与现在已经从伦敦撤走的第一近卫队和科尔德斯特里姆近卫队的深红色华丽服饰拿来比较。只要爱尔兰的战争继续下去，或者有法兰西入侵的威胁，他们都会压抑这些情绪；但是在其他时间里，这些情绪就会猛烈地爆发出来。将英格兰的军队派往欧洲大陆作战一事逐渐不受欢迎，而威廉也一再被要求撤销荷兰近卫队与宠佞。

　　奥兰治亲王威廉于 1688 年 12 月 23 日下午得知詹姆士国王亡命海外，他自己已经成为英格兰的主人之后，马上就为此渡海而来。法兰西大使接到命令，必须在二十四小时之内离开爱尔兰，同时，英格兰加入了反抗法兰西的联盟。因此战端开启，这次战争祸延欧洲达二十五年之久。其间还有一段不安宁的插曲，注定要拖垮路易十四的霸权。

　　整个不列颠民族曾经为了驱逐詹姆士而联合起来，但是现在却没有任何合法的政府。威廉亲王依据发动革命的治国者所提出的意见召开临时国会，但议员被选出来的时候，便牵涉到是否符合宪法正当性等各种问题。曾经负责将威廉召来英格兰的全国无党派联盟，在要求国家建立稳定政府的压力下宣告瓦解，此时个人野心与党派教条在错综复杂的策略运用中脱颖而出，最终影响宪政上的各种安排。查理国王的前任大臣丹比伯爵对这混乱的几个星期抱着希望：在五大臣瓦解之后，他在英格兰缙绅与英国国教教徒的支持声中建立托利党。之前查理与法兰西勾结的阴谋以及"天主教阴谋事件"毁掉了丹比伯爵的政治生涯，为了使他免于敌人所害，查理国王将他监禁在伦敦塔中；到了查理王朝的统治末期，他获得释放，而好运则在 1688 年的革命之中再度降临在他的身上。丹比伯爵身为北方的大地主，这使得他能够在这个重要时刻募集缙绅，并且提供相当可观的兵力，让他挟着这种声望抵达伦敦。忠心的托利党人警觉到斯图亚特王位继承的神圣权利有可能受到破坏，于是丹比与玛丽公主联络，一个能够取悦托利党人的明显解决方式，就是让玛丽凭着她自己的权利登基。依照这种方式，托利党的基本原则就可以保住。为此丹比在仓促召集的贵族院中激辩，因为其他的托利党人，包括玛丽的叔叔克拉伦登伯爵在内，都赞成任命威廉为护国公，而由詹姆士保持着没有实权的国王称号。托利党内部的这种观念分歧，有助于辉格党人得势。

辉格党人将光荣革命看作是对自己政治信仰的证明，即认为王室应该与人民达成契约。现在国会要来决定继承问题，而整个情况要看威廉的决策而定。他对于只拥有身为妻子配偶的名誉称号感到满意吗？如果是的话，托利党人就不会感到被违逆；而辉格党人在革命中所发挥的贡献则会模糊不清。辉格党人在"拉伊阴谋"中丧失了一些领袖，而一位政治人物单枪匹马为他们赢得游戏，他们则获利。

哈利法克斯侯爵乔治·萨维尔对于自己被称为"骑墙派"颇为骄傲。他是当时最狡猾与特别的政治人物。他在这场危机中的优势在于他知道威廉的意图。詹姆士国王在决定逃亡的几天前曾经派他去与入侵的威廉亲王磋商，因此他知道威廉一旦来了便会留下不走，因为荷兰人在英格兰需要有稳定的君主地位，以便应付法兰西在欧洲的侵略威胁。威廉应该代表詹姆士出任摄政的这项提议，仅仅以五十一票对四十九票的差距在贵族院遭到否决；不过在延长的辩论之后，临时国会接受了哈利法克斯侯爵的意见，决定由威廉与玛丽二人共同执掌王位。哈利法克斯大获全胜，而且由他代表贵族院及平民院向两位君主呈献王冠与《权利法案》。然而他的政治观念与党派的发展是对立的；在遇到高度危机的时候，他可以扮演决定性的角色，不过他并没有成群的党派人士支持他。他掌权的时刻很短暂，不过辉格党在后来岁月中得以重振声势，得归功于他。

纠缠不清的问题相继解决。在听取约翰·丘吉尔与莎拉·丘吉尔的私人意见之后，玛丽的妹妹安妮公主愿意让步，放弃权利，表示如果姐姐在威廉之前去世，她可以将继承权让给威廉，因此威廉便毫无争议地获得终生的王位。威廉欣然接受了国会的这个决定。加冕的时候，许多革命领袖都加官晋爵；虽然丘吉尔从来没有打进威廉的小圈子，却也被封为陆军中将，而且实际上担任总指挥一职，负责重建英格兰的陆军。同时，他也被封为马尔博罗伯爵。1689 年 5 月，威廉正式对法兰西宣战。但是他在英格兰无法分身，又卷入爱尔兰的事端，马尔博罗伯爵即率领英格兰部队八千名士兵在法兰德斯抵抗法军。

不列颠群岛现在面临最危险的战争危机。路易十四这位"大帝"极尽自豪与机智之能事，以相当周到与同情的姿态接待流亡的詹姆士，爱尔兰顿时成为焦点。詹姆士在一支训练有素的法兰西分遣队、一些法兰西军官、大批法兰西军火与金钱的支持下，于三月在爱尔兰登陆。他像是一位解放者，因此受到爱尔兰人的欢迎。他借着爱尔兰议会的帮助，在都柏林进行统治，不久后就受到为数高达十万人的天主教军队的捍卫。除了北方的新教徒居留地之外，整个爱尔兰岛都由詹姆士二世的党人所控制。威廉向东眺望，往法兰德斯与莱茵河一带望去，而英格兰国会的目光却注视着相反的方向；他提醒国会要多注意欧洲，但他们却要他注意爱尔兰。威廉国王犯了一个历史上常出现的错误：应对两边的需求，结果往往力不从心。伦敦德里的御敌与渡海而来士兵的救援，是 1689 年军事攻势中一段光荣的插曲。

　　新政府在结构上很快出现了裂痕。辉格党人认为，革命的功劳是属于他们的。他们的判断力、行动、原则都获得充分的肯定，那么他们不应该拥有全部官职吗？但威廉其实也心知肚明，如果不是骑士党与高教派信徒的协助，他永远都得不到英格兰的王冠；此时此刻他身为国王，自然比较倾向托利党的思维，因为这一派的教会完全忠于世袭的君主制度。威廉意识到辉格党的原则最后会导致共和国的建立。他拥有联省执政者之名，在荷兰几乎就是一个国王了，所以他当然无意拥有国王名义，实际上只做个英格兰的联省执政者；因此他准备解散把王冠戴在他头上的临时国会，辉格党人因此知道"工作尚未完成"。在 1690 年 2 月的选举中，托利党大获全胜。

　　森德兰伯爵曾经担任詹姆士国王的主要顾问，所以新国王求助于这位性格深不可测的伯爵，看起来似乎是有些奇怪。但是詹姆士与森德兰现在已经不和且无法恢复旧交，詹姆士二世党人认为森德兰伯爵要为 1688 年的革命负主要责任，森德兰此后便一心一意只为威廉卖命。而他对欧洲政坛的了解，对威廉国王的大计而言是相当珍贵的。在经过短暂的休息后，森德兰伯爵重新出现在英格兰的政坛，并且获得了令人诧异的影响力。他并不敢为自己寻求官职，但是他成就了也同时败坏了其他人的命运。此时威廉将真正的政事托付给采取中间路线的政治人物，包括什鲁斯伯里公爵、西德尼·戈多尔芬、马尔博罗以及现在（事实上一直总是这样子）与所有各党的人都有点疏远的哈利法克斯。他们全都曾经为詹姆士国王效命过；他们关于党派的观念是利用两个党或其中的一个党，而使他们自己避免被斗倒，或是能进一步为王室效劳。他们各自笼络其他的人，"什鲁斯伯里时常与沃顿勾结；戈多尔芬与马尔博罗都与海军将领罗塞尔分享机密。"①随后的二十年间，这些人当中以戈多尔芬与马尔博罗的关系最为密切。戈多尔芬拥有非凡的政治手腕与谨慎超然的态度，从来没有汲汲追求过权力，但是他也很少丢掉官职。他与各式各样的同僚一起共事，总共侍奉过四位君主，但是没有人会质疑他的忠诚，他知道如何运用恰当时机辞职，或是扬言辞职来证明他正直的人格。他天性笨拙、羞涩、爱做梦，然而他的才智全都展现在政事上。

* * * * *

如果 1689 年威廉在爱尔兰发挥他全部的优势，他或许就能在 1690 年脱身而将优势延伸到欧洲大陆。但是在新的一年中，他发现自己不得不亲率领军队前往爱尔兰，到了夏天总共有三万六千人奔赴战场。因此英格兰的全部军力离开了欧洲的主要战区。威廉在低地区指派的指挥官沃尔德克亲王，在卢森堡元帅的妙算之下，在弗勒吕斯战役中惨败；同时法兰西舰队在俾赤岬的外海获胜，击败了英荷两国的联合舰队。在伦敦盛传着"荷兰人保住了荣誉,法兰西人占到了便宜,而英格兰人则蒙受耻辱"。英吉利海峡的控制权暂时交到了法兰西海军将领图维尔的手中，他们的部队此时似乎可以直接入侵，在英格兰登

---

① 引自 K. G. 费灵所著《托利党史，1640—1714》，1924 年版。

陆阻止威廉从爱尔兰返回英格兰。

　　玛丽王后的枢密院（马尔博罗是其中成员之一）必须面对这个令人惊慌的局面，它们受到全国人民忠诚与热情的鼓励。现在全国人民纷纷武装起来，能找到什么就用什么；马尔博罗带着约六千名正规军的核心部队，以及仓促成军的民兵与义勇骑兵队，准备迎敌。不过威廉国王于 7 月 11 日在博伊奈河获得了决定性的胜利，将詹姆士国王逐出爱尔兰，赶回法兰西去了。这位战败的君主请求路易十四派兵征服英格兰，但路易十四并未理睬，因为路易十四的目光现在集中在日耳曼身上。7 月与 8 月中令人焦急的好几个星期过去了，英格兰没有出现什么严重的损失，只有法兰西侵袭者焚烧廷茅斯一事值得一记。到了冬季，法兰西的舰队全数偃旗息鼓，而英格兰与荷兰的舰队则重新整修，再度下海，危机解除。这个冬季临近尾声之时，马尔博罗在玛丽王后的枢密院与威廉国王的共同任命下，率军远征爱尔兰。在为时甚短、战果辉煌的军事攻势中，他夺下了科克与金塞尔两地，并且降伏了爱尔兰南部所有各郡。因此 1690 年年底，爱尔兰战争宣告结束，英格兰重新掌握海权。因此，威廉可以从容地在两年之后亲自率领强大的武力前往欧洲大陆，并指挥联盟的主要部队。威廉带着马尔博罗出征，命令他统领英格兰部队。马尔博罗的天才早就受到盟国部队军官的赏识，但他却没有独立发挥的空间。而且这次军事攻势的规模固然很大，但是却无法决定胜负。

　　此后威廉国王与马尔博罗之间的分歧愈来愈大。在分派次年军事攻势的指挥权时，威廉提议带着马尔博罗前往法兰德斯，担任他身边的中将；但马尔博罗对这个界定不明的职位提出异议，他并不希望被人带到法兰德斯一带闲逛。只做个顾问，提供建议不见得被采纳，却要为随后可能的失败负起责任。他请求除非能像去年一样指挥英格兰部队，否则他宁可留在国内。但是威廉国王将部队交给了刚从爱尔兰的奥赫里姆与利默里克得胜归来的荷兰将领金克尔男爵。平民院正在进行一项诉求，要求对雇用外国人一事进行辩论；据说马尔博罗对讨论这件事持赞成态度，他提议在贵族院也提出同样的请求。他的请求得到广泛的支持，甚至有时候这个请求在两院看起来都可能以多数通过。而且马尔博罗的动作并不仅限于国会，他是首屈一指的英格兰将领，许多阶级的军官都听从他的意见，大声表达他们憎恨国王重用荷兰人。

此时英格兰差不多所有的重要人物，都与现居巴黎附近圣日耳曼的詹姆士恢复关系，戈多尔芬也对流亡的王后怀着敬爱之心；什鲁斯伯里、哈利法克斯、马尔博罗等人全都与詹姆士有书信往来。即使威廉国王知道这些事，他仍然继续任用这些人担任国家要职，也信任这些人。他接受他们两面讨好的做法，也接受他们在扑朔迷离的情况中必须维持两面讨好以保护自己的态度。他也容忍首席英格兰咨议大臣正在为自己投保，以免政府瓦解或者是他本人战死沙场。他知道，或者至少猜想，什鲁斯伯里通过他的母亲与圣日耳曼保持联络，然而他仍然让什鲁斯伯里保有最高的官职。他知道海军将领罗塞尔已经与詹姆士讲和，他还是让罗塞尔指挥舰队。如果威廉与马尔博罗发生不和，绝对不是因为马尔博罗与他的侄子，也就是詹姆士国王的儿子贝里克公爵有所联系，或者是马尔博罗的妻子莎拉与她身为詹姆士二世党人的妹妹蒂尔科纳尔公爵夫人有所联系。威廉大概也知道马尔博罗劝安妮公主写信给她的父亲詹姆士，而马尔博罗本人因此得到了詹姆士的原谅。关于安妮公主取代威廉与玛丽的说法，的确一直在民间流传着，而丘吉尔一家对安妮公主也有着持续重大的影响力。安妮与她姐姐玛丽王后之间的任何不和，都一定使得威廉国王与马尔博罗之间原来已经很严重的分歧变得更加不可收拾。王室人物之间的猜忌扩展得极为迅速。威廉相当轻视安妮的丈夫，也就是丹麦的乔治亲王。他排挤乔治，不让后者参加所有战争，不带他前往法兰德斯，也不让他随舰队出海。安妮深爱着丈夫，因此被这些公然的侮辱搞得火冒三丈。

就像在上司出现争执之际所发生的，做属下的总是倒霉。玛丽王后要求安妮将莎拉·丘吉尔遣送出宫，而顽强的安妮则拒绝。谈话变成了争吵，感到困扰的朝臣纷纷退出宫去。两姐妹分开时都怒气冲天，好像今生不会再见面似的。隔天早上九点钟，马尔博罗解除他身为宫廷内侍的职责，将他的服装交还给国王，而威廉保持着他惯有的无动于衷的神情。两个小时之后，国务大臣诺丁汉伯爵交给马尔博罗一张书面命令，要他交出所有的文武官职，并且宣布即日起解除他的军职与所有公职，禁止他上朝。对于这个重大的打击，政府并未给予任何官方理由。但是马尔博罗却毫不在乎，对解职等闲视之；而与他交游甚密的国王首要咨议大臣们，全都感到不满。什鲁斯伯里不赞同这项做法；戈多尔芬扬言要退出政府；现为海军总指挥的海军将领罗塞尔，甚至肆无忌惮地当面斥责威廉国王忘恩负义，对不起"将王冠放在他头上"的那个人。玛丽王后现在禁止莎拉上朝，而安妮则进行反击，干脆辞朝不上。安妮离开了她位于白厅斗鸡场的住处，而到索萨默塞特公爵提供的锡昂府邸居住。没有任何压力会让安妮离开她这位珍贵的朋友。而在这些不幸及几乎形同迫害的烈火中，英格兰的命运即将要依赖的链环已经打造完成了。

第二章　欧洲大陆的战争

威廉出兵进行欧洲大陆战争不久，入侵的威胁立即落到一兵一卒都没有留下的这个岛屿。路易十四现在计划君临英格兰，而詹姆士国王将有机会重新夺得王位。詹姆士二世党人在圣日耳曼的流亡朝廷敦促法兰西陆军部已经有两年之久，他们表示重返英格兰的时机已经成熟，随时准备复辟。由一万名奋不顾身的爱尔兰士兵及一万名法兰西正规士兵组成的大军，在瑟堡附近集结；拥有众多运输船与补给船的法兰西舰队，也在诺曼底与布列塔尼的港口集结待命。

到了 1692 年 4 月中旬，英格兰政府已经获悉法兰西的种种计划，他们在海陆方面都做好了积极而有力的防卫准备，就像碰到西班牙无敌舰队逼近时的情形一样，全国都保持警戒。但是一切都得视海军将领而定。罗塞尔像马尔博罗一样，已经与詹姆士二世党人的密使有所商谈。威廉与玛丽担心罗塞尔会背叛他的国家与他所信奉的宗教；詹姆士也相信罗塞尔会如此。不过詹姆士二世的消息来源指出，罗塞尔明白地告诉密使尽管他心向詹姆士，也很厌恶威廉的政府，但是如果真的在海上遇到法兰西舰队，他还是会竭尽全力将它摧毁，"即使詹姆士国王本人在舰上也是如此"。罗塞尔说话算话，在交战之日他对水手们说："如果军官欺骗你们，你们就把他们丢到船外，而且先丢我吧！"

5 月 19 日和 20 日，英荷联合舰队在黑格角与率领法兰西海军的海军将领图维尔相遇。罗塞尔的无敌舰队载有四万名士兵与四千门大炮，以九十九艘舰船对付四十四艘的法兰西舰队占了上风。双方猛战，图维尔一败涂地。罗塞尔与他的舰队本来在詹姆士二世党人的名单上全被当作是效忠詹姆士国王的拥护者，现在却尾随被击败的法兰西海军追进它的各个港口。在接下来的五天中，败阵的法兰西舰队尽管有岸炮掩护，但都被由英格兰划艇组成的小型舰队击败。前英格兰国王詹姆士亲眼看见了这些携带他返回英格兰海岸的入侵工具被全部摧毁。

黑格角战役与之后的行动，消除了英格兰人对俾赤岬战役的回忆。它彻底粉碎了之前因为威廉与安妮的战争而出现的法兰西海上霸权。它可以说是十七世纪的特拉法尔加战役。

陆上军事攻势在 1692 年于西班牙属地尼德兰（现今的比利时）展开。战争开始时法兰西的战果辉煌，那慕尔落入法军之手。但是接下来的情况变糟。威廉于 8 月率领士兵夜晚行军，攻击卢森堡元帅；清晨时法军在斯泰科克遭到突击，他们的精良部队被击溃，军营在一个钟头之内变得一片混乱。但是卢森堡还是适当应付了这些紧急情况，设法排出秩序井然的阵式。英格兰的步兵担任联军攻击的前锋，麦凯将军率领八个精锐团冲锋，在战斗中击溃了瑞士军队，战况的激烈在欧洲历史上前所未有。卢森堡现在使用法兰西的禁卫军，对已经战得筋疲力尽的英军发动攻击，在经过一番肉搏战的恶斗之后，法兰西的禁卫军将英军击退。同时，法军由四面八方挺进，后援部队也开始抵达战场。索尔姆斯伯爵是一位荷兰军官，也是威廉的亲戚，他取代了马尔博罗指挥英军的分遣队，但是队上的军官士兵早就讨厌他。他说了一句"我们现在看看这些牛犬能做出什么事来"，拒绝麦凯派兵增援的请求。英军因此丧失了两位最优秀的将领，他们的士兵近半数非死即伤。要不是后来一位在马尔博罗指挥的许多战役中扬名的荷兰副将奥弗科克采取行动，英军将会无法脱逃。威廉无法控制战局，看到这场屠杀忍不住流下泪来，并且痛呼："我可怜的英格兰子民！"到了中午，联军全部撤退。虽然双方各损失七八千人，从数字上看不分胜负，但实际上法军宣布他们在欧洲大陆告捷。

这些事件激怒了英格兰国会，他们对索尔姆斯伯爵见死不救的行为展开了最激烈的辩论。贵族院通过一项呈文，表示任何英格兰的将领都不应该做荷兰人的部属，不论荷兰人的官阶为何。政府的发言人十分为难，但还是劝说平民院，表示在欧洲大陆军事攻势中没有任何英格兰军官适合担任将领。虽然面对强大的反对压力，国会仍然表决通过了为接下来的另一个调度不当，如同灾难的作战年度提供经费补给。1693 年 7 月大规模的兰登战役开战，其屠杀之惨烈，在欧洲二百多年来只有马尔普拉凯战役与博罗季诺战役可以相比。法军的兵力相当强大，不过威廉国王决定抵抗他们的攻击，差不多一夜之间便在基特河弯弯曲曲的区域，沿着兰登溪环抱的乡野构筑了一个由坚固的壕沟与尖桩篱栅组成的阵地。在英勇的抵抗之后，英荷联军还是被法军逐出了阵地，损失了差不多两万人马，而法军的损失不到这个数目的一半。威廉聚集残余的部队，并得到援兵，再加上卢森堡没有乘胜追击，所以威廉还能够亲自再上战场。1694 年威廉计划远征布雷斯特，根据詹姆士二世党人的说法，马尔博罗对法兰西透露了这个计划。无论如何，英国的陆军指挥官托马斯·托尔马什率领军队进攻时，遭到阵地以逸待劳的强大火力，被逐退到船舰上，英方损失惨重，他自己也因伤殉国。毫无疑问，控告马尔博罗的那封信是伪造的，没有任何证据指出他把任何情报传递给法军。可以确定的是，法军由于有其他来源，所以消息相当灵通。

＊　　　＊　　　＊　　　＊　　　＊

英格兰政府原始的财政状况，几乎负不起欧洲战争的重担。查理二世在位时，英格兰就因为缺钱被逼得在外交事务上扮演次要的，有时甚至是丢脸的角色。威廉三世在欧洲大陆的冒险事业，也迫使英格兰的政治人物重建这个国家的信贷与财政制度。

政治上，东山再起的辉格党所组成的第一届战时政府，拥有查理·蒙

1689— 1714年
的尼德兰

联合省

海牙

奈梅亨

奥斯坦德

布鲁日　　根特　　安特卫普

加来

西班牙

奥德纳尔德　布鲁塞尔马斯特里赫特

里尔　　斯泰科克　　拉米伊　　列日

马尔普拉凯　　那慕尔

尼德兰

法兰西

莱茵河

科隆

波恩

默兹河

特里夫斯

摩泽尔河

英里

0　　　　50　　　　100

塔古这位一流的财政家，因此蒙塔古负责面对这个重大的问题。在欧洲大陆奋战的英军每天都需要领饷，而储备的黄金正在快速地减少；财政官员都忧心忡忡，担心财政会完全崩溃。解决这项困境最重要的步骤，就是建立全国性的信贷机构。荷兰人多年来都依赖与政府密切合作的国家银行，而英荷两国亲密的合作，自然让辉格党人注意到他们的范例。身为财政大臣的蒙塔古与苏格兰银行家威廉·佩特森合作，于1694年创立私营性质的财团英格兰银行。这个机构维持个人企业与私人合股公司的原则将与政府合作，并且为支持政府信贷提供必要的资金。

蒙塔古没有因此就感到满意。他获得哲学家约翰·洛克与财政部的威廉·朗兹的协助，计划对货币进行通盘的改进，不到两年，币制改革便完成。英格兰借着这个扎实改革的财政制度，在未来不但能够承受威廉国王进行战争的负担，而且还能面对西班牙王位继承纷争的长期劫难。它或许是辉格党人的一项最伟大成就。

1694年底玛丽王后罹患天花，于12月28日去世。她到最后都未能与她的妹妹安妮和解，臣民对她的去世都表示哀悼，威廉国王更是思念许久。在此之前人们都以为许多疾病、战争、阴谋的攻击都集中对付威廉这个孱弱而暴躁的生命，玛丽会比她的丈夫活得更久，她就可以凭着她的权利得到英格兰的王位而一统天下。但是事实并非如此，王冠现在终身都归威廉，此后也一定会传给安妮。这种情形改变了安妮公主的整个地位，也因此改变了丘吉尔夫妇的地位，他们本来就是安妮忠心耿耿的密友与拥护者。自从玛丽王后咽下最后一口气的那时起，马尔博罗的利益便与威廉一致。他与威廉一样，决定要粉碎法兰西的权势，而此时他对威廉外交政策的整个特性与目标都表示赞同。威廉与安妮达成了正式的和解。马尔博罗在前线与国内被剥夺了文武官职达四年之久，但是凭着天性的耐性与对事件变化的先见之明，他现在坚决地支持威廉。

1695年威廉国王获得了他唯一的胜利。他虎口拔牙，对抗法军，收复了那慕尔。这件事使得持续长达七年以上的战争到了1696年年底都还未能分出胜负。被称作海上强权的英格兰与荷兰与日耳曼都防御得相当好，但他们对这场战争已经感到厌倦。西班牙好战，却已经力不从心；只有哈布斯堡王朝的利奥波德皇帝对于一直处于虚悬状态的西班牙王位虎视眈眈，急于维持反法联盟。大联盟开始瓦解；而路易十四也感到长久以来四面八方的抗争压力，现在有意谋和。威廉无法阻止敌友双方的谋和趋势，不过他知道目前不和的状态仍未能平息；他唯一的愿望是延长不和的时间，可惜他并不能孤军奋战。

＊　　　＊　　　＊　　　＊　　　＊

《赖斯韦克条约》的签订，代表这次世界性大战第一阶段的结束；事实上它只不过是停战而已，不过有很多可能性能让这次停战更为稳定，变成持久的和平。威廉与路易十四相互表达最大程度的尊重。欧洲为了抵抗土耳其的侵略而暂时团结了起来，许多人安慰自己，希望借着《赖斯韦克条约》将反对法兰西拥有过大力量的对抗变成均势。不过这个愿景却被保守党人与他们的盟友给毁了。为了达成永久的和平，英格兰确实应该强大与武装起来，这样子才能平等地与路易十四对抗；但是此时的保守党人在心态上对于干预欧洲大陆事务表现出强烈的反弹。平民院抱怨赋税，对每种限制感到不耐烦，他们强力宣传撙节开支与裁减军备。战争的压力一旦松弛下来，他们便只知道将武器丢掉。英格兰停战时，还有八万七千名正规军。威廉国王认为，为了保障公共安全与利益，至少应该保持三万兵员及大量的军官；但是他的大臣都不敢要求超过一万人，而平民院只批准保留七千人；此外海军也遭到削减，只是程度稍轻而已。军官与士兵后来流落街头或是游荡到乡间为非作歹。英格兰已经做出各种牺牲，表现出罕见的力量与勇气，但现在却变得柔弱且缺乏远见，衰败下来。英格兰只要稍微表现毅力，尽管不会高踞于其他国家之上，至少会安全无虞。

威廉统治期间的政治局势明显混乱，大部分原因是他不想亲自处理两个主要党派当中任何一党的事务。他期望组成全国联盟支持国家力抗法兰西，而不愿在宪法上帮助任何一方。但是几个月之后，他了解到辉格党与托利党对欧洲大陆战争各持己见，而英格兰政治当中一个为大家所熟知的形态就这样出现了。辉格党人对法兰西侵略欧洲其他地区很敏感，他们了解这些斗争的深层本质，所以尽管他们对待威廉不够圆滑，还有些轻视，却时时刻刻准备建立一个能作战、有效率的战时政府。另一方面，托利党人憎恨国家卷入欧洲大陆的事务，并且极力倡导人民所主张的传统孤立主义。因此，这个时期的政治状况是两党此起彼落，辉格党领导两三年的战事，然后托利党会因为反战浪潮的兴起而重新掌权。拥有土地的缙绅大都被要求缴纳土地税资助战争，所以他们当然反对战时政府，而战争的成果也因此被轻率地抛掉了。不过英格兰银行的建立引起了这些缙绅更强烈的怀疑。他们看见商人阶级中出现一个争取政治影响力的对手，而难以对付的信贷机构则使得这个对手变得更强。这家银行是辉格党设立的，它为政府提供贷款，并且从战争中牟取利润。它可算是绝妙的政党政策。但是 1697 年辉格党政府正是因为这些议题被赶下台，而当时是托利党希望之所寄的罗伯特·哈利便在这样的情况之下，于平民院建立了他的权势与地位。

　　哈利拥有今天每个人都能理解的现代特质，但在当时却是非常特殊的人物。他是在清教徒家庭出生与长大的。哈利原本是一位辉格党人，也是反对国教者，之后成为精通国会战术与程序的大师。我们确信，他了解"延长"辩论、"搅乱"议题及拾取与利用民众呼声的艺术；他在与宫廷作对的过程中逐渐转变，从辉格党人变成了托利党人，由反对国教者变成了高教派教徒，成为托利党在教会与国家中的主要人物。1698 年，他实际上已经成为托利党人在平民院的领袖，是他进行不顾后果的裁军运动；是他设法以托利党的土地银行与辉格党的英格兰银行一争长短。不过他随时都梦想有一天可以超越国会范畴，在战争与外交的国际舞台上扮演一角。哈利受到爱德华·西摩爵士的支持，西摩则是这个时代著名的"虚伪家伙"，他领导过康沃尔与西部强大的托利党人；此外，哈利在贵族院则受到诺丁汉与罗切斯特伯爵的帮助。这四个人会一起利用有时存在于托利党当中的卑鄙情绪。他们将经验丰富的士兵与忠实的胡格诺军官逼走，让他们的生活更为贫穷；他们逼威廉遣走他的荷兰近卫队；他们竭尽所能矮化且暗中破坏国家的军力；他们利用和平、省钱与孤立之名，却替重启更加可怕的战端而铺路。他们的行为在我们这个时代中也有人模仿。托利党在1696年至1699年间赞成这么做的人，与他们的后辈在1932年至1937年间所主张的极其相似。这么相似的例子，在历史上恐怕再也找不到了。在各个时代中的短浅见解都符合党派的精神，但也损害国家的利益，将国家的所有目标都弃之不顾，而准备面对卷土重来、更为致命的斗争。在托利党的记录中，这些一再发生的卑劣行径，抵销了它以高贵的爱国情操为国家做出的许多伟大贡献，实在是很可悲[①]。

＊　　　＊　　　＊　　　＊　　　＊

令人绝望的孤立主义浪潮冲击着这个岛屿上的统治阶层，威廉也受到这股浪潮的侵袭，因此也想过退位返回荷兰。虽然他保留了这个倔强民族的宗教与制度，将其名声提升至欧洲的顶端，但他现在即将要放弃它们了。他表现出难以形容的蔑视神情，报复先前英格兰人仇视外国人的态度。但如果我们回想一下他在统治初期常常处事不周、行为不当、待人不公及他随意赐予荷兰人的不当恩宠、对英格兰指挥官所施的不义、对他的王国臣民表现出无法理解的嫌恶感，我们便能了解并非所有的责备都应该落在某一方。威廉现在所苦恼的是他必须先偿还前几年的债；至于英格兰人，他们只不过是因变化太快以至于

---

① 写于1939年初。

无法以辛劳和流血来弥补之前的愚蠢行为。

由于苦恼,威廉再度指望马尔博罗为他出力,但前途似乎早已掌握在马尔博罗的手中。威廉国王的生命与力量都在衰退,安妮的确会继承王位;而随着安妮的登基,马尔博罗实际上就会获得统治权,现在马尔博罗耐心地等待事件朝此发展。威廉缓慢地去除对马尔博罗的强烈敌意,他有次甚至说假使他自己是个平民,他与马尔博罗会以单挑来解决他们的歧见。二人的和解还有另外一个原因,一位名叫凯佩尔的年轻荷兰朝臣在威廉国王面前相当得宠,国王在几年之内将他从侍从擢升到政府要人,而且封他为阿尔伯马尔伯爵。他们两个人很相像,秉性诚实,而且心思缜密。威廉孤独一人,膝下无子女承欢,所以对待凯佩尔犹如钟爱的养子。而凯佩尔与马尔博罗交情很好,所以凯佩尔在马尔博罗与威廉国王的和解中扮演了重要角色。安妮唯一存活的儿子格洛斯特公爵现在已经九岁,公认适合担任王位未来的法定继承人,只要辅以优秀而有地位的监护人即可。1698 年的夏天,威廉国王邀请马尔博罗担任小王子的监护人。"教导他吧,我的先生。"他说,"不过考虑到你的才能,我的侄子也莫想有什么成就了。"同时马尔博罗也恢复了在军中的官阶,回到枢密院任职。

长久的冰霜一旦解冻,威廉国王在与有着安详、实际、灵活性格的马尔博罗二人间所出现的许多麻烦当中找到了疏通之道。1698 年 7 月马尔博罗被任命为九位上诉法院法官之一,能够在威廉出国时代为行使君权。从这个时候起,威廉似乎日益求助于马尔博罗。威廉在统治时期最重要的岁月中,曾经拒绝马尔博罗的援助;而他在和平时期反而重用这位他在战时不予理会的战士。虽然马尔博罗在年轻时以军事为职志,但在国王统治快结束的岁月中却成了首屈一指、有权势的政治人物。他在许多方面帮助威廉国王,同时极尽小心之能事掌控托利党;因为他知道尽管托利党有许多恶行,但他们毕竟是英格兰最强大的力量,代表着英格兰人性格中某些深刻的特色;而且他确信如果没有托利党的支持,他不可能维持任何有效的外交政策。他无意成为只是个依附国王恩宠的人，同时安妮公主也是一位信奉英国国教的固执托利党人，因此在威廉统治的晚年，马尔博罗与威廉国王烦扰国王的托利党人相处得相当融洽。他尤其支持威廉国王以及防止不当的裁军，而且事实上在这方面，还领导贵族院进行斗争。1700年年幼的格洛斯特公爵得了流行的致命天花而夭折，使得马尔博罗失去了官职；但他仍旧与戈多尔芬维持最亲密的来往，位于政坛的正中央。

现在英格兰与苏格兰王位都没有新教直系的继承人。借着《王位继承法》，詹姆士一世那活泼又吸引人，做过短暂波希米亚王后的女儿传下来的汉诺威家族这一系的人士，被宣布在威廉与安妮之后继位。这项法令成为定则，也就是未来的每位君主都必须是英国国教的成员。同时，由外国人担任的君主如果没有经过国会的批准，不得向欧洲大陆宣战，他如果没有获得许可也不得前往海外，而且任何外国人都不得参加国会或枢密院。这项法令记录下了英格兰人对威廉三世的种种不满，国会已经留意到此现象，它使得汉诺威家族将受到比威廉更为严格的限制，但是它也竭尽全力让王位在新教徒中得以代代相传。

第三章　西班牙的王位继承

从来没有任何一场大战像西班牙的王位继承战争一样，交战的双方都不是很情愿地投入战场。欧洲已经精疲力竭，幻想破灭。在威廉与路易十四之间新建立了以往彼此就曾经有过的接触，这个举动表达出海权国家英格兰与法兰西两国人民的衷心愿望。但是在他们及欧洲其他国家的民众头上都笼罩着迟迟不散、令人畏惧的乌云，因为西班牙国王即将驾崩。威廉深知其实力的虚弱，他认为没有任何事会让英格兰再次参战；而缺少英格兰的帮助，荷兰只剩屈服一途。威廉国王因此实行瓜分西班牙帝国的政策。西班牙帝国包括尼德兰南部、意大利的一些地区及新大陆的大部分地区；一共有三位要求继承西班牙王位的人，他们的权利都列在所附的世系表上。

第一位继承人是法兰西王储，如果在法兰西与西班牙的王位无法结合在一起时，就由王太子的次子安茹公爵代表。第二位是神圣罗马帝国皇帝，他极力争夺继承权，也愿意将他的权利转交给其第二位妻子所生的次子卡尔大公。第三位是神圣罗马帝国皇帝第一次婚姻所生的孙子，也就是巴伐利亚的选帝侯。1698 年 9 月 24 日签订了分割条约，其内容是，如果不能将西班牙帝国的大部分地区给予有最充分的继承权的人选，那最起码要给予势力最弱的人选。路易十四与威廉都承诺选帝侯是西班牙国王查理二世的继承人，并建议对法兰西的王储给予相当的补偿。路易十四与威廉三世共同进行这个计划，让神圣罗马帝国皇帝感到痛恨。而且这个计划公诸社会之后，在西班牙引发了强烈的反抗。西班牙人表示他们最在意的是西班牙领土的完整，至于哪位王侯将统治他们，对他们来讲是次要问题。在这场长期斗争即将结束的时候，西班牙人采取相反的态度，此刻他们最好的办法就是维持不被分割的西班牙帝国。不过，路易十四与威廉国王不顾所有的反抗，径自实行解决这件事的办法。

这时候发生了一桩令人震惊的事。1698 年 9 月威廉在位于荷兰境内的罗宫中签订了分割条约，1699 年 2 月，巴伐利亚选帝侯——这位庞大领土的继承人，这几个强国打算将最华丽的奖品交给的儿童——突然夭折了。选帝侯为何在这个时刻去世及死因为何，都引起各种猜测。这件事实则冷酷地摆在世人面前，所有这些用心良苦、危机四伏的谈判都必须重新开始。威廉与路易十四费了好大的努力，于 1699 年 6 月 11 日签订了第二次的分割条约。卡尔大公凭借这个条约成了王位的首要继承人，他可以继承西班牙及其海外殖民地、比利时等地，条件是它们将永远都不得与神圣罗马帝国合二为一。法兰西王储将获得那不勒斯与西西里、米兰及意大利的其他属地。

西班牙国王没有子嗣，他柔弱的生命有如风中残烛，已经燃烧殆尽。他除了残废与疾病交相摧残之外，心智也备受折磨。这位受害者相信自己中了魔，他唯一的安慰仅是冥想早日归土；全体国民都很焦虑，继续看着他微弱的脉搏与日益加深的癫狂。不过，他继续伫留在死亡边缘长达三十多年，等待他去世的欧洲大政治家们反而都逐一消逝在漫漫长夜之中。卡洛斯现在走到了折磨的尽头，但在他即将辞世的病躯中、含混不清的心智中、迷信的灵魂中，却闪耀着一定要保持西班牙帝国统一的想法。他决定在弥留之际宣布广大的领土应该完整地传给一位王亲贵胄，而且只能传给一位。对立的利益团体彼此争着要为他送终，此时他终于听从劝告签署遗嘱，将他的王位传给安茹公爵。遗嘱于 10 月 7 日完成，信使快马加鞭将消息从埃斯科里亚尔送到凡尔赛。11 月 1 日查理二世殡天。

路易十四现在处于法兰西历史上一个重大的转折点。他应该驳斥遗嘱，坚守分割条约，联合英格兰与荷兰来执行它吗？或者是废除条约，替遗嘱背书，在战场上保卫他孙子的继承权而抵抗所有的敌人吗？英格兰会反抗他吗？除了坚定的信仰与墨渍未干、郑重签署的条约之外，这个抉择就像许多重大的抉择一样利弊参半。神圣罗马帝国皇帝拒绝同意第二次的分割条约。它有效吗？路易十四发现很难下定决心，便于 11 月 8 日在王后曼特农夫人①的宫中举行会议，会中决定违背条约，遵守遗嘱。11 月 16 日著名的场面在凡尔赛宫上演：路易十四在早晨接见西班牙大使时，将他介绍给安茹公爵，并且对大使说："你可以尊他为国王而向他致敬。"而这位大使鲁莽地说出了众人皆知的话："再也不会重演比利牛斯山的事情了。"②

面对这件事，威廉不得不承认安茹公爵为西班牙的腓力五世。那时平民院议员的想法仍旧距离欧洲现实甚远。辉格党或托利党都不会相信他们会被逼着进行一场违反他们自己意愿的战争，更不相信他们的约定会被改变。先前他们完成了英格兰的裁军；他们热切地接受路易的保证，即路易"对现有权力感到很满意，所以不会为了增加权力而牺牲其孙子的利益"。一位波旁家族的王子将成为西班牙国王，但是会保持独立，完全不受法兰西的控制。平民院被轻易承诺的甜言蜜语所骗，认为查理二世的遗嘱比起两个分割条约中的任何一个都更为可取。托利党人的愤怒集中在这两个被取代的分割条约上面，他们不但抨击这些条约本身有欠考虑，更对盟国耍弄阴谋，而且他们也宣称秘密协商与签订条约是违宪行为。托利党人甚至设法弹劾负责相关事件的大臣。

---

① 曼特农夫人（1635—1719），法国国王路易十四的第二位妻子，原为宫廷女官，后成国王续弦。——译注

② 古代比利牛斯山中有个西班牙纳瓦拉王国，后来被法国并吞，故西班牙大使才有此语。——译注

西班牙王位继承系表

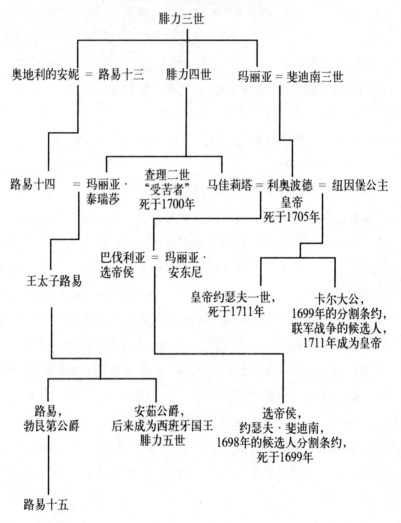

腓力三世

奥地利的安妮 = 路易十三　腓力四世　玛丽亚 = 斐迪南三世

路易十四 = 玛丽亚·泰瑞莎　查理二世"受苦者"死于1700年　马佳莉塔 = 利奥波德皇帝死于1705年　纽因堡公主

王太子路易　巴伐利亚选帝侯 = 玛丽亚·安东尼　皇帝约瑟夫一世，死于1711年　卡尔大公，1699年的分割条约，联军战争的候选人，1711年成为皇帝

路易，勃艮第公爵　安茹公爵，后来成为西班牙国王腓力五世　选帝侯，约瑟夫·斐迪南，1698年的候选人分割条约，死于1699年

路易十五

重要男性人物

法兰西国王：路易十三
皇帝：斐迪南三世
西班牙国王：腓力三世
西班牙王位候补：安茹公爵

　　　　＊　　　　＊　　　　＊　　　　＊　　　　＊

　　外界爆发一连串的丑恶事件，影响到向来相当自满的英国政界。梅尔佛是詹姆士二世党人在圣日耳曼的大臣，他放置在英国邮袋里的一封信泄露了法兰西入侵英格兰的计划。威廉国王急忙将这封信提交给国会作为法兰西背信的证明。大约在同时国会也开始明白，法兰西国王关于将法兰西王位与西班牙王位分离这件事所使用的语言及所持的态度都非常暧昧。此时西班牙人也给予法兰西某家公司进口黑奴至南美洲的唯一权利，而这个举动影响到英国的船主，虽然谈不上伤到他们的自尊。另一方面，英格兰在地中海的贸易自由也已经很明显地陷入险境。但是唤醒所有英格兰人了解法兰西王位与西班牙王位真正合二为一的重大事件，是法西两国厚颜无耻地实施的惊人军事作业。

　　腓力五世在马德里被拥立为国王，西属尼德兰对他登基为王也感到欣喜。比利时境内许多要塞依据条约规定由荷兰人戍守，构成了尼德兰防止法兰西入侵的障碍。在 1701 年 2 月，强大的法军直抵比利时的所有城市，西班牙指挥官打开城门欢迎他们。据称他们前来仅是为了帮忙保护信奉天主教国王的属地。荷兰的卫戍部队被法军的武力所震慑，没有任何人敢破坏和约，全都蛰伏不动。安特卫普与蒙斯、那慕尔（威廉国王唯一著名的征服之地）、祖时莱厄夫、芬洛及十二个次要的据点，全都未发一枪一弹，几周之内轻而易举地易帜，落入路易十四之手。其他据点如列日、于伊与邻近的城镇，都通过它们的统治者，也就是列日的亲王兼主教对法兰西的依附，变成由路易十四控制。在一般战争中已防卫许多年的堡垒——其中任何一座的失守或夺得都会被夸口说是艰苦军事攻势的成果——在一个月之内全都丧失殆尽。1689 年成立的"大联盟"在七年战争期间曾经保卫的低地区，现在却像复活节的残雪一样融化掉了。

　　我们在自己的时代看到过英格兰民族遭受到同样可怕的损失，因为他们当时趋向绥靖主义，对欧洲事务不感兴趣。1701 年的变化来得很快。欧洲被唤醒了，英格兰感到惊愕，战士因此重拾武器；刚刚解散的军队及被轻松解职且受到蔑视的军官，又再度变得重要起来。战鼓再度响起，沾沾自喜的商人与诡计多端的政客都求助于他们不久前才苛待与压抑的军人阶级。在初夏，辉格党觉得自己受到全国日渐增长的同仇敌忾气氛所支持。肯特的地主向平民院提出请愿，请求平民院批准供应补给，让国王能在"为时太晚之前"帮助盟国。平民院却将提出请愿书的缙绅送入监狱，这代表国会和国王一样专制。但是来自法兰西的威胁日渐明显，英格兰人在追求安居乐业的岛国上几乎就可以听到炮声。平民院终于在 6 月授权给国王寻找盟友，而且无论如何都保证给予他一万名士兵调往荷兰。这时候，威廉感觉到形势变得对他有利。到了 1701 年中期，他在英荷两国的反对派 —— 英国平民院中的托利党多数与阿姆斯特丹有权势的自治市市民 —— 都要求他实行他自己认为"为保持欧洲和平而需要做的"一切事，也就是要求他作战。

在这过程中威廉与马尔博罗团结起来。他们同心协力，他们之间的伙伴关系也同样平等。威廉国王现在知道他可以再度动用英格兰的武力，但同时他也感到沮丧，因为他相信自己将再也无法指挥部队。双方都没有时间半信半疑或者是翻旧账；一定要有个人继续干下去，而威廉国王心中知道只有一个人做得到。5 月 31 日威廉国王宣布马尔博罗为派往荷兰的英军总指挥，而且在 6 月任命马尔博罗为驻联合行省①的特别大使。他赐予马尔博罗自行决定的权力，不但可以拟定条约，而且如果需要的话，还能够缔结条约，而不必请示国王或国会。虽然这个统治时期过去的许多机会都因为他们二人的不睦与误解而被毁坏或丧失了，但这两位军事政治家最终联手御敌。虽然失去了许多机会，但他们全都可以挽回。大联盟此时开始成形。

---

① 1581 年，低地区宣布脱离西班牙而独立，奠定了建立尼德兰基础的北方七省。——译注

*　　　*　　　*　　　*　　　*

就在这种沉闷的气氛中，英格兰发生了惊天动地的大事。1701 年
9 月 16 日詹姆士二世归天。路易十四前往圣日耳曼奔丧，对影子内阁
宣布他承认詹姆士的儿子为英格兰的国王，并且会一直维护后者的权
力。他不久就被自己这个举动的后果给吓到了。英格兰被这个侮辱唤
醒了对独立的感受。《王位继承法》已经明定王位的继承方式，而《赖
斯韦克条约》不但以正式条文，而且凭着君子协议，使路易十四受到
约束，必须承认威廉三世为国王，而且不得妨碍。英格兰的法律受到
法国暴君这种傲慢行为的破坏，而英格兰依上述条约而拥有的权利，
也因为法兰西专制君主违约而受到侵犯。辉格党与托利党在国会中对
这种公然的侮辱争相抗议；全国人民也都决定作战。马尔博罗弄清楚
国会的感受之后，拟定并且提出的一些条约全都得到批准，而且国会
还给予国王充足的军费。威廉国王与法兰西断绝外交关系；神圣罗马
帝国皇帝则已经开始对法兰西作战，著名的将领萨伏伊亲王欧根正在
意大利北方战斗。

但是现在威廉却不听马尔博罗的劝告而解散了国会。他无法抗拒
诱惑，趁此时机拉下托利党人，这些人在选民面前被许多事件弄得不
知所措。他希望辉格党成为势力强大的多数党。但是托利党人虽然判
断错误，也对自己没有信心，不过仍然进行顽强的抵抗；尽管他们的
记录不佳，但他们仍够强大，而以四票的优势使哈利回到新国会的议
长宝座。托利党人忘记了自己的恶行，但永远不会原谅国王，因为国
王曾经对他们玩弄党派诡计，且诡计失败了；他们期望他一命归天，
不过却与辉格党联手支持他的战争。尽管因大选而让情况有所改变，
马尔博罗仍继续进行英格兰的外交政策，推动军备与外交攻势，以便
与法兰西竞争。

现在形成了第二次大联盟，对那些被威廉的七年战争弄得筋疲力

尽的人而言，这看起来无疑是不顾安危的冒险之举。法兰西未发一枪便已经得到了争执已久的所有城堡与疆土。而世界上幅员最广大的帝国则从联盟中抽身，站到敌方，因此为敌方添加了资源——西班牙改变立场。随着西班牙改变的不仅有印度群岛、南美、意大利大部分地区，还有欧洲的古战场比利时与卢森堡。萨伏伊这个背弃者仍然站在法兰西这一方，尽管它最了不起的亲王是位奥地利将领；科隆大主教辖区现在也是法兰西的盟友；巴伐利亚在上次战争中忠贞不渝，在新的斗争中将与法兰西并肩作战。海上强权除了自己的海岸，几乎没有友善的港口；新大陆除了北方之外都成了禁区；地中海实际上已经成为法兰西的内湖；普利茅斯以南任何加强防御的海港也都不对英国与荷兰的船只开放。英荷两国都有优越的舰队，但是没有中途基地而无法进入内海。

陆地方面，整个荷兰御敌的防卫障碍都已经落入法兰西人之手。它们不但不再是保卫荷兰的屏障，反而成了法兰西的出击港。路易十四占据着科隆与特里夫斯两座城市，俨然成为默兹河流域与莱茵河下游的主人；他掌握着英吉利海峡的所有港口，并且从那慕尔经安特卫普到海边都挖壕固守。路易十四在冬天的部署，透露了他想在来年春天的军事攻势中沿着几乎导致荷兰于1672年臣服的同样路线重新入侵荷兰。堡垒遍布、气氛肃杀的前线，枪炮林立，部队云集而补给充盈，显示袭击即将开始；荷兰人都掩藏在洪水环绕的地区之内与残余的据点后面。最后，巴伐利亚投靠到法兰西那一方，正好将哈布斯堡王朝领土的心脏地带敞开在法兰西入侵的武力之前。匈牙利人起义反抗奥地利的统治，而土耳其人再度进犯。在陆上或海上的每项策略中，还有在疆土及人口等方面，路易十四于西班牙王位继承战争的开始之际，都比他在签订《赖斯韦克条约》时要强上一倍。甚至连教皇都改变了立场。教皇克雷芒十一世已经放弃了英诺森十一世的政策，开始支持路易十四的要求与他庞大的军队。这似乎是厄运当头的景象，而英格兰人早就明白，这大都是他们派系倾轧与喜怒不定的结果。

此时死神赶上了威廉。"一位穿黑色天鹅绒的小绅士"①是许多热心的詹姆士二世党人一连串祝颂词当中提到的英雄，他现在介入了威廉的命运。1702 年 2 月 20 日，威廉正在汉普顿宫周围的花园骑着他的爱马索瑞尔，而索瑞尔被鼹鼠新做的地洞绊倒，威廉因此跌下马来，摔断了锁骨。威廉的骨折治好了，但是健康却直走下坡路。这个意外引发了原来隐藏的许多并发症，在两个星期之后，他与所有看到他的人都明白死神快来了。世界戏剧的帷幕将要升起，威廉对这出戏的兴趣使得他的头脑格外清醒，不过死亡的阴影即将包围他。他就要离开代表他一生辛劳与热情的目标与联盟，不免感到有些黯然神伤。但是他看到了英格兰将有个新国王与政府，他们将维持他曾经费力争取的权利。他看到了这个唯一的人选，不管是战争或政策，在欧洲外交错综复杂的纠缠中，在英格兰的党派纷乱中，或者在战场的千惊万险当中，他都能将这令人敬畏的、然而无法逃避的任务托付给这个人。威廉国王深思熟虑做好准备，要将领导权传给拥护新教信仰与欧洲自由的一位新人。他在晚年将马尔博罗编入了他的联盟和政策的组织之中。他在弥留之际，向继位的安妮推荐马尔博罗，认为他是王国中能引导枢密院与统御部队的最适当人选。威廉因为治国过分辛劳而精疲力竭，终于在五十二岁时驾崩。马尔博罗在同样的年纪，则大步向前迈进，力抗敌人的绝对优势，历经十年征战只胜不败。马尔博罗把不列颠民族在世界上的地位提升到从未有过的高度。

---

　　① 指死神。——译注

第四章 马尔博罗：布伦汉姆与拉米伊

安妮女王的时代被公认为是英格兰势力空前登峰造极的时代。马尔博罗在战场上才华横溢，在对王室的谏议上也表现得相当睿智，使得国家的实力日增，能够对欧洲发挥充分的影响力。斗鸡场小圈子①长期发展的亲密友谊，现在于统治着英格兰的最小、最有效率的行政部门之中找到发声的管道。莎拉左右着女王，马尔博罗指挥着战争，而戈多尔芬掌控着国会。女王在这五年光辉的岁月中相当高兴，十分信赖地将她的一切政事都交给这些能臣，就像在克伦威尔的时代一样，用英格兰的所有力量来争取世界的领导权。不过她此时的基础比起克伦威尔时代更为雄厚、强大。

在那个时候，英格兰统治阶级里有才能的人特别多。不但贵族，连乡绅之中都有多如过江之鲫、身心都相当优秀的人才。所有政府的官职——军事的或政治的——都能够由两三倍精明能干、精力充沛、敢作敢为，而且雄心勃勃的人物来担任。它也是英国文学的全

---

① 指安妮身边的小圈子。——译注

盛时代。艾迪生①、笛福②、蒲柏③、斯梯尔④、斯威夫特⑤等都是今天闪闪发光的名字。书籍、诗歌与小册子大量问世；艺术与科学都很昌盛。在查理二世统治时期创立的皇家学会⑥，现在硕果累累。艾萨克·牛顿爵士在数学、物理、天文学方面完成了随着文艺复兴而开始的观念革命。雷恩⑦使建筑达到高超的成就，范布勒⑧则为建筑树立了巍然的纪念碑。

　　各方的争议在整个时代中走向极端。早先岁月里的宗教热情现在都注入了政治倾轧的元素，党派团体的斗争从来没有这么激烈过，持续得如此凶猛，有时更是肆无忌惮。个人与党派都对时机的讯息与重要性非常敏感，彼此拼命地争取对国家的控制，或者在政府中分一杯羹。他们不遗余力地斗争，但是在安妮统治的初期，他们都以打倒法兰西为共同目标。不过这可并不是轻而易举的事，因为当时英格兰的臣民只有五百万人而已，而由"大帝"统治的法兰西，人口几乎将近

　　① 约瑟夫·艾迪生（1672—1719），英国散文作家、剧作家、诗人，曾与斯梯尔合办《旁观者》杂志，著有悲剧《卡托》、诗歌《战役》等。——译注
　　② 丹尼尔·笛福（1660—1731），英国小说家，报刊撰稿人。写过讽刺诗和大量政治小册子，曾自办《评论》杂志，后从事冒险小说创作，代表作为《鲁滨逊漂流记》。——译注
　　③ 亚历山大·蒲柏（1688—1744），英国诗人，长于讽刺，著有长篇讽刺诗《夺发记》《群愚史诗》等，曾翻译荷马史诗《伊利亚特》和《奥德赛》。——译注
　　④ 理查德·斯梯尔爵士（1672—1729），英国散文家、评论家、创作家，曾与艾迪生合办《闲谈者》和《旁观者》杂志，著有喜剧《葬礼》等。——译注
　　⑤ 乔纳森·斯威夫特（1667—1745），英国作家，讽刺文学大师，著有寓言小说《格列佛游记》等。——译注
　　⑥ 成立于1662年，全名为 Royal Society of London for Improving National Knowledge。
　　⑦ 克里斯托弗·列恩（1632—1723），英国建筑师、天文学家和数学家，于伦敦大火后设计了圣保罗大教堂，还有许多宫廷建筑，图书馆和府邸。——译注
　　⑧ 约翰·范布勒爵士（1664—1726），英国戏剧家，建筑师，所设计的牛津郡布莱尼姆宫是巴洛克风格的代表作。——译注

两千万。而且在威廉国王作战的岁月里,英格兰付出极高的成本,但成果却乏善可陈。路易十四如今扬扬得意,似乎就要雄霸天下,君临四海。然而他即将被打垮并且受到屈辱,之后的安妮女王统治时期心力大都耗在应该要和路易十四签订怎样的协议条件的争论上。

但是 1702 年 3 月安妮登上王位的时候,这形势都相当不一样。她身穿王袍,佩戴勋章,出席两院的会议,恢复了人们对伊丽莎白女王的回忆。她说:"我知道我的心完全属于英格兰。"她在国家政策方面接受马尔博罗的建议,在她统治的早期,她对他相当倚重,视他为她主要的,而且是唯一的指导者。两大政党也都称赞马尔博罗的天赋,有段时间他超然于他们的斗争之外。军队方面也了解如果他有权在手,一定会坚定不移地推行国王威廉三世的新教政策与好战政策。克伦威尔与清教徒的信念在英格兰民族中仍有着强烈的影响,因此加强了爱国的民族情操。安妮才刚登基统治天下,臣民就忠心拥戴。这情况正是安妮公主长期以来密切期待的"艳阳天"。

马尔博罗被任命为国内外军队的总司令,他受命之后立即采取行动。安妮女王于 3 月 8 日在枢密院开会,马尔博罗即马上通知神圣罗马帝国大使布雷斯劳,表示女王像已故的威廉国王一样,会坚定支持神圣罗马帝国皇帝的利益。当天晚上他再派人送私函给荷兰的共和国执政(或首席大臣)安东·海因修斯,以安妮女王之名保证进行战争的决心,同时坚守英荷条约;同时他也会抽空尽早扬帆前往海牙。

这是荷兰共和国的伟大时期。曾经在西班牙宗教迫害的火中熔铸,英勇地在陆上抗法与海上抗英而饱受试炼的七个行省,现在团结一致,成为欧洲非凡的重要力量。但是威廉三世的逝世使得荷兰寡头政治的整个结构发生动摇;他并未留下奥兰治家族直系的继承人为联合行省首屈一指的联省执政。谁能够统率他们的军队抵抗聚集的敌人呢?谁能够保住海上强权的共同大业呢?伯内特主教谈到荷兰议会时说:"他们一接到国王殡天的消息,就立即聚在一起,惊愕地彼此相视。他们彼此相拥,承诺团结,共同维护国家的利益。"在威廉逝世的消息传达之后，紧接着马尔博罗的信也送达了。

马尔博罗不久就处在他们之中。他之前已经根据威廉国王的旨意谈成建立大联盟的一套协议，所以荷兰各方的势力都掌握在他手中。他立即让大小各省及时常冲突的利益团体团结一致，达到威廉王室的权威也做不到的程度。

安妮女王有个想法，就是她的夫婿乔治亲王将成为海上强权联军的大元帅；而荷兰也有一些人希望由荷兰人来率领她的部队。但是最后一切大权都落入了马尔博罗手中。荷兰联省执政暨总指挥的官职暂时搁置，马尔博罗被任命为荷兰的副总司令，因此位尊权高，同时指挥两个西方强权的军队。当时刚成为独立王国不久的普鲁士及莱茵河日耳曼联邦，不久便自然地与英荷两国联合在一起。虽然马尔博罗拥有最高的官衔与普遍的敬重，但是他都以极大的耐心与说服来维护其权威；他从来不像拿破仑那样下达不容置辩的命令，他为了每项行动，都必须征求目标不同、意见分歧的利益团体一致同意，靠着各种不同且微妙的方法来建立他的优越地位。马尔博罗从来就不是伦敦政府的首脑，他与履行许多首相职责并且才干卓越的财务大臣戈多尔芬紧密无间地合作。但是在拟订计划的时候，两个人都必须考虑到威斯敏斯特宫所施加的压力及大公们的强大影响力。他们从来都没有获得不受质疑的特权，所以他们必须谨慎注意每一步。马尔博罗身为军事天才，名声响遍欧洲大陆，但是他迄今都没有指挥过大军，现在却要统率近来已参加过数次战役的十几位荷兰与日耳曼的将领。这个时候成功地在意大利进行军事攻势的神圣罗马帝国将领欧根亲王也崭露头角，成了联军的首席名将。

*　　　*　　　*　　　*　　　*

1702 年，路易十四决定用他最强大的军队进攻荷兰。他知道威廉国王的逝世已经让这个共和国意见分歧、前途未定，他也相信荷兰与英格兰的关系已经减弱不少。他期望英荷两国有个犹豫与中断联系的阶段，若是采取军事行动而让他在这个阶段变得有利，他便有可能击溃荷兰人，吓走英格兰人。路易十四认为马尔博罗是得宠的宫廷人物，有能耐，并且善于运用权谋，但是他的影响力却应归功于女王与他的妻子交情不错。因此法兰西最高指挥部就在军事攻势开始时，将大军的主力安置在距离奈梅亨不到二十英里范围之内的默兹河流域与莱茵河流域之间的地方。

马尔博罗于五月率军前往奈梅亨。他发现联军部队的士气低沉，将领钩心斗角；但是当他接触到陆军的军事行动时，这种心情截然改观。对部队的调动具有否决权的荷兰战场副将领们全被说服，而且授权进攻敌军。虽然马尔博罗因为在佩尔荒原的决战受阻而失去了有利的机会，但法军也立刻被逼采取守势。这位总司令在辉煌的军事攻势中征服了默兹河沿线的所有堡垒，打通了整个河道。这一切具有实质效果的挺进，取代了威廉勇敢但毫无成果的努力。迄今积极侵略的法军受到了阻碍，踟蹰不前，终于开始撤退。在猛攻并占领列日之后，马尔博罗机智地在默兹河上逃过伏击，回到海牙，受到荷兰人热烈的欢迎；他回到英格兰时也被女王封为公爵。就在战争的头一年，战争的形势对联军不利，整个联盟似乎就要崩溃；但不久就因为态度坚定不移而且胜利有望，联盟又再度得以巩固。

1702 年英格兰的另一项冒险，是海军远征加的斯。威廉三世明白地中海与防守其入口的港湾对英格兰的重要性。英格兰与黎凡特地区①的贸易受到法兰西野心的严重威胁，而且法兰西人在西班牙继承王位会危及英格兰的商业利益。因此在七月底，一支强大的舰队在奥蒙德公爵与海军将领乔治·鲁克爵士率领下启航前往加的斯。这两位指挥官都缺乏勇气，未能突击一举强行夺下这个港口，而是自行采取了比较容易的做法。他们派遣部队登陆，夺取海岸上的要塞，发生了一

---

① 指地中海东部法国属地及岛屿，即包括叙利亚、黎巴嫩等在内，从希腊至埃及的地区。——译注

36

连串拖延时间并且杂乱无章的争战；英军大肆劫掠，做了许多伤天害理的事。关于这种暴行的消息传遍了西班牙。同时，港口的防御愈来愈强，西班牙人在港口放置了栅栏，在航道上击沉英国船舰。一个月之后，英军将领终于决定让士卒重新上船，启航回国。

他们运气好而出现意外的收获，减轻了这次远征的不光彩。鲁克与奥蒙德交恶，互相责备，正败兴回国之际，却传来消息指出西班牙运宝船队载着来自印度群岛数以百万计的财宝驶入了维哥湾；于是他们兴奋地召开作战会议，决定袭击这个港口。黄金的诱惑与加的斯受挫的耻辱刺激着这些指挥官，最后他们决定放纵他们的士兵奋力作战。等到夕阳西下，他们都成了维哥湾的主人；敌人全部船队遭到击沉、焚烧或被掳获，没有一艘船逃脱。在战斗之前，印度群岛的财宝已经慌忙地由骡子载着运往陆上，不过剩下的百万纯银也足够让胜利者带回国去支撑财政部及安抚国会了。尽管如此，英国政府仍然下令彻底调查鲁克与奥蒙德在加的斯的作为。马尔博罗批准远征，并且视夺下加的斯为进入地中海以及攫取梅诺卡岛的踏脚石，他现在则要出面保护这两位受指责的指挥官。不过如果他们在加的斯表现出在维哥湾一半的勇气，海上强权在 1703 年早就是地中海的主人了。

*　　　　*　　　　*　　　　*　　　　*

安妮女王的即位，似乎开启了托利党兴盛的阶段。威廉国王任用的辉格党大臣都已经失势。在戈多尔芬的政府中，女王的叔叔罗切斯特及威廉国王的托利党重臣诺丁汉，都扮演着极有分量、不可一世的角色。但是从一开始，与戈多尔芬休戚与共的马尔博罗，便和他们的托利党同僚有着很深的分歧。传统托利党的观念是，英格兰不应该期望在欧洲大陆的斗争中扮演领导的角色，它真正的政策应是仅以海军力量从事干预，而趁欧洲发生冲突的时候夺取新大陆的土地。托利党人很讨厌派遣大军到欧洲大陆，他们对英国在欧洲得到的胜利不屑一顾；他们时常抱怨或假装抱怨军事支出费用。他们声称那些敦促干预欧洲事务的利益团体利用政府提供的贷款大发战争财；他们说乡绅的财产正遭人骗取，同时伦敦市、银行家与商人大量收买抵押的土地。

另一方面辉格党人虽然失势，但仍然热烈支持建立最大的军事力量。他们支持马尔博罗的所有政策；他们嘲笑殖民远征的错误战略，并认为如果不能在具有决定性的主战场获得胜利，国家的任何利益都不会安全。双方各执一词的意见冲突，主控着安妮统治时期的政治。马尔博罗与戈多尔芬发现他们自己在应该如何作战的重大问题上，一直不断地与其他托利党同僚的意见相左。他们两人认为如果英格兰不全心全意地参加欧洲大陆战争，路易十四就会赢得此战。这是个根本问题。而马尔博罗感到很遗憾，发现必须要用他对女王的影响力来对付托利党的领袖。

此外，还有宗教方面的纠葛。安妮女王、马尔博罗与戈多尔芬都是出身于托利党，而且全都是国教教徒。安妮长久以来认为她父亲的儿子——流亡的威尔士王子——并非她的兄弟，现在她已经放弃了这种想法。王子在法兰西的保护下度日，英国历史视他为"老王位觊觎者"；在法兰西历史上他的名字比较气派，被视为圣乔治的骑士。安妮女王的内心自觉是个篡位者，而她也因为感到没有善待过她去世的父亲而内疚。她对这些自省唯一感到宽心之处就是她绝对信仰英国国教；她认为，不惜一切代价捍卫与珍惜这个神圣的制度是她的职责，而英国国教的维护与她自己的称号及她王国的安宁息息相关。为了她信仰天主教的哥哥而退位不但会背叛她的宗教，还会让内战的恐怖降临在这块她统治、爱护以及在许多方面就等同于她的土地上。

平民院的托利党人士针对不信国教的人进行斗争。《宣誓法》仍旧施行，但由于战争中的袍泽之情及人民对新君的忠诚，有人规避了这些法令，而且也得到默许。根据英国国教的惯例，一个希望担任官职的清教徒商人只要在这一年中的某日参加圣餐礼之后，便可持续前往

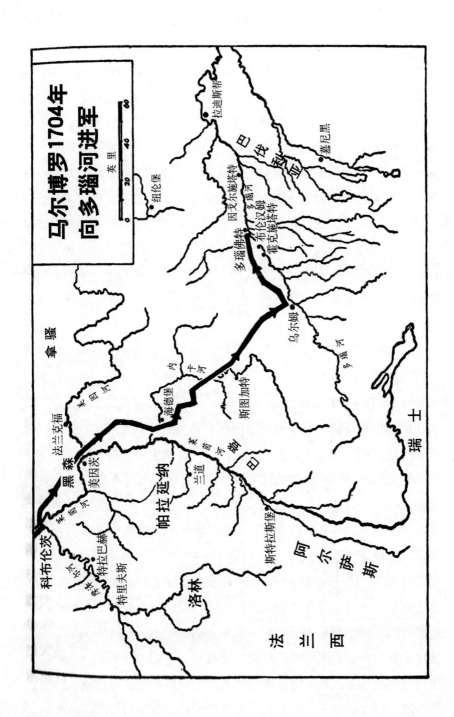

马尔博罗1704年向多瑙河进军

英里
0　20　40　60

纽伦堡

巴伐利亚

拉迪斯帮
慕尼黑

因戈尔施塔特
多瑙佛特
多瑙河
希伦汉姆
霍克施塔特

乌尔姆

拿骚

莱因河

内卡河

海德堡

斯图加特

多瑙河

黑森
法兰克福
美因茨
美因河
帕拉延纳
莱茵河
兰道
斯图加特
斯特拉斯堡

科布伦茨
摩泽河
特拉巴赫
特里夫斯
洛林
阿尔萨斯

瑞士

法　兰　西

非英国国教的小教堂做礼拜。1702 年的秋天，托利党人提出临时遵奉国教法案，目的在于借着取消这些逃脱刑罚的立法方式，让他们的政敌失去担任官职的资格。他们认为只是形式上顺从国教是虚伪的，也是亵渎的，这么做的目的是为了求公职而逃避法律。这种做法应该立即予以禁止。这个法案在平民院中通过数次，却被贵族院拒绝。在威廉国王统治之下所建立的主教法庭反对这项法案。安妮女王的丈夫乔治亲王本身即是一位路德派教徒，他自然会受到影响。女王在对英国国教的忠诚与惩罚涉及王室臣民（包括自己丈夫在内）的不当行径之间挣扎，这些人都是马尔博罗战争方针最强有力的支持者。不过因为托利党的势力十分可观，以致马尔博罗与戈多尔芬都不敢公开反对此法案，他们只好公开地对它表示赞成，而在幕后成功地运用他们的影响力企图将它消除。

$$* \qquad * \qquad * \qquad * \qquad *$$

对于 1703 年的军事行动而言，马尔博罗足以将盟国的"大军"集中在前一年战役的起点奈梅亨以南八十英里的马斯特里赫特一带。他打算夺下奥斯坦德与安特卫普，因为奥斯坦德会为他与英格兰之间提供新的交通线。安特卫普控制着斯海尔德河、利斯河与许多运河的水道，再加上默兹河，便形成向法兰西要塞挺进的主要路线。马尔博罗顺从荷兰人的意见，先开始包围莱茵河畔的波恩；攻陷波恩后，他企图攻下安特卫普，随即便快速地调动兵马强行军。然而他这个所谓的"大计"并没有成功，原因是荷兰士兵不愿意进行马尔博罗极为凌厉的攻势战。这项军事行动最后夺下了默兹河畔的于伊及林堡。荷兰人对他们自认为成功的一年感到乐不可支，在勋章上刻下"不杀而胜"的字句。但是神圣罗马皇帝的部队在多瑙河与莱茵河上游却经常失利。他们在巴伐利亚的战场上战败，堡垒森严的名城如奥格斯堡、拉蒂斯邦，尤其是兰道，都宣告失守，使得法兰西得以控制日耳曼南部与莱茵河上游地区。

托利党人将这些战局的逆转归咎于辉格党的欧洲大陆战争政策；而辉格党人在下野与饱受责难的双重压力下大为沮丧。1703 年的冬天，大联盟的盟国在国内外的运气都很不好；而安妮女王在此时则表现出她崇高的地位。她使用在斗鸡场小圈子里流行的私人昵称写信给莎拉说："我绝不放弃亲爱的你、你的自由人先生（指马尔博罗），也不放弃蒙哥马利先生（指戈多尔芬），我永远都是你坚定不移的忠仆。在死神用公正的手将我们的性命夺去之前，我们四个人都一定不分离。"马尔博罗得到这种支持，便在冬季策划最优秀的战略，打算将战争整个扭转。

但是在马尔博罗奔向欧洲大陆之前，还得先改造托利党强硬派组成的政府。罗切斯特此时已经解职，诺丁汉不久后也要去职，一定要有个新人来填补这个空缺。我们已经见过积极裁军与反对威廉国王外交政策的哈利，他这时候是平民院议长、托利党温和派的领袖及平民院实际的领袖；他现在应邀出任国务大臣，政府的内层圈子为了容纳他而扩大。现在的联合阵线包括马尔博罗、戈多尔芬、哈利及女王与莎拉。此外，哈利的随扈亨利·圣约翰是位年轻的职员，他因为发表了才华洋溢的演说，赞成《临时遵奉国教法案》而崭露头角，成了军务大臣而与马尔博罗保持密切的联系。马尔博罗将所有这些都安排好了，并且在国会获得托利党温和派与辉格党人的多数支持之后，便启航前往荷兰。

巴伐利亚的选帝侯背弃神圣罗马帝国皇帝，成了法兰西的盟友；马桑元帅率领的法军已经奉命前往援助他，而神圣罗马帝国的首都维也纳显然会在来年暴露在致命的危险之下。马尔博罗靠着巧妙的说服与欺骗，加上海因修斯的配合，获得了荷兰议会的首肯，率领英军与拿英国薪饷的部队攻击摩泽尔河。马尔博罗自己却离开驻守在荷兰的主力部队，并且迅速行军通过波恩而直捣科布伦茨。此时，他的敌人与战友都料想他应该会朝右转，向南上溯摩泽尔河到达特拉巴赫与特

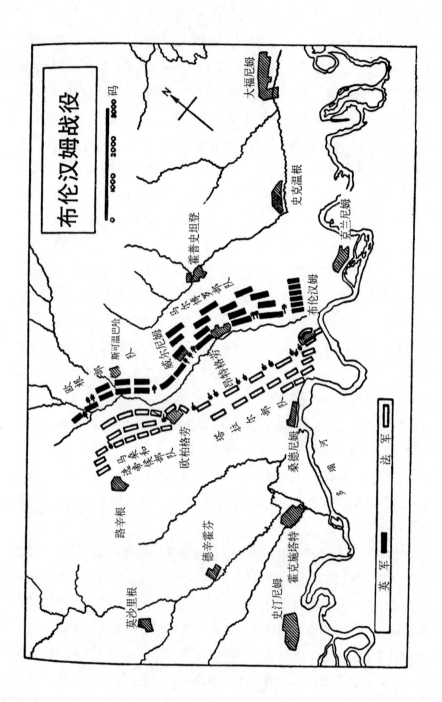

布伦汉姆战役

法军
英军

码
3000
2000
1000
0

大福尼姆
史克温根
克兰尼姆
霍普史坦登
布伦汉姆
马尔博多部队
斯可温巴哈部队
威尔尼姆
欧根
暗特格劳
塔忙部队
桑德尼姆
迁柏和侯部队
马桑和侯部队
欧柏格劳
多瑙河
路辛根
德辛霍特芬
霍克施塔特
莫沙里根
史汀尼姆

42

里夫斯，而他此时才显露出其真正意图的第一部分而已。一长列的红衫军通过河流的汇合处，利用浮桥渡过莱茵河，日夜行军通过美因茨与海德堡进入日耳曼的心脏地带。渡过内卡河之后，马尔博罗与普鲁士及日耳曼其他各邦的部队会师，并于 6 月 11 日与统率神圣罗马帝国莱因军队的边防大臣，也就是巴登的路易亲王，以及并没有实际指挥权却代表神圣罗马帝国最高军事当局的欧根亲王二人会合。马尔博罗公爵与欧根自此开始持续了七年互不猜忌、所向无敌、令人赞叹的袍泽之情。

英国军事史中所提及的英勇事迹，都远比不上马尔博罗从北海前往多瑙河的行军。在马尔博罗行军的同时，法兰西的所有军事作战计划都还没确定。马尔博罗一离开低地区，维鲁勒鲁瓦元帅便移师到默兹河迎击其军队。马尔博罗到达海德堡之后，法兰西的将领都等着在莱茵河上游交战，一直到他抵达多瑙河一带时，他们才明白他要攻打巴伐利亚与拯救维也纳。带领法兰西第二支军队的塔拉尔元帅立刻奉命去增援选帝侯与马桑元帅麾下的法兰西部队。马尔博罗与边防大臣路易亲王已经到达多瑙河，浴血出击攻下施伦贝格的堑壕，将那里的守军都赶进河里，强行进入巴伐利亚。由于选帝侯并没有屈服，马尔博罗便对这个国家进行军事制裁，继之进行悲惨的蹂躏与摧残。

同时，欧根因为塔拉尔拥有的兵力优势而决定后撤，调度士兵以便与马尔博罗会师。法兰西与巴伐利亚的军队现在结合起来，重新渡过多瑙河。塔拉尔自信能够将盟军打得落花流水。虽然边防大臣路易身边的意见都倾向予以阻挡，但马尔博罗还是说服了路易去包围因戈尔施塔特，他自己则行军去与欧根会师。这两位被描述为"两体一心"的虎将于 8 月 13 日清晨扑向位于多瑙河畔霍克施塔特的法军与巴伐利亚军。法军人数较多一点，大炮威力远较盟军强大，而且有内伯河沼地溪流保护的坚固阵地。双方交战，空前猛烈。欧根指挥右翼，马尔博罗指挥左翼及中军。英军先前攻下的布兰德汉姆——或者历史上称为布伦汉姆——此时失守。双方僵持有几个小时之久，难定胜负。但是马尔博罗在下午五点三十分时，在一连串错综复杂的调动人马之后越过了内伯河，集中占压倒优势的骑兵，由步兵与炮兵支持，攻击因为抵御两翼而暴露的法兰西中军。在八十个骑兵大队前方马尔博罗打垮了法兰西中军，击溃了法兰西骑兵，将数千名敌兵赶入多瑙河溺死，将残余的法兰西方阵打得七零八落，并将挤入布伦汉姆的大批法军包围起来。在这个纪念日的黄昏时刻，他已经有时间写信给妻子："我没有时间细述，但是请你代我向女王致意，让她知道她的军队已经获得光荣的胜利。塔拉尔先生与另外两名将领已经被俘，坐在我的马车中，而我正在追击残敌。"

布伦汉姆的胜利几乎消灭了法兰西与巴伐利亚在多瑙河一线的军队，约有四万多人阵亡、负伤、被俘或溃散，而残兵穿过黑森林向莱茵河上游撤退。法、巴两军总数的三分之一都伏尸沙场；一万三千名未受伤的俘虏，其中包括法兰西最有名的兵团，都于 13 日的晚上落入英军手中。乌尔姆在经过短暂的包围之后开城投降。马尔博罗马不停蹄地朝莱茵河西方的三角地区行军，不久后在那里就集结了将近十万人。他与欧根及边防大人路易沿着莱茵河左岸追逐法军直到斯特拉斯堡，并且包围兰道。而兰道也在 11 月竖起白旗。马尔博罗并没有因为这些卓越的努力感到疲累，他在 10 月间从莱茵河行军到摩泽尔河；他在那里夺下特里夫斯与特拉巴赫而结束了整场军事行动，完成了战争史的典范。

整个欧洲面对这些惊人的事件噤声不语。路易十四无法理解为什么他的精兵会被打败，而且还被消灭；从这个时刻起他不再考虑掌管天下，而只想从自己挑起的这场战争中全身而退。大联盟的整个武力恢复了，而且趋于巩固。它也粉碎了先前欧洲已承受长达一个世代的法国军事恐惧。马尔博罗崛起，甚至还在他的袍泽欧根之上，成为那个时代最为卓越的军人；由于同时还主持大联盟的外交与实务，他有一阵子也成了对抗路易十四联盟的实际首领。英格兰随着马尔博罗升到了荣誉的巅峰，而自四个世纪前克雷西与阿金库尔两役以来便从来没有尝过凯旋滋味的英国人，此时简直喜不自胜。托利党人之前曾经因为马尔博罗不可饶恕地深入欧陆而反对他，他们曾宣布如果他失败，他们会"像猎犬一起对付野兔一样地将他搞垮"；但此刻他们也因为爱国而完全无法抑制自己对马尔博罗的赞扬。脱离困境的安妮女王也因获得的光荣乐昏了头，对马尔博罗厚赐财富与勋奖。新年那天，豪华的车辆插满旌旗，满载战利品驰过伦敦街头前往威斯敏斯特。塔拉尔元帅与其他有名望的法兰西俘虏都被安置到乡下宅邸软禁。这段时间党派的争执，甚至个人的猜忌都似乎因此而停了下来。

*　　　*　　　*　　　*　　　*

同一年，英国在海上的成果也很辉煌。不久之前与葡萄牙签订的盟约，使得英国可以有效地介入地中海，因为里斯本港现在由英国海军掌控。1704 年 5 月海军将领鲁克率领的强大英荷舰队驶入地中海，这是持久海战胜利的前奏。由于克老兹利·肖维尔爵士率领的舰队支持，鲁克于 7 月起开始注意直布罗陀这个要塞；当时这个要塞只比停泊处大一点，但是它在地中海门户的重要性都已经被人所公认。在一连串炮击之后，这个要塞于 8 月 4 日沦陷，同月，黑森—达姆施塔特的乔治亲王也率领联合军队从陆上攻击布伦汉姆。法兰西与西班牙政府都因为一个新强权突然闯入地中海而感到烦恼。海上战争的权力均势受到了威胁，法兰西整个舰队倾巢而出，寻敌挑战。但是他们在马拉加外海的一场血战并没有占到便宜，因此他们决定用包围来收复直布罗陀。1704 年年底到 1705 年年初的整个冬天，英荷的卫戍部队在达姆施塔特的率领下击退了法军的猛攻。由于迟迟无法攻下直布罗陀，法兰西与西班牙为了战略相异而失和翻脸；直布罗陀仍然掌握在英格兰的手中，使其确保拥有了一把海权之钥。

　　　　*　　　　*　　　　*　　　　*　　　　*

　　这场战争现在出现了奇怪的律动。当盟国运气不佳的时候，大家就全都服从马尔博罗，并且依赖着他找出安全的道路；但是当他似乎万无一失地制造可望胜利的局面，原先的恐惧与困难都因而得以舒缓时，马尔博罗便再度受到阻挠与控制。1702年军事行动相当辉煌，1703年则令人失望，1704年有重大的转折，1705年却又不团结。马尔博罗计划在1705年上溯摩泽尔河向巴黎进军，他为此已经在1704年年底做好了准备。马尔博罗于4月抵达海牙，5月到达战场，他与六万名英荷部队先后在科布伦茨、特拉巴赫、特里夫斯等地建立基地，在艰难且危险的行军之后抵达萨尔路易；维拉尔元帅率领较多的兵力在那里等候着他。马尔博罗时常期望着准备好集结边防大人路易的军队与莱茵河沿岸几位亲王的部队，但是这些部队全都迟迟未到达会合地点。边防大人路易因未能分享布伦汉姆战役的光荣而耿耿于怀，故意与马尔博罗作对，但由于健康不佳而没有表现出过度的怨气。然而马尔博罗还是孤立无援，被逼着放弃率领十万人进行决战与直捣巴黎的计划，十天之中他所在的位置相当危险，军需补给更是难以应付。他写道："我们身在一个找不到任何食物的国家，假如我们缺少一天的面包，我们都将毁了。"6月17日马尔博罗长途行军回到特里夫斯，随后经过当时几乎是荒野的位于摩泽尔河与默兹河之间林木葱茏的多山地区，抵达马斯特里赫特，解救了被法军围困的列日。

　　荷兰军队看到总司令回到他们的战区，万分高兴。法军构筑了从安特卫普到那慕尔长达六十英里的著名布拉班特防线，维鲁勒鲁瓦元帅正率领着精兵防卫于此。马尔博罗知道他无法说服荷兰战场上的副将或将领直接攻击；但他再度借着欺骗双方的那套老谋深算的策略，假装前往那慕尔，然后突然进行没有人知道目的为何长途行军。突袭法军，在提洛蒙特附近未损一兵一卒地切断这条令人恐惧的防线。他亲自率领骑兵漂亮地冲锋，将匆匆赶到战场的法军击退，让自己站稳在比利时的堡垒之间。他企图进行更加了不起的战斗。他下令将运货马车载满供八天使用的补给，然后离开基地，向维鲁勒鲁瓦元帅的右翼迂回行军。于 8 月 18 日这一天在称为滑铁卢战场的地方以优势的兵力与这位法国元帅正面作战。

马尔博罗像是一百年后的拿破仑，目的在攻下布鲁塞尔；而且他也像拿破仑一样，预先做好打败敌军取得胜利的准备。两军的阵式很奇特，各自面对他们自己的祖国。但是荷兰的将军与副将却由怀恨马尔博罗的斯兰根伯格将军率领，他想要拖延而且阻止这场战役，结果马尔博罗车载的补给几乎用尽，于是被迫返回基地。如此一来，1705 年的军事攻势再度在失望与盟军之间的争吵中结束了。马尔博罗之前曾经谴责边防大人路易未能在摩泽尔河畔帮助他，现在他则撤销了斯兰根伯格将军在荷兰军旅中的职务。但是英格兰现在民情高涨，托利党人现在了解到，因为荷兰的阻挠而使得欧洲大陆战争令人感到厌烦。马尔博罗回国后面对困境。布伦汉姆战役的胜利似乎被乌云所笼罩；大联盟的命运再度走下坡路，而法兰西君主的中央权力再度聚集巨大的实力。

由于厌倦了与荷兰人及莱茵河沿岸各个亲王合作的困难，马尔博罗在整个冬天计划更大胆地重演他于 1704 年行军至多瑙河的壮举。他个人对普鲁士国王有很大的影响力，也已经从后者那里获得了强大的普鲁士军力，到意大利北部帮助欧根亲王。他现在计划率领大约二万五千名英军，以及由英国支饷，从科布伦茨、斯图加特以及乌尔姆等地募来的部队，穿过阿尔卑斯山的隘口，在意大利北部与欧根会师。这两位将领在葡萄园与橄榄树丛中再度赢得另一次布伦汉姆战役，并且由南方攻入法兰西。荷兰议会比起在 1704 年要表现出更多的想象与信心；而他们的条件很简单：如果马尔博罗要进攻法兰西，他一定不能带领荷兰的部队前去。不过由于安妮女王与英格兰内阁充分支持他的计划，所以他将这计划定得十分完美，甚至下令英军各营都必须带六个手磨，以便在战区碾磨谷物。

但是 1706 年初的战役毁掉了出兵意大利的计划，法军在莱茵河及意大利境内的战场上对盟军先发制人。旺多姆元帅在卡尔奇纳托让神圣罗马帝国部队遭到严重的挫败，还好战役的规模较小。在日耳曼，维拉尔元帅扑向边防大人路易，追过了莱茵河，而兰道的主要堡垒也都受到威胁。马尔博罗的希望被粉碎了。他开始进行最辉煌的军事行动时可以说是满怀忧思，他写信给神圣罗马帝国的特使说："我满怀悲哀地渡海出征。"他写信给戈多尔芬表示："丹麦国王与其他所有亲王对情势几乎都毫不关切，让我备感凄凉，以至于让我几乎对成功绝望。"他现在怀着悲痛，但毫不犹豫地抽调了会让他在低地区占有绝对优势以及可能"轰动一时"、使自己立功的部队，全力支持欧根。他在这个极为重要的时刻放弃机会（如果成功，他在英格兰的地位一定会大大提升），而故意以微不足道的兵力在布拉班特的要塞之间从事"全面的军事攻势"。然而马尔博罗曾经严峻摒弃的命运女神，带着她最令人目眩神迷的礼物，阴魂不散地回来了。

路易十四在布拉班特防线遭到突破及马尔博罗对布鲁塞尔构成威胁以后，深信不能以防御战对付这样的敌人。他坚定地授权维鲁勒鲁瓦元帅，在军事攻势一开始时便设法寻求交战，并且为他提供法兰西装备最精良、全都身着崭新制服，军容最为完善的军队。5 月 18 日马尔博罗的情报处报告，说法兰西的重兵在瓦夫尔与鲁汶之间的戴尔河左岸集结；19 日消息传来，说法军已经渡过戴尔河，向前挺进到离提洛蒙特不到四英里之处。双方对这个区域都很熟悉，长久以来都视它为大规模的战场，它有着一个最让欧洲人彻底理解的地形。马尔博罗召集迄今因为没有领到军饷而一直未上阵的丹麦骑兵队前往迎战维鲁勒鲁瓦。

5 月 23 日破晓时分，两军都在拉米伊附近现身。马尔博罗已经做好部署，大约在中午时开始利用英军佯攻，重击法军右翼。他自己利用战场的起伏地形，将整整超过二万五千人的荷兰、英国、丹麦全部骑兵用来攻击位于塔维尔与拉米伊之间的法兰西精良骑兵，其中包括

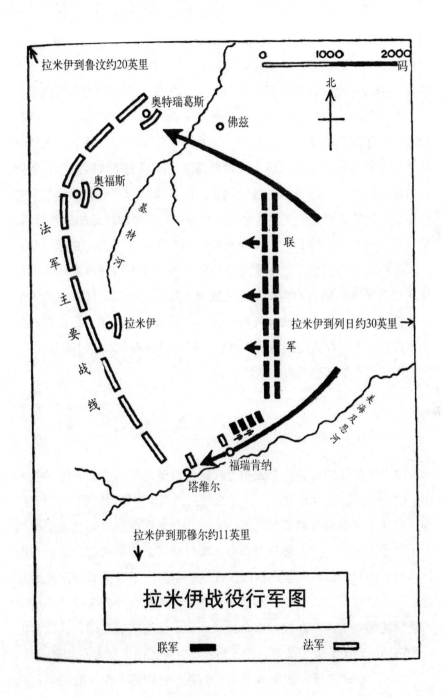

拉米伊到鲁汶约20英里

奥特瑞葛斯

佛兹

北

1000 2000
0 码

奥福斯

法军主要战线

墨特河

联

拉米伊

拉米伊到列日约30英里 →

军

福瑞肯纳

塔维尔

拉米伊到那穆尔约11英里
↓

拉米伊战役行军图

联军 ■■■ 法军 ▭

49

著名的王室禁卫军。马尔博罗这次不采用他虚实并用的一贯作风，大喊"我有数量上以五敌二的骑兵部队"。实际上战争开始时，他是有以四对三，最后有以五对三的骑兵部队；这个数目足够得胜。在四万名骑兵交战厮杀之后，马尔博罗攻破了法军防线，将他们的右翼逐出战场，并且影响到他们的中军。但是他忘了身为总司令的职责，一手执剑，冲入了混战的骑兵阵仗当中。他被敌军打下马来，落到敌人的马腿下。他的掌马官宾菲尔德上校帮助马尔博罗跨上第二匹战马，炮弹贴着他大腿飞过，削走了上校的脑袋。但是马尔博罗立刻就重新掌控这惊天动地的战局。他的步兵将主要攻势放在已经被攻破的拉米伊村，同时他获得胜利的骑兵，也在原来的前哨列阵排出适当的角度，冲入法军防线的后方。整个盟军现在都向前挺进，法军彻底溃败。实力与素质都几乎旗鼓相当的两军在这场战争中互斗，而马尔博罗发挥军事天才摧毁与击败对手，使其死伤惨重，并且数千人被俘，而己方的损失不到五千人。夜色掩护着败兵逃亡，但是脱逃的人未超过四分之一，他们所有的大炮都被丢弃在战场上。

*　　　　*　　　　*　　　　*　　　　*

　　拉米伊战役的影响甚至比布伦汉姆战役更为惊人。如果像某些人所说的，布伦汉姆一役拯救了维也纳，那么拉米伊之役就征服了比利时。夺下任何一个堡垒都需要长时间的军事行动，而这次攻陷的堡垒居然有十二个之多。安特卫普与布鲁塞尔都投降了，惊恐的荷兰人看到自己再度掌控对抗法国的全部屏障，而这个屏障之前在威廉国王统治的最后一年陷落到敌人手中。欧根亲王在北意大利也连连告捷，对这些大胜更犹如锦上添花。他行军跨越意大利半岛宽阔的底部，在以寡击众的巧妙行动中解救了都灵，因此将法军完全逐出了意大利北部。

　　同时，在西班牙，盟军取得惊人的胜利，声名大噪。他们选定的西班牙王位候选人卡尔大公已经在里斯本定居，而盟军的计划便是致力依法提出他的继承权利。起初他只有戈尔韦伯爵所率大约五千名英荷小批人士的支持。这位伯爵是位胡格诺教徒，曾经在威廉国王的战争中担任总指挥而赢得令人崇敬的名声。戈尔韦得到了比他自己军力大上两三倍的葡萄牙军队协助，拥有这些资源，他也只能够沿着西班牙边境摆出威胁的姿态。1705 年盟军决定大动干戈。英格兰派彼得伯勒伯爵率领六千多名部队，与海军将领肖维尔指挥的可观舰队来到葡萄牙，他们在里斯本获得支持，搭载卡尔大公，向地中海出击。

将领之间对他们的目标有许多争执，他们最后决定夺取巴塞罗那。巴塞罗那是加泰罗尼亚人口众多的首都，长期以来不甘受马德里的管辖，并且与法兰西出生的国王腓力五世不和。8 月盟军在这座城市的北方登陆，并且准备围城；然而主要的障碍是蒙特惠奇山丘，它位于南方，耸立出海面达六百英尺，丘顶上有个枪炮林立的堡垒。彼得伯勒是位想法多变之人，时而大胆，时而踌躇。在经过一段诸如是否分散盟军在西班牙的所有行动的争执之后，彼得伯勒突然大胆夜袭蒙特惠奇山丘；他在一场混战之后于次日攻下这座山丘。在混战中，直布罗陀的防卫者达姆施达特阵亡；巴塞罗那只好向卡尔大公投降，而加泰罗尼亚、阿拉冈与瓦伦西亚全都响应盟军而宣布对"查理三世国王"效忠。西班牙东部行省一致支持他，而伦敦到处都洋溢着欢愉。

1706 年春天，马尔博罗正朝拉米伊调动兵马，在巴塞罗那的盟军成功地抵挡法兰西大军的围城。加泰罗尼亚的游击队不断骚扰法军，破坏他们的通讯，所以法军虽然在长时间的攻击之后夺回了蒙特惠奇山丘，但却无法强行攻入巴塞罗那。城内守军正处在生死关头，而英国舰队及时前来援助，法军因此放弃攻城而朝北面比利牛斯山脉撤退。现在是盟军利用法军的混乱而向马德里进军的时刻；从葡萄牙向前挺进的戈尔韦，也于 6 月抵达了西班牙的首都。伦敦所称的"胜利年"可能就在这个时候结束了。

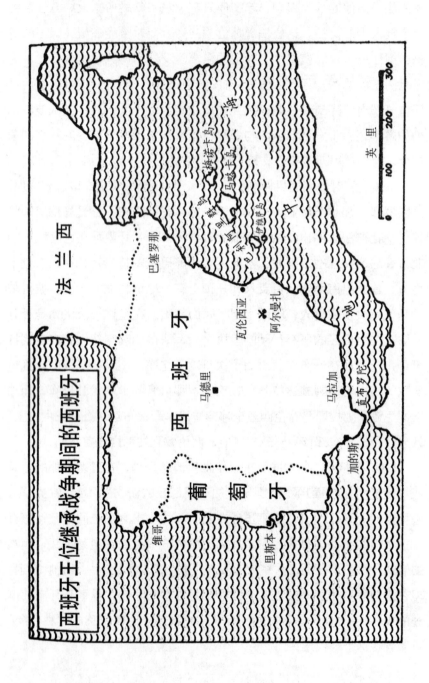

西班牙王位继承战争期间的西班牙

法 兰 西

西 班 牙

葡 萄 牙

巴塞罗那

瓦伦西亚
阿尔曼扎

马德里

马拉加

直布罗陀

加的斯

里斯本

维哥

中 海

比斯开湾

伊维萨岛

马略卡岛

米诺卡岛

英 里

0 100 200 300

52

第五章　奥德纳尔德与马尔普拉凯

对荷兰人而言，那个时候的成功阻碍了他们进一步的必要努力。1702 年时，他们的军队待在奈梅亨堡垒的下方，他们新的英格兰指挥官手执军刀，请他们采取攻势。不过这些日子已经远逝。畅通的默兹河直抵那慕尔的城门；莱茵河整个航道与其部分据点都在盟军手中；布鲁塞尔被盟军攻陷；安特卫普是最有价值的战利品，未经围城便不战而降；布鲁日、根特、奥德纳尔德与奥斯坦德等地都被盟军占据；纽波特、伊珀尔、梅嫩、阿特也很可能都被盟军所占领。过了这些地方，则林立着法兰西的边境堡垒。但是这些战利品对于保护荷兰共和国是那么重要吗？荷兰人想要削弱法兰西的力量。当然它已经受到了削弱。路易大帝的特使不是正匆忙经由五六条渠道来提出单独媾和的建议吗？如果马尔博罗在赢得拉米伊之役后攻下鲁汶，或者挥军进入布鲁塞尔的话，那么 1706 年的军事行动就很可能成功，并且将盟军带向 1707 年的胜利。但是他现在开始感受到荷兰人百般阻挠、抵制他，以及他们的贪婪。这一切注定会将盟军的命运再度带到最低潮的时期。

这些在巴伐利亚的反应也出现在英国境内。在战场上马尔博罗与欧根克服他们面前的一切困难，但同时英格兰一连串的党争与私怨也准备将胜利的命运整个翻转过来。身为战争支持者的辉格党人，而女王的政府也依赖他们的支持，所以他们要求能够分享公职。他们选择森德兰伯爵——詹姆士二世反复无常的大臣之子，一位坚持正统、固执己见而能力高强的人——作为他们的突破点，他们靠着他强行进入政府的圈子。根据现代的观念，他们在国会两院中所占的多数给予他们权利，在国家事务上拥有发言权。由于森德兰娶了马尔博罗的女儿，辉格党的领袖便认为："他（马尔博罗）不会将他们的行动视为对他的攻击。"但是他们让戈多尔芬知道，如果戈多尔芬不能说服女王将森德兰纳入内阁，他们就会利用在国会的权力来对付政府及戈多尔芬本人。马尔博罗与戈多尔芬都急于从平民院得到战争的补给，于是对女王施压要把森德兰纳入内阁；她固执地不答应此事，直到拉米伊战役之后才改变主意。

英国人的军事威力在欧洲执牛耳的意识，现在更是产生了长久的影响。与苏格兰的合并正接近完成阶段；自从女王登基以来英格兰与苏格兰就辩论着这个问题，有时还相当激烈。最后，英格兰打算在财政上慷慨地对待苏格兰；而苏格兰因此也愿意接纳汉诺威家族的成员继承王位。马尔博罗是位和这件事有关的信使，他认为与苏格兰修好的议案对英国的实力而言相当重要；两个国家及它们的国会都因此结合在一起。如果苏格兰在安妮女王去世时选择一个有别于英格兰的王室，那么中世纪的所有旧恨宿仇都可能死灰复燃。双方都认为为了避免两个王国之间再发生这样的破裂，很值得做一点牺牲。1707 年终于通过了《王国合并法》，尽管有摩擦，但一般来说都为人所接受。苏格兰人逐渐从英格兰与其殖民地现在对他们开放的自由贸易中获利，而英格兰人也慢慢地习惯苏格兰在他们政治与商业中所扮演的重要角色。这个联合王国愈持久，实力便愈加增长。在十八世纪的晚期，苏格兰的思想与文学如百花怒放，出现了些重要人物，如哲学家大卫·休谟①、经济学家亚当·斯密②、历史学家威廉·罗伯逊③。不久之后还有

---

① 大卫·休谟（1711—1776），英国哲学家、经济学家以及历史学家，主要著作有《人性论》《人类理智研究》等。——译注

② 亚当·斯密（1723—1790），英国经济学家，主要著作有《道德情操论》《国富论》。——译注

③ 威廉·罗伯逊（1721—1793），苏格兰历史学家，著有《1542 年到 1603 年间的苏格兰历史》《美洲史》等。——译注

罗伯特·彭斯[①]及伟大的沃尔特·司各特爵士[②]。联合王国带来的和平繁荣与参与感，无疑有助于哲学与文学的蓬勃发展，而这一切的影响持续到现在。

*　　　*　　　*　　　*　　　*

大约在此时，莎拉与安妮女王的关系却进入了危险期。莎拉必须忍受她的女主人对辉格党人加入内阁所表现出来的嫌恶。安妮打从心底讨厌辉格党，但是她的大臣都知道，如果没有辉格党支持，只有半数托利党人为他们撑腰的话，哪有可能进行战争。莎拉在尽责敦促女王与国会和谐相处的过程之中，也对她与女王的友谊感到厌倦。与此同时，有一位第三者闯了进来。莎拉的年事已高，身为贵妇的她，所掌管的事务却超过内阁大臣的权限，多年来侍候女王让她备受压力，经常感到紧张而缺乏调剂。安妮对莎拉的苛求甚多，她要她的朋友整天相伴，玩牌一直到深夜方休。莎拉渐渐地设法减轻这种不分昼夜陪她的负担。她找到一位穷亲戚阿比盖尔·希尔做她的替补者，带她进入女王的生活，做个侍候梳妆者或侍女。经过一阵子之后，女王对这位新的女侍很友善；而莎拉感觉到责任已减，便常到乡下享受家庭生活。阿比盖尔到了1707年初便建立起她对女王的影响力，这种影响力注定要使欧洲历史稍稍转变。

阿比盖尔是森德兰的表妹，同时也是哈利的表妹。哈利因为辉格党的森德兰进入内阁而感到十分惊惶，他是位足智多谋的政客，眼光独到，认为这件事是辉格党扩大势力的前奏；他身为托利党温和派的领袖，对自己的地位不免感到困窘。

---

① 罗伯特·彭斯（1759—1796），苏格兰诗人，主要用苏格兰方言写诗，优秀诗作《自由树》《一朵红红的玫瑰》等。——译注
② 沃尔特·司各特爵士（1771—1832），英国苏格兰小说家、诗人、历史小说首创者，主要作品有长诗《湖上美人》，历史小说《艾凡赫》。——译注

某天有位园丁转交给他来自安妮女王的一封密信，女王在信中请求他帮助。对十八世纪的一位政治人物而言，这是最大的诱惑。而且这项诱惑与哈利的政治盘算及他天生对机密与阴谋的喜好都很契合。他立刻就自行计划，打算以女王的宠臣为基础暗自组阁，其中包括托利党人及辉格党的温和派，而且希望借助马尔博罗的名声与效劳。这个计划暗示着戈多尔芬的垮台。哈利原以为不会有任何障碍；但是马尔博罗在意识到这一切时，并不愿与他忠实的同僚兼朋友断绝往来，因此哈利的阴谋必然会惹恼马尔博罗。而这时莎拉对女王的影响力很明显地趋于弱化。

　　一切都在 1707 年出了差错。马尔博罗的计划是：欧根借着普鲁士的部队及英国增援队伍的协助，从意大利出发进入法兰西并且夺取土伦。马尔博罗打算利用这个万无一失的海军基地掌握地中海，并且于次年大举入侵法兰西。他使用当时到达巅峰的权力，推行这项影响深远的计划。在克服无数反对与分歧的意见之后，欧根率领帝国军队沿着里维耶拉攻击土伦。同时，马尔博罗在低地区的战区面对与牵制着旺多姆元帅的优势兵力。他屈就自己在北方进行牵制性军事行动，以便他的袍泽能在南方对敌人施以决定性的打击。因此他减少兵卒，以至于他的兵力不够强大，不足以从事重大的围城攻坚行动；但是他保持警戒，留意机会，即使是兵力悬殊仍以寡击众。但是旺多姆过于精明，以至于不让他如愿。有时一连几周两支大军在近距离内互相虎视，然后便是快速与危险的行军。然而旺多姆除非是正面交锋，否则常常都设法避战，而马尔博罗的兵力不够强，无力对战。因此，这场北方的战事陷入僵局。

　　西班牙出现了大不幸的局面。难以对付的贝里克元帅奉路易十四之命，前往半岛去重振腓力国王的希望。贝里克元帅得到来自法兰西源源不绝的援军。到了 1706 年的初秋，在西班牙中部率领一万五千名士兵的戈尔韦伯爵发现士兵数量严重不足。他在马德里受到冷漠对待，焦急地等待卡尔大公、彼得伯勒与分别来自巴塞罗那与瓦伦西亚的援军；但过了许多周之后他们才开始行动，而且也只是带来杯水车薪般的增援。卡斯提尔与其他中部及北方的行省都表示毫无意愿以奥地利的卡尔大公取代已经做了五年国王的腓力五世。联军指挥的军队太少，无法强行克服西班牙人的漠不关心。戈尔韦、彼得伯勒与卡尔大公都必须朝地中海海岸撤退。1706 年结束了，腓力国王再度在马德里复辟，不过联军也牢牢地掌握着西班牙东部。1707 年联军将领犯了致命错误。他们分散了兵力，仅带着部分兵力朝马德里的方向挺进，在阿尔曼扎遇到贝里克公爵所率领的法兰西大军，开始交战。法军的指挥官是一位信天主教的英格兰人，不列颠的指挥官却是一位信奉新教的法兰西人。不同的忠诚使他们怪诞地各行其是。最后联军惨败，1706 年他们在整个西班牙的局面几乎是高唱凯歌，但现在完全逆转。边防大臣路易在莱茵河畔著名的斯托霍芬防线遭到维拉尔元帅的突击；所有这些构成日耳曼有效防御的巨大工事，一夜之间都落入了敌人手中。大部分日耳曼地区随后都遭到入侵和劫掠。

马尔博罗因为筹备土伦进攻计划而将所有其他事情都摆在次要地位，这个计划结果也失败了。在长时间的争战之中，欧根似乎只有这次没有维持他的最高水平，同时名义上统率联军的萨伏伊公爵更没有作为。欧根是个适合陆地的将领，他从来不喜欢过分依赖海上作战计划，但一支壮大的英格兰无敌舰队在海滨迎接他。海军将领肖维尔深受马尔博罗战略的熏陶，沿着海岸线帮助欧根的军队供给军需，并且使用舰队炮火袭击敌人阵地的侧翼。他来到土伦之后，将数以千计的水手与海军，还有数以百计的大炮都运到陆地。他向这位显赫的欧根亲王保证，如果欧根的通路被切断，舰队会载他的所有人马前往他想去的任何地方。

法兰西人集中强大的兵力不仅要防御，还要解救土伦。欧根几度攻击，损失惨重。由于围城不成功，只好将帝国军队撤到意大利。英国舰队在炮击与摧毁土伦大部分的港口、击沉困在那里的法兰西战舰之后，就启航回国或寻找港口过冬。最后舰队遇上一场灾难。克老兹利·肖维尔爵士在冬天启航回国，在浓雾遮天的恶劣天气里撞上了锡利群岛尖锐的岩石而发生船难。两艘主力舰与一艘护卫舰被撞得粉碎，一百五十名水手溺毙；最糟的是这位不列颠最优秀的海军将领，马尔博罗最信任的海军领袖，在上岸后也去世了。

＊　　　　＊　　　　＊　　　　＊　　　　＊

马尔博罗在经历这些苦难之后，回到英格兰猛烈的党派风暴中。哈利的计谋现在很明显，他的实力因为军事上的不幸而增长。马尔博罗与戈多尔芬决定共同将他逐出内阁，而紧张的政治危机随即发生。这个时候在哈利官邸一位名为葛雷格的书记被抓到，泄露最机密的文件并将它交到法兰西政府手中。这件事削弱了哈利的实力。哈利的确在管理机密信件方面玩忽职守。未能掌权的辉格党人自然感到愤怒，一致要判哈利犯了叛国罪。不过葛雷格自己承认罪行，在泰伯恩被绞死，临死前发誓说他的上司清白无辜。据说，他原本可以归咎于哈利而拯救自己一命。

马尔博罗根据这一情况，要求解除哈利国务大臣之职。安妮现在完全疏远了莎拉而与阿比盖尔形影不离，并且极力保护她宠信的大臣哈利。马尔博罗拒绝与哈利在内阁中共事，所以递上了辞呈。女王回答说他如果做了那样的事，那还不如直接拔出匕首，当场把他刺死。身为真正斯图亚特家族的人，以及詹姆士二世的女儿，安妮女王是不会辞退哈利的；马尔博罗因此返回故乡圣奥尔本斯。之后某天内阁开会，哈利起身阅读某项文件时，有位大臣粗鲁地质问女王，马尔博罗将军与财政大臣戈多尔芬都不在场，他们要如何办事。女王情绪激动得几乎窒息，气得离开了房间，内阁大臣在混乱中各自散去。消息传遍四方，说马尔博罗与戈多尔芬已经被撤职，而国会的两院都决定等待他们两个人可以复职的消息出现，否则国会就不运作。伦敦市陷入恐慌。安妮的丈夫乔治亲王被所见所闻的反应弄得烦恼不堪，强打起精神，恳求他的妻子对这场风暴低头。此时连哈利甚至都让步了，但女王仍不肯让步，他劝女王接受他的辞呈。她哭了，而他也离职了。随着他离职的还有马尔博罗几乎视为养子的亨利·圣约翰。

这场斗争使得马尔博罗最后又掌权了一段时间，但他已经失去了女王的支持，也失去了托利党温和派的支持。他现在必须与辉格党交好，在这个过程中，他与女王的裂痕愈来愈大。就在这些危险的基础上，他进行 1708 年的军事行动，计划重演上一年两路入侵法兰西的旧事。不过这一次的主攻在北方，而由南方进攻法兰西的萨伏伊公爵，将扮演次要但仍然重要的角色。马尔博罗希望将欧根的莱茵河部队带入低地区，并且以较优势的兵力在战场上粉碎法军，突破堡垒的障碍。但是发生了一连串没有预料到的不幸：莱茵河畔的情况迫使欧根必须将他的军队留在原地；荷兰在被征服的比利时城市所进行的统治，使得比利时人民离心离德；共同控制斯海尔德河与利斯河的根特与布鲁日都背叛而投向法军。旺多姆元帅率领两位铁血亲王勃艮地公爵与培里公爵以及王位觊觎者——年轻的威尔士亲王，指挥大约有八万名士兵的大军。

在马尔博罗的生涯中，只有这一次对国内党派与国外战场所汇集在一起的压力低头。欧根带着骑兵护卫队抵达，发现马尔博罗在布鲁塞尔附近，处境相当狼狈。马尔博罗因为发烧躺了下来，病得很重必须放血；他听到拉米伊战役的战果——可以说相当于现今铁路的根特与布鲁日水道陷落所造成战略上的损失，过了几个小时才恢复常态。此时欧根为他的袍泽打气，而马尔博罗逐渐从病床上起身，跨上战马，大军也开始行动。在惊人的长途行军之后，他们抵达了戴尔河畔的莱西纳。7 月 11 日破晓时分，他们向斯海尔德河畔奥德纳尔德的要塞与桥头堡出发，旺多姆也有意夺取此地。法军并没有想到会在此打上一仗，他们的大军好整以暇地在加夫勒渡河。十点半时，卡多根将军带着英格兰的前锋到达奥德纳尔德北方的高地，包括要塞的桥梁，他们总共准备了九座桥；卡多根身后整整有八万名士兵，以非比寻常的愤慨填膺之势往前奔来。荷兰副将戈斯林加记录着："它根本不是在行军，而是在奔跑。"士兵将军官所有的行李和马车都抛在路边，赶忙迎战。大军在六十五小时内行军五十英里，抵达斯海尔德河上的桥梁，同时卡多根渡河攻击法兰西的一些支队与侧翼卫队。

旺多姆起初无法相信盟军大举来到战场；他策马亲自观察，结果逐步被拖入战斗。就在盟军大批横渡斯海尔德河时，法军转到左翼迎战。奥德纳尔德战役在各方面看来都很像现代的战争，它比起十八世纪任何伟大的行动都更像1914年的坦能堡战役。马尔博罗让欧根指挥右翼，自己守住中军以寡敌众，同时剩下的大军则将战线朝左翼延伸，长条左臂持续不断地向外伸展，而战斗前哨愈长，战火就愈炽烈。那个冲突年代的军事判断认为，在实力相当的大军面前，军团逐一渡河作战是最危险的，而战斗的速度与变化也不容许阵式墨守成规。法军不顾死活地奋战，但是没有任何一致的计划；他们军队的大部分都没有迎战。黄昏的阴影降落在遍布篱笆、圈地、村庄、树林与水道的战场上，部队在那里短兵相接，凶猛缠斗。荷军在老将奥弗科克的率领下终于通过奥德纳尔德许多的桥梁，绕到北方的高地，同时欧根发挥无比的勇气突破右翼，联军左右两翼几乎合在一起。法军现在彻底乱成一团而分成了两股，有四万多人实际上被联军包围起来；其他四万人站在战役上方的山脊不知所从。天色漆黑时战斗停止了下来。双方战斗者互相混杂，所以联军得到命令停止射击，枕戈待旦。联军当日的武器并不能大规模地围住野战部队，大多数被包围的法军趁着夜间逃走了。旺多姆又怒又惊，下令撤退到根特；他的军队有四分之一被消灭或驱散了。7月12日早上马尔博罗与他伟大的伙伴策马进入奥德纳尔德美好的旧广场，还带着包括高级军官在内的七千名俘虏、军官、大批的军旗与战利品。

这场伟大的胜利改变了战争的状态。联军恢复主动，马尔博罗希望挥军进入法兰西，同时将里尔要塞留在身后。他在怀特岛准备了一支有运输船舰的七千名士兵的军队，以便夺取阿布维尔，并在那里建

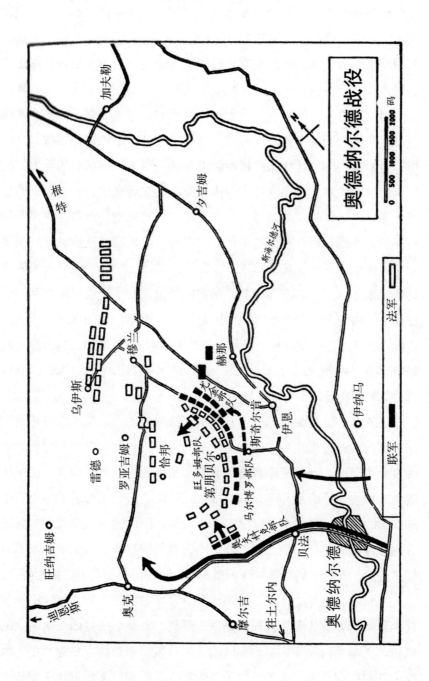

奥德纳尔德战役

联军 ▬
法军 ▭

61

立起位于法兰西防线后方的新基地，以便从那里直捣巴黎。但是他说服不了欧根。虽然这位比马尔博罗年轻，却被称为"老亲王"的将领，觉得将里尔置于身后不顾实在太过危险，他也相当不相信依赖海上武力的作战。于是联军便决定攻击法兰西最强大的堡垒里尔。

包围里尔不仅是十八世纪所知规模最大，也是最复杂的一次作战行动。布法勒元帅率领一万五千人防守这座城。欧根进行围城，马尔博罗带着掩护部队挡住来自根特附近及法兰西本土占优势的兵力，法军则想解救里尔之围，或者切断围城部队的交通联络。一万六千匹战马拖着马尔博罗的攻城设备，从布鲁塞尔赶到战壕，而将这些庞大的设备带入战场则牵涉整个掩护部队的调度。重炮猛轰这座城池，一星期又一星期地针对城墙裂口发动接二连三的浴血攻击。最后法军固然切断了联军与荷兰的交通联系，马尔博罗也建立了通往奥斯坦德的新交通线，由海上取得补给。法军因此打开了敦刻尔克的水闸，湍湍洪水淹没了海岸区，发展成一场水战，两方争夺着经过此处的每发炮弹、每袋炸药或粮食。围城的补给先由大船运往小舟，由小舟运往高轮货车，再由高轮货车运送到普通车辆上。

旺多姆与法兰西的王子绕道行军到里尔的南方，与从西班牙调到比利时前线的贝里克所率部队会合。马尔博罗与他们在里尔之间的防线发生遭遇战，而欧根率领着不必参加围城的士兵与他会合。法军挟着优势兵力，排成战斗阵式向前推进，同时布法勒元帅凶猛地攻击已经削弱的防线。马尔博罗深信有必要一战，因此他在这几天中刻意不去加强自己的防线，他选中的阵地本来就易守难攻，以至于法军不敢轻易一试，他们只能遥遥旁观，直到看见里尔即将陷落而感到屈辱。

一场辉煌的行动划破了秋季几个月以来的阴郁肃杀之气。由里尔延伸到奥斯坦德的英军漫长交通线，受到二万多名法兰西部队冲刺的威胁，联军南行前往里尔的车队陷入了险境。韦布将军是詹姆士二世统治下的托利党人，也是一位干练的军人，马尔博罗派遣他带着较弱的兵力去应付危局。法军对怀能迪尔堡旁边树林里的韦布阵地所做的攻击最终宣告失败，损失惨重，因为英军射击训练相当精良。这项行动使得里尔的命运已定，里尔于 10 月请求投降。为了替这批受困士兵讨回公道，里尔仍在死守时，旺多姆与贝里克便攻击布鲁塞尔，但是马尔博罗与欧根也朝东北方向行军，突破斯海尔德河防线而解救了比利时的首都。里尔于 12 月陷落，但只要根特与布鲁日仍在敌人手中时，马尔博罗是不会停歇的。马尔博罗将大炮拖来攻击这两个地方，于 12 月重新夺回布鲁日，也于 1 月初重新夺回根特。这样便结束了这场交织着奋斗与危险的军事行动。欧根亲王说："没有看过这场攻势的人，便等于没有见过世面。"

同时，联军也夺下梅诺卡岛与它优良的马翁港，为英格兰海军在地中海找到一个坚固的永久基地。这样一来，联军在年初时凄凄惨惨，在年底终于获得全胜。路易十四向荷兰提出影响深远的建议，马尔博罗本人也为了同样目的与他的侄子贝里克进行秘密协商。这场战争的胜者一定是盟国，法兰西的力量已经粉碎，路易大帝颜面扫地。加上一场骇人的霜害摧残着受到蹂躏的欧洲，种子都在地里冻死，牲畜都倒毙在田间，野兔也都死于洞穴，法兰西人民的惨况达到了可以忍耐的极限。大家都在寻求和平，但大家最终都没有找到和平。

＊　　　　＊　　　　＊　　　　＊　　　　＊

同时，辉格党在英格兰完成了他们长期奋斗的目标，迫使马尔博罗与戈多尔芬仰赖他们。他们压倒了女王的气势，将托利党的残余分子赶出内阁，设置了一党独大的政府，而两位大臣马尔博罗与戈多尔芬仍留在内阁；尽管迄今关于战争的方法有许多分歧意见，但是战争是全国的共同目标，它现在是一党的政策。辉格党人是积极而有效率的国会艺术大师，但他们却在这个最不需要他们好战精神的时刻掌权。与女王疏远的马尔博罗及戈多尔芬，现在必须遵守辉格党内阁的决策。托利党人身处困境，闷闷不乐，心里想的尽是卷土重来，期望他们以前的领袖们下台；而哈利凭着他的天赋与手腕，加上他所受的损害与名望，自然而然成了托利党人的领袖，连年长的政治家罗切斯特与诺丁汉都加入了他的阵容。哈利极受女王宠眷，并由阿比盖尔维持着幕后渠道，与什鲁斯伯里保持联系。什鲁斯伯里退休许久之后又回到了英格兰政坛，准备扮演雄心勃勃、有权势的中间角色。

马尔博罗的统治地位结束了，之后他只有为人效力的分儿。只要战争继续下去，他在欧洲及部队中的最高地位便会使得他对两党都是不可或缺的人物。他首先为辉格党卖命，后来为托利党效力；他先为辉格党效力充当全权大臣与将军，后来为托利党效力时仅担任将军。他在 1702 年至 1708 年的叱咤风云已经成为过去，虽然还有着三次规模空前的艰难军事行动等着他，但是他不再控制决策权，而单凭决策权，他就能够将严峻的军事奋斗变得很有成果。

当我们观察大联盟的亲王们由于路易十四而蒙受长年累月的恐惧与损伤，就一定会体谅他们在胜利时刻所存有的猜疑。不过法兰西现在所提的议和，内容宽大得足以满足联军所有合理的要求。荷兰的边界屏障已经安排好了；萨伏伊公爵的要求也得到了满足；日耳曼的亲王对莱茵河一带都很放心。剩下的只有西班牙的问题。毕竟当初是为了西班牙的王位继承问题才打这一仗的，但马尔博罗与欧根的胜利并没有解决这个问题。法兰西在西班牙的运气倒是不错。西班牙的斗争已经发展成国内的斗争，而西班牙各个阶层的人民都接受安茹公爵的继位权，并且支持他的目标。西班牙人在凶猛的奋斗中放弃了西班牙王位继承完整无缺的希望，他们现在渴望维持自己所选择的国王。盟国与路易十四之间所有的争论都解决了。但是在西班牙会发生什么事呢？腓力五世宣布他宁死也不愿放弃帮助他的西班牙人民；他看来甚至准备违抗他的家族首领——伟大君主路易十四本人的吩咐。

我们无法探究路易十四与腓力在这个重要关头保持着何种家族关系与政治关系。盟国论点的大意是，如果他们未来还是必须在西班牙境内进行单独的战争的话，他们就不应该与现在居于下风的法兰西讲和，让他得以恢复实力。此外，荷兰人明白表示他们无论如何都不会去西班牙作战；他们拥有防卫他们的屏障以及想要的一切。相反，英格兰的辉格党决定要将腓力逐出西班牙；他们还喊出"没有西班牙便没有和平"的高调口号。法兰西外交大臣，伟大的柯尔贝之子托尔西，询问盟国到底期盼他的主人做些什么。路易自己倒是情愿与腓力断绝关系，将所有法兰西的军队撤出伊比利亚半岛，甚至让出重要的法兰西要塞作为保证；盟国的谈判者相信只要路易十四一声令下，腓力便会退位。但是事情绝非如此简单。路易十四唯一不会做的事，就是用法兰西的部队将他的孙子逐出后者为自己建立的王国；这就是致命的礁岩，整个和平会议像船触礁一样宣告中断。

被辉格党人盯住的马尔博罗，看到了潜在的危险。他认为上上之策是与法兰西讲和，接受对方提出来的要塞作为执行和约的担保品，以及另外在西班牙开启战端。他有个在西班牙进行大规模军事攻势的计划：他从里斯本，欧根从巴塞罗那两路入侵；如果照此演变，这个计划很可能是最快奏效与最仁慈的办法。但是各方固执己见。托利党想要立即实现全面的和平，他们得到的是四年的浴血战斗及最后的悲惨结局。路易十四必须亲自负责将他的孙子逐出西班牙，否则盟国将从他交付的作为保证的基地与堡垒中对他重新发动战争。而这项条件使得谈判破裂。路易大帝年纪老迈犹如风中残烛，雄心宏图破灭，人民遭到悲惨的际遇，他原本可能会让步；但是王太子十分气愤，要求不得被他儿子的亲人夺走他自己的王国。托尔西离开谈判会议的时候，经过维拉尔的法军指挥部，这位不屈不挠的元帅恳求他告诉国王，说法军一定可以保卫国王的荣誉。受到这番激励，路易十四说出了一句名言："如果我一定要战，那将会与我的敌人而非与我的子女作战。"

马尔博罗鞠躬尽瘁、致力求和，但是他并没有充分运用个人剩余的权力。他有许多疑虑，但是整个说来他期望法兰西让步。当信使带来盟国的最后通牒被法兰西拒绝的消息时，他不禁诧异地问道："难道没有任何相反的提议吗？"他与欧根最后还稍做努力，但是徒劳无功。

盟国不禁感到失望，发出一些无益而愤慨的牢骚，说他们再度被路易十四所愚弄；他们战鼓雷鸣，那些先前受战争蹂躏时代所见的最大军队，都出动参加 1709 年的军事行动与马尔普拉凯的大厮杀。

＊　　　＊　　　＊　　　＊　　　＊

正义收起他的行李，离开交战的一方转而去支持另外一方。一开始民族、国会与新教对无法容忍的侵略军队进行杂乱而缓慢的反抗，结果反抗本身渐渐地开始更明目张胆地借由胜利的联盟而转变成为入侵与征服。从此刻起法兰西与实力较弱的西班牙，都出现了反抗外国入侵与压迫的民族阵线。法兰西与西班牙人民表现出奇怪的、新生的爱国精神，十八世纪初一股新的力量由未曾探测过的深处涌现出来，使得原本已经衰弱的贵族、精疲力竭的职业部队，以及破产的财政都复苏过来，并且精力倍增。

联军在此时也已经达到其实力的顶点，马尔博罗与欧根在根特南方集结部队，开始围攻图尔奈；在一场大规模且认真的作战之后，这座城与要塞于 8 月底投降。马尔博罗现在把蒙斯视为下一个目标。在整段时间中，谈判一直在幕后进行着，双方仍然认为他们之间的障碍随时都有可能消除。但是突然之间一股狂暴的战争情绪和心头的怨恨一起爆发，攫取了双方政府、军队与普通士兵；他们把审慎弃之不顾，对劝告也置若罔闻。路易十四给予维拉尔充分作战的权力，马尔博罗与欧根也以同样的热情响应，双方所有的阶层都受到鼓舞，他们渴望互相厮杀，杀掉敌人，结束这漫长的战争。

马尔博罗与欧根快速调动士兵包围蒙斯，并且在蒙斯的南方挺进，几乎沿着目前法兰西边境防线的马尔普拉凯的树林之间空隙地带与维拉尔相遇。9 月 11 日，十一万联军攻击由大约九万法军所防守的堑壕。这一仗打得相当惨烈，几乎无人求饶或手下留情。马尔博罗大体上重施在布伦汉姆战役中所用的战术，他首先攻击法军的两翼，而荷兰人

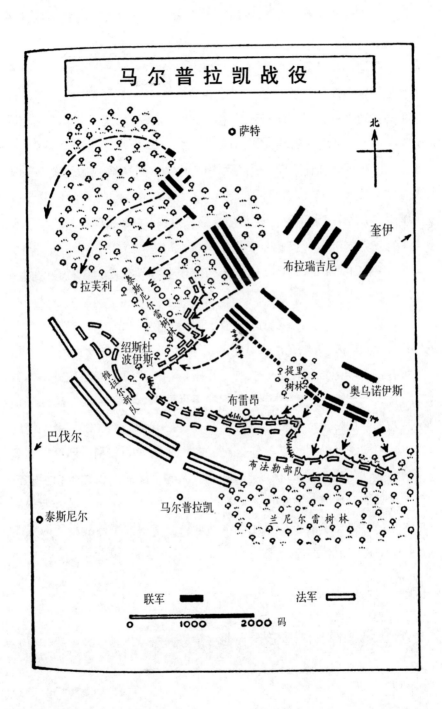

马尔普拉凯战役

萨特

北

奎伊

布拉瑞吉尼

拉芙利

WOOD OF 泰斯尼尔雷树林

绍斯杜波伊斯

奥乌诺伊斯

提里树林

布雷昂

巴伐尔

布法勒部队

马尔普拉凯

泰斯尼尔

兰尼尔雷树林

联军 ■　　　　法军 ▭

0　　　1000　　2000 码

67

在左翼被令人畏惧的厮杀给击退了；右翼由欧根率领，突破密林，最后冲过密林到了旷野。在这种压力下，维拉尔与他的副手，英勇的布夫勒，被迫抽调他们的中军。马尔博罗等待的时刻终于来到了，他发动奥克尼麾下的英格兰兵团攻击已经没有剩下多少兵卒的内堡，并且在夺下它们之后，带领着一旁伫候整天的大批骑兵冲锋。联军以"灰色"龙骑兵与苏格兰的灰衣骑兵打前锋，冲过了堑壕，在平原上列阵以待。维拉尔已经受到重伤，但是法兰西的骑兵斗志昂扬地迎上前来，于是双方骑兵发生一连串的冲杀。最后法兰西的骑兵败阵，他们的步兵在撤退。几个小时后马尔博罗写信给莎拉说："我太疲倦了，我只有足够的气力告诉你，我们今天打了一场血战。上午我们痛击他们的步兵，后来痛击他们的骑兵。感谢上帝，现在我们有权力任意确定和平条件了。"

　　欧洲对马尔普拉凯之役的杀戮全都感到心惊胆战。联军损失了两万多人，法军的损失则是这个数字的三分之二。双方几乎没有任何俘虏。胜利者在战场上扎营，这一仗的目标蒙斯也被攻克。但是这桩事本身向所有人指出，这是对和平谈判不成所做的严惩。荷兰共和国因为最精良的部队被歼灭而动摇；在英格兰，辉格党仍旧赞成进行最无情的战争，用演说及散发小册子宣扬已经赢得决定性的胜利，但是托利党人指控他们与马尔博罗为了制造毫无成果的大屠杀而丢掉了和平的良机。在欧洲，想不起有过如此同样的战役。的确，十八世纪最大与最血腥的马尔普拉凯战役，只比百年后拿破仑在博罗季诺战役所取得毫无所获的胜利稍为逊色而已。

第六章　《乌得勒支条约》

现在所有人的目光都转到英格兰的宫廷上面。整个欧洲都知道马尔博罗从安妮女王那里得到的权势已经消失了，哈利借着通天的手腕与阿比盖尔的帮助，建立掌权的托利党政府，以便结束人人都厌倦的战争。

两支大军为了 1710 年的军事行动而互相对峙。他们实际的兵力比以前都还要强大，但是马尔博罗与欧根却无法也没有机会与维拉尔交战。一般人可能认为，马尔博罗对马尔普拉凯战役的厮杀感到痛心，以及对他在国内所遭遇的敌意感到心寒，以至于此后他只把战争看作下棋。的确，这两位形同孪生的将领只寻求战争的时机，希望在维拉尔未能发挥优势之际，与之交战。这两位名将在另一次猛烈的围城战之后夺下了杜埃，而后占领艾尔与圣弗南，如此便打通了利斯河的航道。这些都是由兴师动众与所费不赀的军事攻势所换取的差劲战果。

在马尔博罗忙于辛劳攻城的同时，安妮女王统治时期的危机不疾不徐地走向高潮。英国国教开始蠢动，托利党的教士宣扬反对战争与战争的领导者，尤其是戈多尔芬。萨谢弗雷尔博士是一位高教会派的神职人员，他在伦敦讲道，猛烈地抨击政府、辉格党人及财政大臣戈多尔芬。政府竟然下令以国家名义对萨谢弗雷尔进行起诉，提出弹劾。不仅有托利党人，还有伦敦的群众都挺身而出支持萨谢弗雷尔，此情此景让人想起二十五年前审讯七位主教的场面。最后由于法庭勉强过半数只给予萨谢弗雷尔名义上的惩罚，使他成为轰动一时的英雄。

安妮女王受到哈利的劝告，学会了坚强，对以前辉格党人闯入内阁并加诸到她身上的侮辱进行报复。她在一年中采取了一连串的步骤，改变了政府的整个人事。首先森德兰被免职；然后安妮女王在秋天命令戈多尔芬遣散他官邸的人员，不用再为她效力，并且还说："但我一定会给你四千镑的年金。"戈多尔芬严峻地拒绝年金，而去过他经济拮据的退隐生活。此外，地位不高的辉格党大臣也都被削免官职。哈利成立了以托利党为主的政府，他身边的亨利·圣约翰做了国务大臣。新政府大体上是以什鲁斯伯里公爵为核心而建立的，得到了许多知名之士的支持；他们的地位很高，才华出众，而且野心勃勃。适时举行的普选使得托利党成了平民院中具有实质力量的多数党。

马尔博罗从他第九次的军事行动中归来，发现英格兰被他的政敌与仇人控制了。安妮女王要求马尔博罗逼莎拉放弃她在宫廷中的所有官职。他跪在她的面前求情，但还是没有用。马尔博罗在风光岁月曾经帮助与保护过的圣约翰，现在以傲慢无礼的方式教训马尔博罗。哈利对马尔博罗打躬作揖，但心硬如石，他也有旧账要算。尽管有这些遭遇，马尔博罗仍旧是敌视他的政府与要报复的女王最珍贵的人物。在托利党人出任大臣之前，他们认为只要暗示有意追求和平，就能以胜利者提出的条件得到和平，但是他们现在明了，马尔博罗下台就等于是路易十四东山再起。他们发现面对着一个与 1709 年时截然不同的法兰西。大联盟的所有国家都心怀辛酸、悔恨不已。它们自己错失良机，只好在苦恼与再度出现的恐惧中，紧抓着马尔博罗不放。荷兰人、普鲁士人、莱茵河地区的许多亲王都宣布他们的部队会在马尔博罗的麾下效力。哈利与他的副手——正在快速扬名的圣约翰——了解他们现在必须再进行另外一次军事攻势，因此各方人士，甚至是最不友善的人，都纷纷敦促、恳求或哀求马尔博罗为国效劳。失势的辉格党人、得意的托利党人、哈利与圣约翰、女王、荷兰议会、普鲁士国王、莱茵河地区的各个亲王，以及所有人当中最热忱的神圣罗马帝国皇帝，都请求马尔博罗捍卫共同的大业。虽然后来马尔博罗被嘲笑说他眷恋官职、喜好战争，但奉召出征仍是他的职责。托利党大臣与马尔博罗谈好了在前线维持适当兵力的条件，马尔博罗总司令遂在连续的第十年重上战场。

哈利与圣约翰为自己的目标全力以赴。他们派遣马尔博罗赴战，运用手腕致力推行托利党的全面政策。圣约翰派了一支军容鼎盛，但指挥不善的远征军去夺取法兰西手中的魁北克。身为财政大臣的哈利，一心忙着建立大规模南海公司的财政计划；这家公司将购买部分国债，并向南美洲输送奴隶与商品来增加收入，以后也因此兴起了南海泡沫的诈骗风波。但哈利毕竟是在向法兰西谋和，他借着盟国不知道的秘密渠道与托尔西建立联系。他发现法兰西人态度强硬，便派圣约翰参加谈判。1711年的一整年都在进行规划，但国会或任何联盟国家都不知情。哈利等人实行的方法形同叛国，但是他们追求的目标却合情合理。

尽管哈利与圣约翰共同怀着秘密的目标，但他们不久却渐行渐远。3月，有位法兰西难民被人发现与敌人通信来往，形同叛国。他在枢密院的审讯室接受审问时，用小刀刺向哈利，那时哈利与圣约翰二人之间的敌对之意早已非常明显。大臣们都大为惊讶，拔剑刺伤了这名凶手，后来凶手在一星期内因为伤重一命呜呼。哈利的伤并不重，但是他在全国的名望却因此骤增。安妮女王赐给他牛津与莫蒂默两地伯爵的傲人封号，指定他担任自戈多尔芬下台之后便一直虚悬的财务大臣官职。哈利因此到达其事业的巅峰。

*　　　　*　　　　*　　　　*　　　　*

马尔博罗希望再度与欧根一起进行1711年的军事行动，并将不少于十四万的人马集结在杜埃的邻近地区。但是4月底发生了一件不幸的事，这件事影响到战争的各个层面。神圣罗马皇帝约瑟夫一世因为罹患天花而驾崩。当时在巴塞罗那据地为王的卡尔大公继承了奥地利王室世袭的领地，并且确定会被选为继任的皇帝。为了打断在法兰克福的选举，路易十四派遣维拉尔麾下的大军前往莱茵河的三角地带，此举使得5月离开马尔博罗军营的欧根部队采取应对情势的调动，如此一来马尔博罗一方只有九千人应战率领着十二万名士兵的维拉尔。

维拉尔在冬天已经构筑了庞大的由堑壕与洪水系统所构成的防线。从海上经由阿拉斯要塞与布夏安要塞延伸到桑布尔河畔的莫伯日。他称这些防线为"登峰造极"。他率领机动部队诱敌进攻。马尔博罗似乎闲散地度过了6月，实际上他正准备打破这难以克服的障碍。他靠着狡诈的手法与策略，使维拉尔深信他企图在阿拉斯以南再进行一次如同马尔普拉凯战役规模的正面攻击。

两军对峙，列好了阵式，每个人都期盼着斩杀敌人。盟国将领则深感忧虑。他们认为马尔博罗因为在国内的遭遇而愤愤不平或精神错乱，会使得他们被敌人屠杀。8月4日，马尔博罗沿着维拉尔的整个前线进行侦察；他让许多军官陪着他，他标出将安置大炮的地方，并且指向即将进行攻击的敌方阵地。因为他威望盖世，所以军官们都不敢直言抗议；许多在场的观察者都认为他不应该毫无隐瞒地畅谈作战计划。当天晚上维拉尔满怀希望，他要求把防线上每个营部与大炮都调到适当的位置。马尔博罗的士兵盲目地信任他，因为他从来不会带他们走上错误的道路。但是高级指挥官都相当痛苦，提心吊胆；他们没有注意到卡多根将军已经在悄悄地侦察敌阵的时候溜走了；他们也不清楚大炮为何不在阵地，这是因为他们并不知悉马尔博罗在前线后方调动兵马的情形；他们也不知道他的重兵集结在杜埃。

夜幕降临，鼓声隆隆，开始传来了拔营及准备作战的命令。参谋们带领四个纵队前来，不到半个小时，全军便已经向左翼行动。他们在月光映照的夜里全部向东行军，通过了维米岭与阿拉斯之间宽阔的起伏地带。两个世纪之后此地将染上英格兰人与加拿大人的鲜血。这趟行军非常严苛，中途只容许作短暂的停留，但是全军都兴致勃勃，毕竟它不会是一场浴血战。"老伍长"心中自有妙计。在5日凌晨5点钟之前，他们已经抵达维垂附近的斯卡尔普河。大军发现此处搭建了一连串的浮桥，天色渐亮，他们看到长列的大炮正与他们一起前进。

破晓时分，马尔博罗身先士卒率领五十支骑兵队，与自卡多根那里疾驰前来的一位骑兵相遇。后者带来了消息，说卡多根与普鲁士将领霍姆佩希率领二十二营步兵与二十支骑兵队，已经于清晨 3 点穿过了位于亚略的堤道，实际占领了敌人的防线。马尔博罗现在派他的副官与参谋官去对行军的整个队伍传达命令，对各国官兵解释他正在做的事与已经发生的情况，并且告诉他们现在一切都仰赖他们的行军速度。"公爵大人希望步兵疾走。"当天亮时，部队越过桑塞厄河的沼地与溪流时，他们看到在右方不到炮弹一半射程的距离，法军在河的另一边与他们平行向前移动。但是他们也看到法国的先头部队与联军步兵正在齐头并进。8 月 5 日这一天，联军的大批兵力都渡过了桑塞厄河，正在敌军防线后面列阵。数以千计的兵卒都疲惫得倒在路旁，大批的兵卒更因为急行军而死于途中。

马尔博罗在防线的后方设立阵地。维拉尔带着零星的人员到达，根本无法发动攻击。人们过去及现在都议论纷纷，说马尔博罗不应该冒险犯难。的确，他在布伦汉姆与奥德纳尔德两次战役都遭遇过更大的危险。然而他此时并未强行打上一仗，反而将部队快速地调到左方，渡过斯海尔德河，紧紧包围布夏安要塞。突破"登峰造极"防线，包围与夺下布夏安要塞，在欧洲被评价为军事艺术上的杰出表现。维拉尔率领与马尔博罗实力相当的军队，拼命地干扰这项行动；而马尔博罗已经从法兰德斯与布拉班特强行征调了六千名工人，围着布夏安的整个要塞构筑了由壁垒构成的防线，还把保护他与斯海尔德河之间交通线的堑壕增加了一倍。马尔博罗亲自进行围城，指挥阻挡援军的部队；他整天都在他创建的、令人惊异的、如同迷宫一般的工事中行动，加紧对布夏安的包围。8 月 21 日，攻城设备从图尔奈运送到此，30 日大炮开始攻击。马尔博罗炮击布夏安的同时，维拉尔也对马尔博罗展开炮击。这是围城内的围城，这种战役经常对围城者很不利。没有比马尔博罗的军事艺术更为精湛的范例了。布夏安于 9 月初投降。与自己军队相当规模的法军，眼睁睁地看着布夏安强大的卫戍部队排队出城成为战俘。马尔博罗仍然期望继续这波军事攻势，于是包围凯斯努瓦。虽然实际兵力并不缺乏，但是所有的主将都已经疲惫不堪，因此军队都到营舍过冬，马尔博罗则返回英格兰。他率领大联盟的军队有十年之久，在这段时间里，战无不胜，攻无不克。在战争史上像这样的事还真是今古奇观。

*　　　　*　　　　*　　　　*　　　　*

这个时候不可能隐瞒着一直在进行的秘密和平谈判。对于激情洋溢的伦敦各界而言，和谈如同一场地震。哈利以他先前的作风在平民院掌控着有实力的托利党多数人士，但是辉格党人仍旧控制着贵族院。托利党的领袖都确信如果获得马尔博罗支持的话，他们就能够实现和平。为了让马尔博罗顺从他们的意志，他们在军事行动开始之际便调查军队的账目，以便建立他挪用公款的罪名。如果马尔博罗与他们联手谋和，逼迫盟国就范或另外签订和约，这些罪名就会被取消，他仍旧可享有"朝廷的保护"；如果不这样的话，他们认为这罪名足以抹黑他的人格。马尔博罗与英国王位的继承人——汉诺威家族的选帝侯乔治——私交甚笃，而且仍有普鲁士国王与大联盟各个王子的支持，所以在任何情况下，他都不会同意单独讲和。

国会于1711年冬天深陷危机时召开。两大政党在长期战争的所有问题上都针锋相对。辉格党人利用他们在贵族院所占的多数，以十二票的多数票通过反对政府的决议；但是哈利得到平民院的大力支持，充分利用安妮女王的宠信，以具有决定性的再答辩迎战贵族院的攻击。他对马尔博罗提出盗用公款的罪名，并且获得女王的首肯，特别任命十二位贵族，使得辉格党贵族院的多数票无效。这些重击奏效，马尔博罗被革除了所有职务，并且遭到平民院的谴责。他担任英格兰总司令、荷兰副总司令及其他职位额外补贴而领到的薪水和津贴，再加上他平常节俭与善于积蓄，使得他累积了大量财富。他现在主要的罪名是在十年的指挥期间，把从盟国所有外国部队所征收军费的百分之二点五挪为己用。

马尔博罗的辩护很具说服力。他拿出安妮女王于 1702 年签署并授权他做此种扣除的诏书，自威廉国王时期起，这种做法在大联盟之中可以说是司空见惯。他宣称所有的钱（差不多有二十五万英镑）都用在军队的秘密与情报方面；而这些活动比起以往任何时候都要来得完善，也是不可否认的事实。不过他的辩护也未能阻止托利党人在平民院中以二百七十六票对一百六十五票的多数，对他的行为提出谴责。政府要这位被革职的将军偿还巨款的一场控诉还在进行中，但是盟国中的所有亲王，以汉诺威王储与普鲁士国王为首，在政府正式文件中郑重地声明："他们曾经无条件地赐予马尔博罗百分之二点五的经费，供他从事情报之用，而且并未期望他呈报任何账目。"选帝侯还说："我们深信也感到满意，马尔博罗公爵年年都根据搜集情报的目的来使用这些经费……他聪明地应用这些经费，有助于在许多战役中获胜，夺下敌人的许多堑壕及突破他们的防线。种种胜利都靠着上帝的祝福，但是马尔博罗公爵对敌军的调度与情况也大都掌握着良好的情报与消息。"

英格兰现在因为和平问题而分成两派，现在一定要单独与敌人讲和，因为盟国驳斥英国政府有放弃大联盟并且为自己另寻出路的权利。在这种傲慢自大的情况下，伦敦与欧洲其他盟国不可能达成任何协议。同时，灰头土脸的法军由于劲敌下台而感到振奋，正在集结武力。路易十四发现自己绝地逢生，他英勇的人民都赶来劝他。哈利与圣约翰无法逃避 1712 年的军事攻势；他们指派这位在加的斯失利的著名人物奥蒙德公爵担任指挥，并且向荷兰人保证他们的诚信。欧根曾在访问英格兰时，设法鼓吹托利党政府要对大联盟维持诚信，也曾经发誓他与马尔博罗的友谊持久不渝，但是此刻他却发现自己必须单独面对优势武力。他对伦敦政府的背信行为感到愤慨，就这样一怒之下加入了过于有勇无谋的军事行动。他围攻凯斯努瓦，并且请奥蒙德公爵协助他；但是英国政府即将与法兰西单独讲和，所以圣约翰对奥德蒙下达秘密的禁令，不许他"以危及战役的方式参与任何围城行动"——讲得好像这战术是做得到的样子。

在一个黑夜，之前都是联军行动中争先进攻并为盟国全体赞扬的英军，全都含着辛酸的屈辱心情及在他们昔日袍泽的咒骂声中离开联军的营地。只有一小批领着英国薪饷的佣兵跟盟军一起走。虽然没有领到薪饷，但绝大多数的人宣称他们要为"共同的大业"继续奋战。许多跟过马尔博罗的老兵因为羞怒交加而气倒在地。荷兰人感到愤慨，当着逃亡的英军的面关上城门不接纳他们。维拉尔快速挺进，扑向欧根设在迪南的弹药库而打败他，并且将许多士卒赶到斯海尔德河中。维拉尔趁着这次欧根溃败，占领了联军所有的前进基地，攻下了杜埃、凯斯努瓦与布夏安；如此一来他一笔勾销了联军过去三年来的战果，成为这场惨烈战争的胜利者。奥蒙德率领的英格兰陆军借着与法兰西签订的军事协议，撤退到暂时交给他们的敦刻尔克。在这些令人震惊的挫败之后，大联盟的所有国家都被迫以目前可能是最好的条件讲和。

*　　　*　　　*　　　*　　　*

所谓的《乌得勒支条约》事实上是各个盟国与法兰西及西班牙签订的一连串个别协议。神圣罗马帝国继续单独作战。事实上，条约中最重要的内容是安茹公爵，也就是腓力五世，拥有西班牙与印度群岛，因此他轻视英格兰国会长久以来坚持的不合理声明。抛开此事不谈，英国政府得到了特别的有利条件：法兰西宫廷承认新教在英格兰的王位继承权，将王位觊觎者威尔士亲王逐出法兰西；拆除敦刻尔克的防御工事，并且割让在北美与西印度群岛的许多疆土，也就是哈德逊湾、纽芬兰、从马萨诸塞远征得到手的新斯科舍，还加上圣克里斯托弗。与西班牙的条件是英格兰将持有梅诺卡岛与直布罗陀。如此在英格兰仍然是主要海上强权时，可以进入并控制地中海。英格兰在西属南美洲殖民地，特别是阿西恩托所获得的商业利益，是长达三十年垄断将非洲黑人当作奴隶输入新大陆的权利，这些利益后来挑起了另一场战争。法兰西与西班牙宣布放弃两个王国的合并，因为法兰西王室出现许多奇怪的死亡例子，这件事的可信度光看史上最著名的孱弱孩子路易十五就知道了。加泰罗尼亚人从盟国（尤其是由英格兰）召集赴战场及衷心拥护他们所称查理三世的大公，现在被用礼貌的外交手段交给了在西班牙取得胜利的一方，遭到报复。

荷兰人获得有限制的屏障，它包括外围防线上的弗尔内、诺克堡、伊珀尔、梅嫩、蒙斯、沙勒罗瓦与那慕尔；与荷兰交通的根特；以及某些防守斯海尔德河入口的重要堡垒。普鲁士则得到了荷兰希望得到的古德兰德。在屏障的另一边，低地区的其他要塞都还给了法兰西，其中包括里尔。萨伏伊公爵得到了西西里及阿尔卑斯山上的坚固边界。葡萄牙在战争里出力不多，得到的酬劳是亚马孙河的贸易权。莱茵河畔的边界，巴伐利亚与米兰的命运就留给之后的战争来决定。以上所述就是1713年春天在乌得勒支达成的协议，而继承这些结果的查塔姆，在未来的某日宣称它是"这个时代无法抹灭的污点"。

查理皇帝对西班牙的投降大为愤怒，在1713年还继续进行战斗。虽然法兰西人筋疲力尽，但仍旧攻下了重要的据点兰道，并且再度突破攻入日耳曼。1714年3月，查理皇帝被逼缔结《拉施塔特和约》。法兰西凭着这项和约重新得到斯特拉斯堡与兰道，并且放弃它在莱茵河右岸所征服的全部土地。巴伐利亚选帝侯在他的领地复位。米兰、那不勒斯、撒丁尼亚则划归神圣罗马帝国。欧洲在这基础上走入了并不安稳的和平。尽管这些和约的条件都无法与盟国在1706年、1709年或1710年所得到的条件相提并论，不过它们倒是暂时终结了基督教国度长期受到的折磨。

马尔博罗一直因为遭人指称挪用公款,被托利党人士穷追不舍,并受到政府控诉而感到困扰。他于1712年底出国自我放逐,寄住在荷兰与日耳曼,一直到安妮女王统治结束为止。他与汉诺威宫廷、英格兰在野的辉格党、卡多根,以及以前的其他军官都维持着密切的关系,准备着夺取驻扎在低地区与敦刻尔克英军的指挥权,并且率领他们到英格兰支持新教徒继承王位。

托利党得意执政的最后阶段一塌糊涂。圣约翰荣升贵族,成了博林布洛克子爵,他与牛津伯爵哈利水火不容。圣约翰的生活丑闻与侵吞公款,使他遭到哈利无情的起诉;但是通过贿赂阿尔比盖得到其帮助,圣约翰取代了牛津伯爵得到女王的宠眷。安妮女王现在被痛风及其他疾病拖垮了。数月以来,她的生命系于一线;她享受过荣华富贵,现在走向颜面尽失的终点。多年来她享受子民充分的爱戴而备感荣耀,现在她发现自己成了名誉扫地的党派工具;可怜的女王忧伤地在敌视与斥责的压力下走向坟墓。然而她的意志到临死之际都炽热不灭,她极尽小心地注意使内阁分裂的政治斗争。没有人知道她是否希望让同父异母的哥哥"王位觊觎者"成为她的继承人。自从大反叛以来就争执不休的英格兰两股势力,以不同的面目,在不同的场地互相对峙,而主要的对抗情绪不变。辉格党人凭着《王位继承法》与全国新教徒的支持,公开地准备拿起武器反抗詹姆士二世的复辟;由荷兰人支持与马尔博罗帮助的汉诺威选帝侯,集结武力准备重演奥兰治亲王威廉降临英国的一幕。

1714年,最后几个月到处都是内战的预兆。博林布洛克子爵虽然地位日升,却没有进行这种游戏的勇气或本事。觊觎王位的威尔士亲王宣布他永远不会放弃罗马天主教信仰,这使得他想登上英国王位变得不太可能。他的审慎值得所有人尊重,尤其是因为有助于国家利益。白金汉公爵被迫辞去公职之后大呼:"天啊!这个不幸的国家在我的

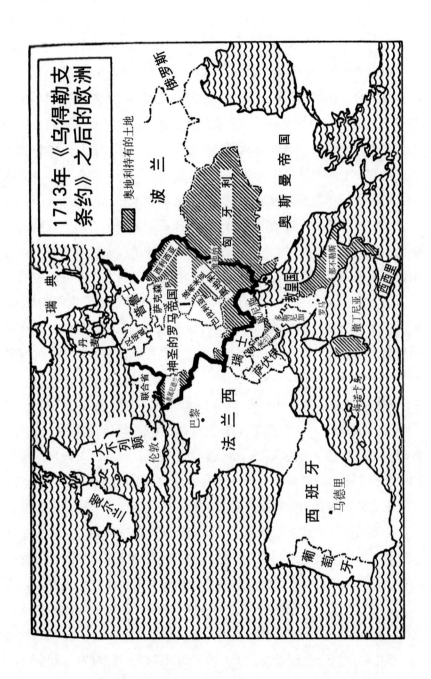

1713年《乌得勒支
条约》之后的欧洲

奥地利持有的土地

时代是怎么统治的？在查理二世统治的期间，我们是被一伙法兰西的婊子统治；在詹姆士二世时代是由一伙天主教教士来统治；在威廉国王的时代是由一伙荷兰步兵统治；现在我们由一个卑鄙的宫廷侍女、一个威尔士律师与一个生活放荡、从来不讲信义的无赖所统治。"

许多的记载都同意这个结论：牛津伯爵与博林布洛克子爵于 7 月 27 日在内阁会议上的斗争，导致安妮女王逝世。她几乎不能站立或行走，不过仍全神贯注，留意她身边进行的激烈政治斗争。她借着手势或出声知会牛津伯爵，指出他一定得交出主管财务的白色令牌。而这位曾经推翻马尔博罗与改变欧洲历史的政治家现在迟钝懒散，但仍相当强悍，善用手腕，对他得意的对手做出最后的一击。两个人距离女王都不到六英尺，隔着桌子以粗话互斥。牛津伯爵谴责博林布洛克对安妮女王来说形同流氓与小偷，并且以含糊但绝对令人印象深刻的威胁话语，说明他将会在国会谴责博林布洛克。安妮女王受到深深的打击，无法忍受。她一直承受着所有压力，现在她不知道如何是好，她被人抬着离开了这个正发生着猛烈的正面冲突的场所。两天之后，折磨着她身体的疾病移到了她的大脑。

博林布洛克仍然是胜利者和一时之雄，但是他的得意仅有两天。7 月 30 日女王病危，枢密院在皇宫开会。他们正打算讨论事务，这时门打开了，萨默塞特公爵与阿盖尔公爵走了进来。他们两个人是枢密院的成员，但是都没有接到开会通知；他们宣布女王生命垂危，有责任效臣子之劳。宫廷大臣什鲁斯伯里的确早已计划这次会议，谢谢他们二位的爱国之忧。博林布洛克子爵像若干年前的牛津伯爵一样，避开了挑战。枢密院成员都挤到女王病榻前，敦促她将牛津伯爵已经交出的白色令牌给予什鲁斯伯里，这样可以使什鲁斯伯里成为政府实际的首脑。安妮女王用最后的一点力气，并且靠着大法官的帮助，将令牌交给了什鲁斯伯里，然后就陷入了昏迷。

枢密院一直开会到深夜。大臣为了确保汉诺威家族的王位继承权，采取了许多有力的措施。他们派遣信使前往各地，命令全国的官员与军官都尽忠职守。舰队在辉格党人伯克利伯爵的率领下动员起来，奉命巡逻英吉利海峡与监视法兰西的港口；政府从法兰德斯召回十营的部队，卫戍部队都武装起来，民兵团也都提高警戒。政府提醒荷兰人要尽守条约上的义务。一切都准备好了，只等汉诺威选帝侯登基成为乔治一世。这些命令上面不但有什鲁斯伯里、萨默塞特、阿盖尔等人的签名，还有博林布洛克与托利党同僚的签名。他们别无选择。一切都准备好了，宫廷传令官与王室部队也宣布乔治国王即位；安妮女王于8月1日7点30分去世。英格兰确实将不会再有天主教复辟、王位继承之争、法兰西入侵及内战了。

就这样，英格兰历史上一个伟大的统治结束了。它曾经由于马尔博罗的征战胜利与保护很光荣，不列颠的统一与伟大就此建立；法兰西支配欧洲的力量已经粉碎，只有拿破仑才能使它复兴。斯图亚特家族最后一位君王当家做主，已经使得英国的实力有惊人的提升，尽管安妮女王在她统治的末年身心憔悴，但她仍然值得拥有历史上"贤明女王安妮"的称号。

第八部

第一个不列颠帝国

第七章 汉诺威王朝

　　1714年夏末，整个英国都在等待乔治一世国王的莅临。9月18日他在格林威治登陆，这位不会说英语却很幸运的日耳曼王子，对新的王国并不很热心。对他而言，接受大英帝国的这个王位，似乎只是赐惠给他的新臣民，他不过是在迎合英国的那些政客，给他们方便罢了。他所期望的回报，是英国的力量与财富将可供他在汉诺威的领地及欧洲的利益所用。为了履行国王的职责，必须离开故国到他去过一次却不喜欢的岛屿。身为英国王位的推定继承人，虽然他多年来都十分注意英国政坛的党派斗争，如今也仅能依循那些令人讨厌的党派领袖的运作，无法了解引起他们紧张的情况或有利害关系的原则。现在，他站在泰晤士河畔，带着疑虑与戒备，还夹杂着轻视的态度打量前来接驾的贵族与大臣们。此刻，英国的土地上，站着一位不讨人喜欢的人物：一位性格顽拗、单调乏味、训练有素，而且头脑迟钝、品位粗俗的德意志军人。他在战争中担任过指挥官，行动怠惰且毫无能耐；作为统治者，也没有表现出使人振作的能力或宽宏大量的气度。然而因为他的深思熟虑与丰富的常识，使刻板的心智有所收益。英国的王位不容易继承，尤其对一位外国的王子而言更是如此。乔治国王勉强地接下王位，扮演分配给他的角色，不过并不是恰如其分。虽然他得到英国王位是情势使然，但是此后他永远也不让它脱离掌控。

　　许多前朝官员，对新国王都怀着希望。当然也有人的心中充满忧虑，其中最忧心忡忡的就是博林布洛克。政治的无情使他快速地下台了。在安妮女王归天时，他尚是国务大臣，但每个人都心想，假如女王多活几个星期，这位才华横溢、朝秦暮楚的机会主义者倘若有所图，是无人会察觉的。因为他的语言天赋，让他敢用斩钉截铁的语气表达必要的政策，他亦可一针见血地说明问题，不过对他而言，什么是特别的问题，似乎并不那么重要。他大赌特赌，却在紧要关头犹豫不决而输掉了。因为他的作为，他知道无法期盼到任何人的怜悯，也不可能长久地疑神疑鬼。他的名字在新国王到达之前并没有被列入指定代理国王行事的摄政团内。不久之后，汉诺威王朝便将简短的革职令送到他手里。他告老下野，生活毫无目的，在悔恨与恐惧中彷徨度日。新统治时期的国会对他提出弹劾。绝望中，他向曾经被他打击且免职、历经放逐归来的马尔博罗请教。会晤时，马尔博罗虽然很客套，但也暗指博林布洛克的性命很危险，因为托利党领袖想要以博林布洛克的命来为他们的恶行负责。当天夜里，博林布洛克不顾过去的绅士风度，乔装成侍仆逃到法兰西。几个月之后，甚至决定冒险一试成为"王位觊觎者"的国务大臣，可惜与他长久勾结的圣日耳曼宫廷，不久就让他幻灭。后来又过了八年的流放生活。但是这位虚伪、金玉其外的人物并不会因此从我们的故事中退场。他最大的死对头——牛津伯爵罗伯特·哈利，此时被囚禁在伦敦塔，并未受到应受的惩罚，而当他由伦敦塔放出来的时候，已经是个心灰意冷的人了。

*　　　*　　　*　　　*　　　*

十七世纪政治的热情在安妮女王末年耗尽。辉格党与托利党的抗争已经将国家带到了内战的边缘，问题是，谁将继承王位？是詹姆士二世信奉天主教的儿子，还是新教的遴选团呢？如今一切都确定下来了，再也不会出现重大的宪政问题了，因为乔治一世已经成功地登上王位，托利党瓦解了，英国稳定下来了。辉格党的长期统治中难免会出现抱怨之声，但局势却很安全。1714 年之后的十年，国内气氛迅速改变，是非争议的愤怒与怨恨被冷漠与容忍取代，大原则不再独擅胜场，政治情绪被政治利益取代。社会生活因为崇尚物质主义而渐渐堕落，政治成了辉格党内各大派争夺官职与王室宠眷的工具。

君主制度失去了它的光彩。汉诺威王朝的国王都不再用"天授神权"的借口进行统治，他们借由国会的认可保住地位，甚至连象征着对王室表现忠诚的表面做法都大不如前。宫廷不再是华丽、地位与时尚的中心，宫里的人及所举办的庆典都显得邋遢，连礼仪也过时了。王宫的生活被这个日耳曼王子和其品位所控制着，一些名不见经传的日耳曼妇女的姓名都出现在当时的传略中。如基尔曼塞吉斯家族、沃尔莫登家族、普勒滕家族与舒伦伯家族等，他们很快地用英国的头衔与财富来凸显自己。在政治圈中，更常听到日耳曼"帮"——乔治一世的贴身顾问伯恩斯托夫伯爵与博特默，以及乔治的私人秘书——胡格诺教徒的罗伯松。

安妮女王在世时，领导辉格党的人很快地退出政治舞台。如党鞭沃顿，于1715年去世。查理·蒙塔古，被册封为哈利法克斯勋爵，曾在威廉国王争战之际大力重整英国的财政，于同年也去世。最用心的史家与最坚定的辉格党教父伯内特也去世了。前任大法官萨默斯勋爵，因身体瘫痪，无法料理自己，在十二个月后也一命呜呼。他们所有人当中最伟大的人物——马尔博罗公爵，在位于布伦汉姆与圣奥尔本斯的家宅中长期瘫痪着，直到1722年去世而得以解脱。他的妻子莎拉比他多活了二十年，她的唠唠叨叨，令人想起安妮女王的全盛时代，可惜到最后她还是孤单一人。

英国新一代的政治家沃波尔、斯坦诺普、卡特雷特、汤森，力保安妮女王的时代会和平转移到乔治家族的时代。这群人当中，斯坦诺普渐渐成为领导政府的首席大臣。他在战争期间曾在西班牙指挥军队，夺下梅诺卡岛，现在主要从事外交方面的工作。他对国内事务相对不擅长，而政府在这方面也面对着不平静的挑战。尽管全国人民已勉强接受由日耳曼王室的国会加诸他们身上的事务，但是英国仍有许多地区的人民强烈支持着斯图亚特家族，像伦敦、牛津、西陲（英国西南部诸郡）等地都不断出现暴动与反对声浪。反对国教者的房舍与集合场所都被视为辉格党新政府的象征，遭到抢劫与破坏，威廉国王的肖像在史密斯菲尔德的典礼中遭到焚毁。詹姆士二世党"觊觎王位者"的最强大支持者贝里克元帅，是詹姆士二世与马尔博罗妹妹的私生子，他估计到在1715年时英国六个人当中就有五个人是詹姆士二世的党人。这种说法确实有些夸大。不过，虽然政府在前一年成功地办好选举，他们仍有种种理由害怕人民的感受。政府通过比较冷静的领导与严密的组织在选举中得到最大的胜利，但是并未幻想能掌握全国的普遍情绪。在迁就日耳曼国王与讨好满怀怒气的国人的双重任务中，政府的耐心受到极大的考验。政府首先要采取的行动，就是让英国参与汉诺威家族在北欧的事务。英国舰队奉命前去占领汉诺威诸侯们垂涎已久的日耳曼北部沿海的瑞典港口。为日耳曼的利益运用英国的资源，此举引起英国人的愤慨，辉格党的阁员虽然很紧张，还是采取了有效的预防措施。英国驻巴黎的大使使他们不断地知悉詹姆士二世党人在法兰西的动向，因为这些党人不仅在苏格兰起义，还利用人民对联邦法案感到不安、失望的时候煽动。面对他们的这些举动，英国政府早有准备。詹姆士二世党人因为路易十四于9月1日驾崩而再度遭到严重的打击。这位"大帝"曾经是他们的保护者与鼓励者。当时主持法兰西外交事务的护国公奥尔良公爵，对他们的计划表现得很漠然。

9月6日，马尔伯爵在珀斯，以詹姆士二世党的旗帜，在短短几个星期内就号召一万多人在苏格兰起义，反对汉诺威王朝的统治。可惜没有周全的计划，也没有与法兰西的流亡者紧密的联系。伦敦政府立即采取行动；国会快速地通过了暴动惩治法来抑制英国各城镇的动乱。一群骑兵占领了牛津，贩卖颠覆小册子或散布颠覆言论的人迅速遭到逮捕，人身保护令暂时无效，政府更是悬赏十万英镑捉拿"王位觊觎者"，不论死活。根据边塞屏障条约，英国要求荷兰派遣荷兰部队支持，确保新教徒在英国的王位继承，正规部队则悄悄移师北方抵抗叛军。

在英国北方，一小群由德温特沃特勋爵为首的缙绅，起义支持斯图亚特家族。虽然他们无法与马尔伯爵进行有效的联系，但是由于有四千名苏格兰人增援，他们向南边的城镇及乡野轻率又不奢望地做了一次募集。军事当局向马尔博罗公爵请教，他用拇指按在地图上的普雷斯顿说："你们将在那里打败他们。"巧的是，11 月 13 日起义叛乱者果真在那里被击败。

政府在苏格兰的部队由辉格党的阿盖尔公爵率领，在同一天于谢里夫缪尔与詹姆士二世党叛军兵刃相接，这并非决定性的一仗，但是詹姆士二世党叛军已纷纷逃离，士气不振。眼看所有成功的希望落空，"王位觊觎者"遂于 12 月的坏天气中在苏格兰的海岸登陆。他未携金钱、弹药，只是将主将们集合起来，用一艘法兰西船载他们撤回到法兰西。英国政府在击败叛军之后，便进行叛国审判，大约处决了三十人。尽管叛军的起义不堪一击，英国政府对这些针对新政权所做的无组织的反抗还是感到戒慎和恐惧，并且开始加强对行政的掌握，通过七年法案，将当届平民院的期限再延长四年，公告每隔七年选一次国会。这是英国为维护国会权力最大胆、最彻底的做法。后来贵族院更设法借由法案阻止王室任命六位以上新的贵族，以使辉格党人可以永久独占平民院，可惜这种做法太露骨，造成平民院内由沃波尔领导的一群议员大声抗议，当时他已经离开内阁成为它主要的批评者。他们并不是反对削弱王室威权，而是反对他们自己永远被逐出贵族院议员的行列。所以他们以绝对多数的票数否决了这项法案。

此后，政治权威便建立在影响力上，如广施王室的恩惠、颁发勋章、提供闲差或年金、灵活运用情报经费、为卑下扈从等谋求海关职务、为年轻子弟在军队或教会谋生计，因此辉格党人就这样控制了国会机器。虽然他们自己闹分裂，但是想有组织地反抗辉格党的寡头政治则毫无希望。最早两代的乔治国王都全神贯注在欧洲事务上，对他们继任为国王的国家的内政则漠不关心。国会中，托利党在博林布洛克逃

89

亡后便显得群龙无首。1715年的叛乱使得政府更轻易将所有托利党人烙上"詹姆士二世党人及扰乱治安者"的痕迹。由于政治权力与影响力只给予少数受到宠信的人,人们也就开始做其他的发展与新的冒险活动了。

*　　　　*　　　　*　　　　*　　　　*

金融投机受到了鼓励。政府所负担的战争债务接近五千万英镑,从繁荣的世界贸易中获利的念头也因此变得极具吸引力。1710年,托利党政府便将特许状赐予在南海进行贸易的一家公司,并且安排它购买部分国债。这种关系迅速扩大了南海公司的资产。1720年,一批董事向政府提出了购买当时价值达三千万英镑的全部国债的计划。这个计划不久便传出诈骗的恶名,但是政客们都贪婪成性,未能摆脱诱惑,因为这个计划有机会可以在二十五年内将全部债务偿还清。据说用来贿赂大臣、国会议员与朝臣的钱高达一百二十五万英镑。辉格党的财政大臣约翰·艾斯拉比,购买了价值二万七千英镑的南海公司股票,才对平民院提出这个计划。英国银行对这个日渐壮大的财政对手的势力感到十分紧张,便开始竞争,想得到这项巨款交易的特权。最后,南海公司在竞标上胜过英国银行。1720年4月,批准这些提议的法案交给平民院。它遭到声名鹊起的罗伯特·沃波尔稳健而又猛烈的攻击:"这个计划支持股票经纪的恶性做法,将国家的人才由贸易及工业中引开。它提供危险的引诱,用虚伪远景引诱不提防者走向破产,使他们与拼命追求想象中的财富努力或渐次得到的利润分手。"他坚称:"成功有赖于南海公司股票的上涨。这个计划的大原则是极端不当的,它靠刺激人们对这计划保持普遍的迷恋,与对他们承诺能够由不足以达到此目的的资金中分到的红利,来提高股票的表面价值。"但是议员都被获得红利的远景迷惑。甚至在沃波尔演说的时候,平民院的人都悄悄地走光了。这个法案于4月2日以一百七十二票对五十五票通过。

五天之后，以同样比例的多数票在贵族院通过。威廉·考珀勋爵将它比作特洛伊城的木马。

投机的狂热挣开了管束。股票在三个月内由一百二十八点狂飙到三百点，过了几个月又涨到五百点。在经纪人与投机客洪亮的叫喊声中，有一大批真假公司纷纷出现。到了 1721 年 6 月，南海公司的股票上涨到一千零五十点。罗伯特·沃波尔不动声色地投资，现在大赚。伦敦每家咖啡店中男男女女都将积蓄投向乐于接受他们款项的企业。公众盲目轻信的程度根本没有底线。有位促销者说有家公司提出制造一种武器，称作帕克尔机关枪，"它可发射圆形的与方形的子弹，使战争艺术掀起彻底的革命"。圆形的子弹用来对付基督徒，方形的子弹对付土耳其人。其他促销者邀人投资的项目包括使海水淡化，生产永久转动的轮子，由西班牙进口公驴来改进英国骡子的品种。当中最大吹大擂的当数一则广告，它表示："有家公司进行大发明，但无人知道它是什么。"这位和蔼的骗子在科恩丘开了一家办事处接受投资者的款项，投资者团团围住他的办公室，他在收了二千英镑之后便携款而逃。

政府因此恐慌，抑制这些小公司的动作逐渐展开。南海公司急于发展事业，以至于无法消灭它的竞争对手。随着不重要的泡沫公司被揭发，迅速造成有如死水般的萧条局面。狂卖开始，10 月，南海公司的股票跌停在一百五十点，数以千计的人倾家荡产。购买马车与华服的车夫与侍女们发现自己又降回到原来的地位；神职人员、主教、诗人与缙绅们一生的积蓄，一夜之间也化为乌有；天天都有人自杀。容易受骗的人民，因为天性贪婪，在这种随众起舞、疯狂追求财富的浪潮中尝到苦果，现在都叫嚣着要求报复。邮政部长也服毒而死，他的儿子也是国务大臣，当时因为罹患天花没有被指控者抓走；首席大臣斯坦诺普因太紧张也去世了；南海公司的董事纷纷遭到逮捕，他们的产业因为要用来偿付给大批的债主被没收充公。平民院指派秘密委员会调查这项骇人听闻交易的性质与起源，虽然该公司的账册都已遭到毁损、篡改而不完整，不过政府还是查出平民院的四百六十二名议员与贵族院一百二十二名议员都涉入其中。狂乱的破产者挤满了国会的休息室。当局宣读通过了《暴动防制法》。整个社会都在谴责日耳曼妇女利欲熏心:"我们都被妓女们毁了——不,是被又老又丑的妓女毁了,最殷勤的老特鲁利街①的观众也不欢迎她们。"沃波尔将南海公司的很大一部分资本换成英国银行的股票,重整国债,挽救了危局。除了南海公司董事们的产业之外,身为债权人的群众几乎没有剩下任何资产。梦想的财富为时短暂,结束时更令人目瞪口呆,悲惨不已。英国第一位首相的首要任务便是在混乱中恢复秩序。

---

① 英国著名的剧院街。——译注

第八章　罗伯特·沃波尔爵士

"南海泡沫"的丑闻唤起了托利党的希望,他们政治势力的大复活指日可待。辉格党政府的信用已彻底扫地,流亡国外的博林布洛克正满怀希望地与英国的支持者进行密谋。罗切斯特有一位才华横溢、个性激烈的主教弗朗西斯·阿特伯里,他正在铺架新的网络好与在法兰西的詹姆士二世党人保持密切联系。汉诺威王朝最纤弱的地方,也就是政府的金融信誉不断遭到打击。

在1721年的恐慌中,只有一个人能够使辉格党保住大权,他就是罗伯特·沃波尔,现在成了同辈中的伟大人物。他很快被封为嘉德勋章骑士,成为平民院议员中少数拥有此项殊荣的一员。这位诺福克的大地主,一星期狩猎五次,在马尔博罗掌权之日就已经因才华卓著而升为战时参谋。辉格党于1710年下野后,他曾经被囚禁在伦敦塔,获释后成为平民院中辉格党的领导人物。他做了三年的财政大臣,1717年,与他的妻舅汤森一起辞职,以抗议某些辉格党人屈从汉诺威王朝的外交政策。沃波尔曾经目睹辉格党对萨谢弗雷尔博士进行公开弹劾的悲惨下场,他无意重蹈覆辙,所以政治危机很快就结束了。詹姆士二世党人的阴谋迅速且悄悄地被压制下去。根据《刑罚法案》,阿特伯里以叛国罪论,不动声色地被放逐了,根本没有机会展现他身为演说家兼小册子作者的才华天赋,同时沃波尔并未阻拦博林布洛克获得赦免,而且让他归国。有项记载写着阿特伯里在多佛遇到由法兰西归国的博林布洛克时对他说:"阁下,我们的位置现在已经互换了。"

沃波尔变成政府的首脑之后，立即着手金融重建的工作。他是财政部的首席大臣兼委员会委员，因为财务大臣的职位已被废除，所以权力落到委员会的手中。南海公司认购的国债，最后部分由英国银行与财政部分摊了。沃波尔于 1717 年建立了债券基金，借此每年由收入中拨一笔钱来偿付国债。基金开始运作后几个月，情况便有所改善，英国又在辉格党的统治下再度安定了下来。

＊　　　　＊　　　　＊　　　　＊　　　　＊

以企业人士主管国家事务，国内政治的气氛日益有注重实利的倾向。沃波尔明白他的政府若要维持下去就得避免碰触让国家分裂的重大议题事件，他也知道英国的庄园与牧师住所中正闷燃着许多反对意见，他决定不去挑起它们。

他谨慎地留意着任命主教的事务，借由他党内朋友埃德蒙·吉布森——伦敦区的主教——慎重处理这方面的事务，增加了辉格党在贵族院的优势。他拒绝容忍非国教教徒，因为这可能将宗教斗争引进政治里。然而他也不愿基于原则而广为立法，同时却照顾地方官员中违反《宣誓法》的非国教教徒，且以每年颁布的《免负刑责法》悄悄地予以保护，只不过因为他们是他的支持者罢了。但对于托利党人，只要有任何风吹草动的迹象，沃波尔就狠狠地予以对付，并控告他们是詹姆士二世党人。但是他天性善良，虽然手中掌握着某些反政府的托利党人的性命，却从来没有滥用他的权势让人流血丧命。

埃德蒙·伯克①写道："对罗伯特·沃波尔爵士指控他有计划地贪污是很不适用的，并不像对长期担任大臣者那样适用。"沃波尔对支持者的善良并未有任何幻想，但他也知道，贪渎只能到某种程度便无法得逞，与他打交道的人是不能太贪财的，到最后他们会明显地因为恐惧

---

① 埃德蒙·伯克（1729—1797），爱尔兰政治家兼作家。——译注

或意气用事而投票，并非基于利益的关系。任何有可能引起危机的事务，都必须视作瘟疫一样地避免掉。剩下的，靠着给予德意志情妇的年金及给予王室的慷慨年俸，沃波尔就可以安心地继续受到国王的信任。

沃波尔的目标是要在一代的时间内稳定汉诺威王朝的政权与辉格党的权势。国内税赋很低，托利党地主们看到，土地税已经因政府进行撙节而减少到一先令而焦虑不安。国债一步步地减少，由于整顿关税与削减许多令人厌烦的税赋刺激了贸易的发展。沃波尔与法兰西协商，严格奉行不干预欧洲政治的政策而避开了另一次战争。他是位小心翼翼地恢复安妮女王统治下英国国力的好帮手。但是人们总是怀念已经过去的伟大时代，而且讨厌乔治一世统治期间的单调日子。有关安定、繁荣与太平的政策很少能打动他们，许多人都准备抨击国内政治的退步及英国在海外的一事无成。

在沃波尔执政的整整二十一年间，一直都有股眼光不够远大，也未曾成功，但地位仍然高高在上的反对势力。这股势力从不喜欢他的政策或在在野的辉格党人与逆境中的托利党人的联合中汲取力量。博林布洛克在削弱马尔博罗实力的时候，曾经颂扬他们是"英国的绅士"，而他们仍然是国家的核心。他们性情浪漫，为失败的大业感到痛心，以这块土地的历史与物茂产丰为根基。他们保持着尊严、士气，对于臣服他人的愤慨怀着传统意识、怀念旧世界——而且对国家正当性的迷恋也每年愈发薄弱。

博林布洛克曾表示结盟之意，但是沃波尔拒绝让他重返贵族院。年轻的辉格党人，像威廉·普尔特尼与约翰·卡特雷特都聪明过度，却未能在沃波尔的集团中崭露头角。他凭着国王的宠眷，让他们无法削弱他对平民院的掌控。他们除了暗中破坏他在国王面前的地位，实在别无他法，即使他们对日耳曼贵妇人做了一连串的奉承或贿赂，但沃波尔似乎更能满足她们的贪欲。国会的反对党都簇拥着威尔士亲王。汉诺威家族的传统总是父子不和，未来的乔治二世也不例外。政府仰仗国王，反对派则依靠他的儿子，双方的人对这朝代都很有兴趣。但若非威尔士王妃卡罗琳大力的支持，沃波尔会陷入极严重的危险。的确，乔治二世于 1727 年登基之后，沃波尔便暂时性走霉运，新国王将他革职，但是反对党的领袖们却无法立即成立个像样的政府。他们的临时政府必须请沃波尔在乔治二世首届国会揭幕时撰写讲稿，沃波尔在深得卡罗琳王妃的信赖后，官复原职，地位也较过去更加稳固。

他的政府中随时存在着一种威胁，即是那些心存不满又有野心的官员总是玩弄着汉诺威王朝的利益。他们会支持国王喜欢的事务，如世代居住的故国、欧洲大陆的雄伟风光、"大联盟"、马尔博罗的战争。这种欧洲政治的魅力对沃波尔身边的几个人而言，可以说是无以复加，他特意尽可能予以理会，此刻的他只想维护和平、保住官职、玩弄权术、维持岁月平顺。但是其他人对比较积极的问题才产生反应，沃波尔不得不跟他们起争执。1729 年，他将妻舅查理·汤森革职，与智力有限、生性挑剔，但是在领地与选举方面大有财势的人展开合作。他就是纽卡斯尔公爵托马斯·佩伦·霍利斯。纽卡斯尔成了国务大臣，乃因他如沃波尔所说的："已经体验到有才干的人在那个官位上所制造的麻烦。"沃波尔当时被他的敌手嘲笑称为"首相"，因为这个体面的官衔原本是指毫无是处的人。反对派获得成功的机会似乎永远消失了，乔治一世幸存于世的情妇肯德尔公爵夫人是博林布洛克办《艺匠报》的赞助者，围绕在博林布洛克与她身边才华横溢的年轻人，即使手中握有以机智与讽刺所做的武器，却对沃波尔政府沉闷、腐败又合理的稳固性没有丝毫影响。

不过，1733 年爆发了一场风暴。沃波尔提议建立烟酒货物税，由税捐处官员征收，以代替关税。这项措施旨在对付破坏这个税收来源的庞大走私。反对派使出了他们掌握的每种武器：国会议员收到的书信纷至沓来；家家户户门口都塞满了民谣歌本与小册子；全国都在举办请愿活动与公众集会，人们对于税吏的苛刻都感悲愤难抑，英国人的城堡便是他的家，但这个城堡日夜都受到税吏的侵扰，察看税是否已经缴了，这项传闻后来还被编成小说；兵团中也散布着一种流言，说他们将为吸食的香烟支付更多的钱，有位军官报告说有把握让他的部队反对"王位觊觎者"，但并不一定能反对货物税。这场风暴席卷全国，似乎警告着平民院中亲政府的多数议员，贿赂的力量不敌即将失去既得利益的恐惧。沃波尔原属多数派的人数递减，支持者众叛亲离，像羊群从打开的栏门溜走了。沃波尔被英国历史上最肆无忌惮的运动击败了，于是撤销了货物税的改革计划。在平民院弄到几乎分裂之后，他居然说："这场舞跳不下去了。"他成功地从这场混乱中爬了出来，不过没有造成大肆的报复行动，只有若干曾帮助反对派的军官被撤职，批评他的人反而为自己的恶言恶行所伤，反对派并没有攫取到长远的好处。

现在博林布洛克对曾经想重掌政治的权势感到失望，于1735年再度退隐而前往法兰西。丢了官职的辉格党人，现在都聚集到新的威尔士亲王腓特烈身边。他顿时成了反对派的希望，但他们唯一能为这位没有天赋的家伙制造的只不过是可以增加的王室年俸。他们傲慢的态度似乎向沃波尔表明，人民对他平淡无趣的统治日益生厌，其中批评他最严厉的人是威廉·皮特，一位年轻的骑兵掌旗官，曾因抨击沃波尔而被撤销职务。1737年，沃波尔最坚定的盟友卡罗琳王妃逝世了。全国人民及平民院，对这位作风强硬、不重情感、精于数字、嫉贤妒能，仅为他自己私利而保持英国的太平，以及长期独揽政权的诺福克大地主的态度，日益反弹。

终于，反对派察觉到沃波尔步步高升的原因，就是尽量避免足以扰乱全国安定的是非争议。他们反对征收货物税的运动，系诉诸沃波尔无法控制的民间力量，指向最后推翻他的途径。沃波尔在平民院的小圈子里及在宫廷中都是高高在上的，但是他的名声却惹恼了许多人，并没有鼓舞任何人。全国人民对他都感到厌倦，他们排斥缺乏照料的、太平的繁荣。商业财富快速地增加，贸易数字急剧上升，全国人仍不满意。国内似乎缺少了什么东西，可以肯定的是，缺少的绝非詹姆士二世党人的复辟情绪，而是比较野心勃勃、丢官罢职的辉格党政治家的不满。英国人性格中所有的精明干练及冒险精神都在这个利欲熏心、死气沉沉的政府统治下遭到摧残，有时候连平民院的整个会期都结束了，都还没有任何分组表决的结果。

要摧毁沃波尔的统治机构，只需动用某种可激起全国情绪的问题，它会驱使不爱动的、半正直的议员产生敌意，一致反对这位大臣。西班牙属南美洲殖民地一连串的事件终于让沃波尔下台。

*　　　*　　　*　　　*　　　*

1713 年签订的《乌得勒支条约》规定英国每年可送一船黑奴到西班牙在新世界的殖民地。之前西班牙政府没什么效率，以致蔑视所谓的《输送黑人登录和约》异常容易，以货船送达黑人的非法贸易一直在增长。后来西班牙政府开始整顿，并且扩大对殖民地的管理，在西班牙海域从事非法贸易的英国船只便被西班牙的海岸防卫队拦下来搜查。由于海岸防卫队许多年来都拼命以不足的武器镇压制止沿着西班牙海岸走私黑奴的情形，而非奴役黑奴的活动都徒劳无功，因此他们在汪洋大海上拦截英国船只时，态度就很不客气了。贩卖黑奴的利润很高，伦敦商人便逼沃波尔质疑西班牙搜查船只的权利，于是与马德里展开一连串的谈判。

南海公司的董事都对这些领域很有兴趣，压制英国的非法闯关贩奴者的活动对他们无益，但是他们自己却根据《输送黑人登录和约》为每年船只运送黑奴而该付给西班牙国王的税，与西班牙起了争执。他们已濒临破产，希望利用伦敦的反西班牙情绪来逃避他们的纳税义务。他们声称在 1719 年与 1727 年短暂的战争中，在西班牙舰队的手中蒙受到许多损失，此一争执也牵涉到其他的问题。最常遭到扣押与骚扰的船只通常来自英国的西印度群岛殖民地，因为这些殖民地长久以来都是在坎佩奇湾与洪都拉斯海湾贩卖洋苏木。沃波尔与纽卡斯尔都希望和平解决争端。1739 年 1 月，在马德里达成初步的《普拉多公约》

并进行谈判。西班牙也几乎破产，急于避免战争，于是做出许多让步，沃波尔毅然决然地降低了英国商人的要求，但是反对派完全不接受他与西班牙所拟定的解决方案。南海公司因为已经被排除在初步协议之外，所以不管官方的谈判，径自与西班牙政府争执不休，导致西班牙于5月将《输送黑人登录和约》暂时搁置不用，并且拒付《普拉多公约》中同意的任何补偿。

　　同时，英国国会中的反对派已经对政府与西班牙谈判大肆抨击。关于英国的荣誉、伊丽莎白与克伦威尔伟大传统的论调甚嚣尘上，对全国成见与国民情绪都有强烈的影响。有一位与西班牙属地进行贸易的船长詹金斯被带到平民院，他从瓶中掏出他的耳朵，并且一口咬定它是西班牙海岸防卫队搜查时被人割下来的。议员们问他道："你怎么办呢？"他按照反对派的指示回答说："我将灵魂托付给上帝，将我的事业托付给我的国家。"詹金斯的耳朵引发大众无限的想象力，并且群情愤慨。到底是否真是他的耳朵，或者是他在海港与人斗殴时被割掉的则无法考据，但这个萎缩成一团的耳朵起了十分大的作用，由普尔托尼为首的一群煽动者，被人很讽刺地称为"爱国者"。反对派根本不需花任何力气去研究与西班牙所签初步公约中的条件，便在国内展开抨击。沃波尔的一位支持者写道："爱国者还不了解公约的只言片语，便决定谴责它，并煽动民众去反对它，而且他们做得相当成功。"英国驻马德里的特使本杰明·基恩几个月之后对沃波尔说："反对派在制造战争。"

　　西班牙人可能忽略了英国国会中好战成性的反对派。沃波尔与纽卡斯尔都没有足够强大的力量去宣战，如果全国人民要求与西班牙作战，大臣就只能与他们同进退，否则便只有辞职一途。西班牙在签订《普拉多公约》以示其诚意后，立即解散了舰队。地中海的英国船舰也已接到返国的命令，后因威斯敏斯特发生冲突的风暴，命令遂在三月里取消了。沃波尔更因为法兰西敌视的态度而感到吃惊，无论如何他只能缓慢地、一步步地后退。1739年10月19日，战事爆发了，伦敦教堂的钟声响彻云霄,群众都聚集在街头叫嚣,首相俯览兴高采烈的群众,不悦地说:"他们现在高兴地敲钟,不久就会苦恼了。"如今展开的只是与西班牙的斗争,但后来却牵涉出与法兰西波旁君主之间的家族关系的大斗争,英国便与邻国开始了最后的对决。这个邻国在不到一个世纪之内将看到查塔姆的胜利、诺斯勋爵腓特烈的愚蠢行为、法国大革命的恐怖及拿破仑的崛起与没落。

沃波尔的权势,在随后的混乱与治国无方中,如他所预见一般地溜走。人员配置不齐的舰队,作战一败再败,唯一的成功之役却是反对派的英雄——海军将领爱德华·弗农所缔造的,他一举夺下了巴拿马地峡上的贝波托韦洛。安森上尉率领的小船队,载满了切尔西领年金的禁军,驶入了太平洋不见踪影。它并未对西班牙人造成损失,但在长达近四年的航行时间里,安森环绕了地球一周,边行边绘航线,还训练出新一代的海军军官。此时,国内的民族情绪高涨,伦敦暴动仍频,威尔士亲王每出现在一处就受到政府反对派的欢迎,他们嘴里唱着新调,用的是詹姆士·汤姆森①洪亮的词:"一统天下吧! 大不列颠。"

1741 年 2 月,反对党议员塞缪尔·桑兹向国王提出将沃波尔革职的奏章。这位年迈的大臣最后一次以机智胜过了敌人。他对平民院中的詹姆士二世党人建议,让他们以为他会支持詹姆士二世党人的复辟;而令所有人讶异的是,詹姆士二世党人居然投票支持他。借用切斯特菲尔德勋爵②的话,反对派已经"四分五裂"了。但是根据"七年一选法"的规定,选举的时候到了。威尔士亲王大肆挥霍买票,他的竞选运动由威廉·皮特的兄弟托马斯·皮特筹划,结果反对派赢得二十七个康沃尔的席次。苏格兰伯爵们在选举方面的影响都对沃波尔不利。当议员们回到威斯敏斯特召开新国会时,他的政府已否决了抗议行贿的"选

---

① 詹姆士·汤姆森 (1700—1748),英国诗人,主要作品有《四季》《自由诗》。——译注

② 切斯特菲尔德勋爵 (1694—1773), 英国政治家兼作家, 有《书信集》传世。——译注

举请愿书"（当日惹起席次异议的回收票都由平民院纯就党派立场做出裁决），他因此于 1742 年 2 月辞职。罗伯特爵士已统治英国有二十一年之久，在他下台前的日子里，常不发一语，且独自一坐便是数小时，在唐宁街沉思过去。他是第一位住在唐宁街十号的英国首相，如今他已经完成了生命中的工作，在英国顺利地使新教徒继承王位。他曾经安抚和哄骗那载道怨声的全国人民默认的新政权，建立了由政府保护的行政机构，逐日监督全国的行政，不受国王的干扰。在 1714 年以后，国王已停止亲自主持内阁，除非是在例外场合，这是最有意义的事，不过它却是由一桩意外促成的。安妮女王身体尚佳时，常常于星期天晚上在肯辛顿宫主持内阁会议，大臣们都认为自己对她负有责任，而他们相互之间只有模糊的义务。但是乔治一世不会说英语，必须用法语，再不然就是用他的大臣在伊顿公学①所记得的那种不正确的拉丁语与他们交谈。沃波尔为自己在这个现已剥夺名义主席的执行委员会中，创立了一个可以支配他人的地位，设法让自己居于他的大臣之上，并建立反叛的同僚都该被国王革职的惯例，可惜没有树立大臣集体负责的惯例。在他下台之后，指控他的罪名中有一项就是他曾设法成为"唯我独尊的首相"。

他让英国保持了近二十年的和平，下台后成了牛津伯爵而进入贵族院。他在平民院执拗地独揽政权，遭到全体有志之士的反对，到头来他的政策使得反对派能够唤起他曾坚持制止的舆论。他是英国历史中第一位伟大的平民院领袖，如果他在与西班牙作战之前辞职的话，还可能被称作最成功的平民院领袖。

---

① 英国贵族子弟所上的中学。——译注

第九章　奥地利的王位继承
与 1745 年的战争

　　反对派逼沃波尔进行的英西战争，不久便演变成一场欧洲战争。英国本来以为只是一个在西班牙的海域与西班牙属南美洲北部海岸^①进行海上或殖民地的攻击，却发现已因此卷入了欧洲的战争。英西两位国王于 1740 年的逝世造成了此次冲突。在易北河东边崛起的普鲁士王国有了新的统治者，即后来被称作"大帝"的腓特烈二世。他登上了父亲的王位，接管了他急着想动用的庞大军队。他野心勃勃，想四处扩张疆土，缔造德意志境内最强大的国家。他的军事天赋与统治本领、精于算计与绝不手软搭配得完美无缺，他马上就有机会将这些才能付诸一试。哈布斯堡家族的皇帝查理六世于 10 月逝世，他将广阔的江山版图而非他皇帝的称号，留给了他的女儿玛丽亚·泰瑞莎。皇帝由欧洲列强那里得到了郑重的保证，他们会承认她在奥地利、匈牙利、波希米亚及尼德兰南部的继承权。但这些事对于腓特烈毫无意义，他攻击并且夺取了疆土南边奥地利之行省——西里西亚。一向嫉妒哈布斯堡家族的法兰西，鼓励他，也支持他。如此一来，欧洲便展开了所谓的奥地利王位继承战争。

　　英国乔治二世国王深受这些问题困扰，他世袭的汉诺威选帝侯领地比大不列颠王国更加受到他的重视。他忖度他侄子普鲁士国王腓特

----

　　① 尤指巴拿马海峡至委内瑞拉东部的加勒比海。——译注

烈的野心，害怕下一次普鲁士的杀戮会吞没他在德意志统治的地区。在伦敦，沃波尔下台之后，乔治国王的政府就由第一财务大臣亨利·佩勒姆，以及他长久以来担任国务大臣的弟弟纽卡斯尔公爵共同执掌。他们控制着这一大片疆土上的财富与选帝侯领地的势力，使得他们能够维持辉格党在平民院的主导地位。他们精于党派斗争，但是在处理外交事务或军事事务上却非专家。虽然纽卡斯尔对欧洲知之甚详，不过他天性谨慎，且喜欢关心琐事，对他而言，在国内资助比进行战争更有意义。乔治二世转向佩勒姆的对手卡特雷特勋爵求助，并听取谏言。在沃波尔执政时期，卡特雷特跟那些聪明得足以产生危险的人有着同样的命运，遭到革职，去爱尔兰担任总督。后因沃波尔下台，他恢复了在威斯敏斯特议员的身份。他支持乔治二世国王在德意志的利益，所以比佩勒姆兄弟更加受国王的宠信。卡特雷特想要汉诺威王室与英国一起保持并促进欧洲的权力均衡，他认为自己掌握着解决欧洲混乱情势的线索。他会说德语，所以成为乔治二世的亲密朋友。他察觉到普鲁士日增的威胁，并且明了法兰西、普鲁士结盟会对英国造成无法估计的危险。1742年，他被任命为国务大臣，为了应付法兰西、西班牙与腓特烈大帝的联合力量，他与玛丽亚·泰瑞莎谈判并签订条约，与荷兰人恢复一些传统的协议。他允诺给予奥地利财政援助，并募集军队为帮助匈牙利女王（玛丽亚·泰瑞莎的尊称）做准备。四十年前，英国曾经支持过她的父亲（当时的卡尔大公）企图赢得西班牙王位所进行的征战，如今英国再度与奥地利王室结盟以抵抗法兰西，不过这并不是最后一次。

不幸的是，卡特雷特既没有个人地位，也没有政治上的拥护者，无法使他的决策产生良好效果。他是位个人主义者，没有搞党派组织的天赋，他主要依靠的是国王的宠信。不久国会中就聚集了反对他的势力，主要批评他的人是代表古老而无人居住的旧萨勒姆市的议员威廉·皮特。皮特的祖父曾任马德拉斯的总督，拥有著名的皮特钻石。皮特由伊顿公学毕业后便加入了军队。他的指挥官科巴姆勋爵，因为鼓吹反对货物税的计划而曾被沃波尔剥夺了兵团团长之职，这件事结束了这位年轻掌旗官的军事生涯。于是他追随着恩人兼上校进入了反对派的政治圈。科巴姆勋爵是坦普尔家族的首脑，与格伦维尔家族及利特尔顿家族都有亲戚关系。皮特与这个不满现状的辉格党团体保持密切的政治联系，开始了他的政治生涯。他在反对派对西班牙作战所展开的宣传运动中扮演着摇旗呐喊的角色，并且无情地批评纽卡斯尔作战无方。

这个行动的确令人觉得惋惜，但反对派主要是抨击战事延伸到欧洲。反对派宣称这是屈从汉诺威王室的权势，不但有失颜面，而且是不负责任的。皮特发表咄咄逼人的演说，抨击为建立汉诺威王室部队而募集款项，这件事使乔治二世对他感到长久不悦。他在另一篇演说中声明："如果沃波尔因为他的懦弱而出卖了国家的利益，现在的大臣便因为他不切实际的冒险行为而牺牲了国家利益。"这些对于卡特雷特的抨击使佩勒姆与纽卡斯尔暗自窃喜，也因极为嫉妒这位才华横溢的同僚，想办法赶他下台。当那一刻来临时，皮特雄辩的口才实在令人欣赏并印象深刻。

三万名英军在马尔博罗旧日的军官斯泰尔伯爵的指挥下在欧洲作战。1743年，乔治二世在他的幼子坎伯兰公爵的陪同下离开英国去参加这次军事攻击。盟国军队都集结在美因河一线，希望切断法军与德意志盟军的联系。巴伐利亚也利用这场动乱抨击玛丽亚·泰瑞莎女王。巴伐利亚的选帝侯得到法兰西的支持，已经被宣布成为神圣罗马帝国皇帝，这是三百年来哈布斯堡家族第一次失去帝位。由诺阿耶元帅率领居优势的法兰西军队位于邻近地区，目的在于切断敌人与荷兰基地的联系，并且在对垒的战役中摧毁他们。在亚沙芬堡附近的德廷根村，双方发生了冲突。因拖延而感到不耐烦的法兰西骑兵向盟军的左翼冲锋。乔治国王的马脱缰狂奔，他虽然跳下马来，却仍执剑在手，带领着汉诺威王室与英国的步兵抵抗法兰西的龙骑兵。龙骑兵战败溃散逃亡，许多人在渡美因河逃命时溺亡。法兰西的步兵也未能扳回战局。

战斗四个小时后，盟军占领了战场，他们仅损失两千人马，法军损失则多上一倍。在英国历史上，这是国王身先士卒的最后一战，他的儿子坎伯兰公爵也在这次激战中表现得英勇出色。但是，尽管汉诺威家族在战场上证明了他们的勇武，但是缺少身为将才的更高艺术。他们在德廷根的胜利并没有获得决定性的成果。

这场军事攻击停顿下来了。英国人与汉诺威家族忙于争吵，未采取其他的军事行动。虽然德廷根之役在伦敦激起一时的热情，但人们却渐渐变得态度强硬，反对继续在欧洲进行大战。可惜英国再度成为另一次"大联盟"的首脑及军需供给者。法兰西与西班牙已签订了新的"波旁家族和约"，而情报人员通报说詹姆士二世党人在巴黎搞阴谋。伦敦纷纷传言法兰西将要入侵，英国政府急忙将荷兰部队调往希尔内斯。1744年年底，受封为格伦维尔勋爵的卡特雷特被驱逐下台，纽卡斯尔再度控制政府，但他却无法拒绝卡特雷特与乔治二世强行加在他身上的义务，他也还不够强大到足以使乔治二世不得不重用皮特。他对他兄弟抱怨说："绝不应该因为我们掌权了，就忘记我们说过要把格伦维尔勋爵永远赶走的话。"

为了1745年的军事攻击，乔治二世让坎伯兰公爵担任欧洲英军的总司令。这位严格执行军纪的年轻军官，因为在德廷根战役中的英勇而让人产生他颇具军事才干的错觉。他的一位军官说他"身先士卒的作风大胆、惊人"。他必须与当时最驰名的战士萨克斯元帅一决雌雄。法军集中对付由荷兰人把守的防线，也就是马尔博罗作战时的著名战场。萨克斯已经在图尔奈做好防御攻势，并且以蒙斯公路附近的丰特努瓦村为中心，布置好坚固阵地。坎伯兰公爵将他的军队排成战斗队形，在火力掩护之下行进到距法军只有五十步的距离之内。他几乎是用一对二，以寡敌众。第一侍卫队中校查理·海勋爵从前列中走出来，拿出一个火药筒，举起它向法兰西王室部队致敬，并且说："我们是英国的侍卫队，希望你们等我们冲到面前，不要像在德廷顿之役跳入美因河那样跳进斯海尔德河。"顿时双方士卒大声欢呼。英军向前挺进，法军在英军距自己三十步的时候开火，凶狠的射击未能阻挡联军步兵的前进，他们将法军驱出了阵地。有几个钟头法兰西的骑兵想要击垮联军的部队。坎伯兰公爵看到法军中的爱尔兰旅快速地行动时，不禁大呼："天杀的，规矩全变了，那些人成了我们的敌人。"在关于他的记载中，这句话算是颇为宽容。夜幕降临的时候，他已带着军容整齐的部队撤向布鲁塞尔。

在德廷根与丰特努瓦两役中，正规的战斗似乎没什么作用，但确实是英军在十八世纪中叶参加的最受人称赞的战斗。无论如何，英国不再在奥地利王位继承战争中扮演角色。1745 年 10 月，因为坎伯兰公爵将人马撤去对付"年轻的王位觊觎者"对英国的入侵，欧洲大陆的盟友在各国前线都告失利。唯一的好消息来自大西洋对岸，英国殖民者因海军舰队的支持，夺下法兰西在新世界的堡垒——位于布雷顿角的路易斯堡。这个"北美洲的敦刻尔克"控制着圣劳伦斯河的河口，并且保护着加拿大与法兰西之间的交通线，已经让法兰西花了一百多万英镑。伦敦肯定了这项夺堡成就，切斯特菲尔德写道："我们最近得到的布雷顿角，成了全国钟爱之物，它比直布罗陀还要珍贵十倍。"

被乔治二世称为"冒昧傻瓜"的纽卡斯尔很困惑，他没有确立任何战争政策，还把卡特雷特赶下台，就像当日所说，必须再"扩大行政机构的根基才行"。在辉格党家族集团支持下建立的佩勒姆政权有些虚伪且不切实际，但是仍有优点。亨利·佩勒姆是很好的行政人员，十分讲求经济效率，但是面临重大的欧洲战争时，反应就比沃波尔逊色许多。纽卡斯尔很喜欢胡思乱想，将理政的工作视为他的职责，对于如何尽责却没有清楚的概念。后来担任首相的谢尔本勋爵①曾经这样描写佩勒姆兄弟："他们掌握内阁的每种才能，但是除了得体、正直与坚守辉格党的原则外，毫无治理王国的才能。他们的长处是狡猾、能言善道及颇有修养，他们深知宫廷的诱惑力，擅长处理行政，长久

---

① 威廉·配第，以后的兰多思侯爵。——译注

以来都控制着一个政党。……佩勒姆先生比他的兄弟还能言善道，他宁可甜言蜜语地骗人也不愿意采取强迫手段，所以人们认为他比较不能谅解他人。"

可是战争主宰着一切。十年来，佩勒姆兄弟一直拼命努力建立稳定的政府，威廉国王的鬼魂对他们如影随形。他们的外交政策是前一代模糊又扭曲变形的阴影，奥地利与荷兰不再是欧洲大陆上的强国，"大联盟"寿终正寝。十八世纪四十年代已经扩大基础的政府在欧洲摸索却又赶不上欧洲的潮流，并且不太注意海外伟大的前程，让英国人感到很痛苦。此时，威廉·皮特看到了制定新政策的需求，乔治二世有可能让他加入枢密院吗？

　　　*　　　　　*　　　　　*　　　　　*　　　　　*

自 1707 年联合王国成立以来，苏格兰便有诸多不满。在无法进入的高地[①]，英国政府的政令几乎行不通，高地人对于斯图亚特家族及詹姆士二世党人的大业忠心不二。那里的氏族像山中部落一样居住在山村中，无法无天，保持着自古以来对掠夺与侵袭的热劲。联合王国并没有减轻自身的贫穷。莱基[②]写道："部落首领绑架男孩或青壮年，卖给美洲殖民者为奴，以增加他们微薄的收入。整个英国高地的野蛮人世世代代都过着闲散和四处掠夺的生活，制造罪恶。他们只要受到丝毫挑衅，便把对方杀了报复，部落首领与氏族之间凶猛的斗争代代相传，成堆的石头标明高地人被杀而倒下的地点，保留着许多世代以来对于宿仇的回忆。在战争中，高地人通常不饶性命，野蛮、无情的凶残行径长久以来让他们的邻居失魂落魄。"[③]苏格兰的其他地方都受

---

　　① 苏格兰北部和西北部一带。——译注
　　② 莱基（1838—1903），爱尔兰历史学家，主要著作有《欧洲道德史》《十八世纪英国史》等。——译注
　　③ 引自 W. E. H. 莱基所著《十八世纪英格兰的历史》（1878），第二卷。

到长老会教会戒律的束缚，高地都是由部落首领统治。这些首领无法团结起来或维持和平，仍旧保持着好战与浪漫的虚荣心。

在1715年起义失败之后，詹姆士二世党人就按兵不动，只要英国一涉入欧洲大陆的战争，他们的活动便死灰复燃。"老王位觊觎者"现在正处于隐退状态，他的儿子查理·爱德华王子在罗马与巴黎成为流亡者的宠儿。王子英俊的仪表与潇洒的风度，使他的事业大获人心。1744年，他寻求法兰西政府的帮助，在格雷夫令建立了基地，并于同年借法兰西的协助入侵英国，可惜希望受挫。但没有任何事情可以令他失去勇气，他于1745年6月率追随者从南特启航，在苏格兰的西部岛屿登陆，开始了英国历史上一次最有勇无谋、最不负责任的冒险活动。查理几乎没有做任何准备，他只能从仅占苏格兰全部人口的小部分高地人那里得到援助。那里的氏族常常准备作战，但从来都不准备由他人指挥。就查理而言，武器与金钱双双短缺，低地（指苏格兰东南部）的人怀有敌意，痛恨高地人，商业阶层视他们为盗贼，城市又长久接受汉诺威王朝的统治。

由乔治·默里勋爵率领的一千二百人在格伦芬南起事，竖起了詹姆士二世党人的旗帜。约翰·柯普爵士率领大约三千人的政府部队在低地集结。叛军朝南方行军，查理王子进入荷里路德宫与柯普发生战争，在普雷斯顿潘斯战场上击溃柯普。到了9月底，查理以他父亲"詹姆士八世国王"之名成了苏格兰绝大部分地区的统治者，但他的胜利如同昙花一现。爱丁堡为乔治国王死守不降，不时地发射炮弹，苏格兰的大批民众也无动于衷。然而，伦敦人心惶惶，纷纷到英国银行挤兑，不过只领到六便士。军队的大多数仍留在法兰德斯。

"小王位觊觎者"带着五千人越过了"边界"，英国调动三路大军对付他。韦德将军据守纽卡斯尔。坎伯兰行军到利奇菲尔德，封锁通往伦敦之路。如果叛军要与威尔士山中的詹姆士二世党人会合的话，坎布兰便向西出击。他在芬奇利公地扎营，保护伦敦的第三支大军，这幅景象在贺加斯①的讽刺画中栩栩如生。乔治二世不喜欢这幅画，他认为自己是位战士，画家在作品中开士兵玩笑的举动不得体。

高地人动作敏捷，他们边走边抢，向南行军，占领了卡莱尔、彭里、兰开斯特与普雷斯顿。前来支持的英国人数量少得令人泄气，他们希望在曼彻斯特得到增援部队。一位鼓童与一位妓女走在前面开路，进入这座城镇，作为招兵买马的号召。经过他们的努力，终于招募到二百人。在向南行军之际，许多高地人竟然脱队回家去了。利物浦忠诚可靠，一心拥护汉诺威王朝，自行斥资组建了一个兵团。

此刻部落首领要求返回苏格兰，查理王子知道伦敦已经人心惶惶，希望乘胜追击，但他控制不了追随者。乔治·默里勋爵凭着聪明绝顶的战术，调虎离山，使得坎伯兰公爵离开了通往伦敦之路，于是通往首都之门大开，时值 12 月。英国人掌控着大海，法兰西不可能派兵支持，荷兰人与黑森州人则派遣队伍前往英国。伦敦如火如荼地招兵买马，每位登记加入侍卫队的人都可以得到六英镑的额外津贴。

查理王子在德比下令撤退。两天之后，消息说在威尔士的詹姆士二世党人准备起义。在隆冬之际，叛军开始向苏格兰北部要塞行军。英国的政府军队像兀鹰般尾随在后，紧紧咬住叛军的殿后部队与侧翼。默里在撤退方面表现出精湛的军事才干，在殿后行动中他的部队依然很精锐。他们在福尔柯克反击，打垮了追兵。但是坎伯兰公爵做事讲求彻底的精神，集中英国政府军准备决战。1746 年 4 月，在卡洛登草原战役中，斯图亚特家族复辟的最后机会一去不返。斯图亚特家族留在人们记忆里的只有仁慈、良善的国王。但据说，在战场上，坎伯兰公爵从来没有饶过人性命，因此获得永远的"屠夫"称号。查理·爱德华与几位忠实的仆人从草原上逃掉了。他化装成妇女，由演义故事中的那位女英雄弗洛拉·麦克唐纳帮忙偷渡到了斯凯岛。他从那里启航前往欧洲，永久流放，借酒消愁过了一生。弗洛拉·麦克唐纳因为

---

① 英国油画家、版画家，作品讽刺贵族，同情下层人民。——译注

在这段插曲中所扮的侠义及高尚角色，在伦敦塔被囚禁了一段时间。

英国政府毫不留情地镇压，反映出汉诺威王朝对自己政权所产生的恐惧。高地人都被解除了武装，残余的封建制度遭到了废除。詹姆士二世党人的活动从大不列颠的政治生活中消失。现在韦德身为陆军元帅，挥军深入高地，并在因弗内斯及其他地方设立卫戍部队。最后，七年战争爆发的时候，皮特便利用高地人的勇武热情为帝国之梦效力。高地兵团在詹姆士·沃尔夫将军的率领下，在魁北克将光荣带给了苏格兰，从那时起就一直是英军的精英。高地的传统与詹姆士二世党人的传奇在司各特的演义小说中永垂不朽。时至今日，那里还有个白玫瑰联盟。

*　　　　*　　　　*　　　　*　　　　*

在叛乱的危机中，佩勒姆兄弟发出了最后通牒，他们一定要皮特做他们的同僚，不然他们就辞职。1746 年 4 月，皮特出任军需大臣，一个在战时可领高薪的官职。根据习俗，军需大臣可以将他的余款存入私人账户抽取这些余款的利息，还可以从付给外国盟邦的战地津贴中抽取佣金。但皮特除了他的薪俸之外，不收一便士，这种作风对舆论的影响至为重大。他靠着本事而非算计赢得了中产阶级、伦敦市崛起的商业城镇及乡村地主的称赞与信赖。他是位天生的演员，仅靠着这种姿态就抓住了民众的注意力。在他之前任何政治家都无法这样掌握民众。九年当中，皮持就学会了日常行政管理工作。欧洲大陆的悲惨战争于 1748 年因签订《亚琛和约》而结束。英法两国并没有因为此和约解决任何问题，唯一得利者是腓特烈大帝，他斟酌情势，在战争中进出，占领了西里西亚。

皮特花了许多时间与纽卡斯尔讨论制定新外交政策的需要，他指出忽视普鲁士的危险，他说："这个国家与欧洲若是没有安定持久的和平，便永无宁日。若普鲁士不介入目前的联盟，就永远无力维持和平。"

110

法兰西的威胁盘踞在他的心头，他的构想都是在担任这个官职期间形成的，且日益清晰。佩勒姆对他网罗的这位新人感到十分高兴。他说："我想他是我们当中最能干、最有用的人；非常诚实、真正可敬。"但是皮特因为无力控制或批评他作为其中一员的管理政策制定，而不免感到烦恼。他靠着经常的抨击进入了政府，发现自己常因国王的不悦无能为力。他无法靠传统的手段取得至高无上的政治权力，必须诉诸全国人民的想象力才能够得逞。但在1748年与1754年间的和平时期，这些问题都显得太混乱，阴谋令人难以防范，以致他无法采取引人注目的行动。1751年威尔士亲王腓特烈去世了，他也是反对派名义上的首脑。皮特与其他年轻的政客曾经一度怀着当这个无足轻重的人继承王位的时候获得权力的希望。腓特烈的去世削弱了这个有潜力的内阁的团结。1754年亨利·佩勒姆去世，使得脆弱的政府更加摇摇欲坠。皮特置身于集体政治的艰苦斗争之中。他现在有政治盟友科巴姆家族与格伦维尔家族，以及在莱斯特府邸遇到的威尔士亲王圈子中残余者的支持，成了高级官职的有力人选。但是乔治二世不喜欢皮特，所以表现得有些无情。同时拥有追随者的坎伯兰公爵却将皮特最危险的对头亨利·福克斯推进了内阁。

对威廉·皮特而言，伟大政治生涯的希望似乎告终，他未能从威尔士亲王的微笑中、纽卡斯尔饶舌的承诺中，甚至他自己政治团体有限的支持中得到任何好处。如同他自己写给利特尔顿①的信中所述："在平民院中的重要性与影响力通常都来自一两个方面——对王室所施的保护，或者全国通常都反对的公共措施的影响力。"他现在被逼着走后面一条路。纽卡斯尔用沃波尔的方法经营有限制的政治领域，皮特摆脱了这个领域，力图重新恢复与点燃英国由马尔博罗的战争所激起的民族情绪。他越过小团体的首脑，改向全国大众呼吁，终于敲垮当代政客的脆弱结构，将务实之风带入政治。但是福克斯是当时很贪婪的

---

① 乔治·利特尔顿（1709—1773），英国政治家。——译注

政客,他进入政府让皮特非常失望。他在平民院发表了精辟的演说之后,于1755年11月被革除军需大臣的官职。

两个月之后,欧洲四大强国酝酿许久的外交革命发生了。法兰西与奥地利签订条约之后不久,英国与普鲁士也签订了协定,如此,两大联盟的组合起了逆转。第三次的英法战争,一开始英国这一方有了生机勃勃的新盟友——普鲁士的腓特烈大帝;但是英国政府还在举棋不定。好战的坎伯兰公爵早几年在战争中指挥不善,给了皮特机会。梅诺卡岛丢掉了,全国群情愤慨。政府面对着国耻,失去了勇气。坎伯兰公爵的宠信亨利·福克斯突然退休。政府转而责备海军将领约翰·宾,因他的舰队装备不良,未能拯救梅诺卡岛上的卫戍部队。英国政府闹出了规避责任的大丑闻,在旗舰船尾甲板上以"怯懦"的罪名将宾枪决了。皮特曾经代他向乔治国王求情:"陛下,平民院有意从宽处理。"国王回答道:"你已经让我注意到平民院以外的民意了。"皮特在位的时间屈指可数。约翰逊博士有一次写道:"沃波尔是国王给予人民的大臣。皮特是人民给予国王的大臣。"但是皮特已由经验中学到,"在全国的权重"若缺少国会的影响力是不够的,例如纽卡斯尔公爵掌握的影响力便是一例,他被普遍的抗议吓到了,也知道如果全国决心要找他算账的话,他所有的关系,他所恃的全部恩宠,都将于事无补。于是这两个人靠拢,皮特准备将无力回天的情势都交给纽卡斯尔公爵处理,但纽卡斯尔公爵表示他要隐退,以便依靠皮特光荣的成就与雄辩的口才享受安静的生活。

第十章　美洲殖民地

皮特的崛起及他在世界性战争中的指挥胜利，对美洲历史有深远的影响。让我们回顾一百五十年前美洲殖民地的场景。在十七世纪上半叶，英格兰人大量涌进美洲大陆。在法律上，他们拓居的殖民地都是臣属于领有国王特许状的团体，几乎没有国内的干扰，他们不久便学会了自治。母国因为内战而无暇他顾，任由他们自行其是。虽然克伦威尔的共和政体主张国会应当高高在上，管辖整个英语世界，它的政令却从来没有付诸实践，且在复辟浪潮中被冲走。但是在 1660 年之后，英国政府有了明确的新构想。此后的五十年里，英国历届政府都设法在美洲殖民地执行国王的最高权力，并且在海外属地加强皇室的权力与特权，希望能够有功可居得到好处。为了与美洲打交道，英国成立了一些委员会，陆续在卡罗来纳与宾夕法尼亚建立新的殖民地，并从荷兰人手里夺下新尼德兰。为了保证国王在这些新获得地区的权威，英国政府采取了一些措施，它努力取消或修订旧殖民地的特许状，结果却导致英国与殖民地各州议会永无休止的冲突。这些议会都痛恨将殖民地的行政权交由王室统一管理，而且它们大多数代表自由派的声音，纷纷要求行使如威斯敏斯特议会同样的权利、行事程序与特权，其中不少议员是在敌视英王的传统中长大的，他们的长一辈宁可选择流亡他乡也不愿屈从暴政。他们也认为，自己在为了使英国议会脱离与斯特拉福及查理一世有关联的问题上做同样的抗争。他们抗拒贸易暨开垦委员会代表政府所做的干涉，这些干涉在海外都被视作是直接侵犯了原有殖民地特许状所保证的权利及特权，并专横地威胁到他们的既有权利。

长久以来，英国国会都没有在冲突中扮演任何角色，斗争存在于殖民地与枢密院大臣之间，因为这些大臣决心要中止美洲自治。1682年，殖民地代表要求枢密院颁发特许状，允许他们到西班牙属地佛罗里达边境的空地上定居。枢密院拒绝了这项请求，并且说："王室的政策是不允许在美洲设立任何新的殖民地，也不赐予任何权力，以免促使开垦地愈来愈不依赖王室。"在詹姆士二世的统治期间，这些亲王室的倾向都变得十分尖锐。如纽约在1685年成了王室的行省，英格兰的殖民地也都合并起来，仿照法兰西在加拿大的模式，成为"英格兰自治领地"，其主要的理由是一定要联合起来防止法兰西的拓展，但这些行动最后都遭到了强烈的抗拒。1688年英国的革命就是"英格兰自治领地"被推翻与崩溃的信号。

英国的动机并非完全出于自私。法兰西帝国主义的威胁慢慢地在英国属地的边境出现，路易十四的首相柯尔贝尔的改革，已经大大加强了法兰西的力量与财富。英国的政治家与商人在海上与世界市场中都面对着你死我活的竞争。他们看到由中央集权的专制政府支持的法兰西殖民与贸易事业已经稳定地建立起来了。但在不列颠帝国，国会中派系林立，各殖民地州议会也躁动不安，再加上一大群的委员会吵来吵去，英国怎么有办法击退法兰西的威胁呢？

所幸他们研讨出来的方案非常实际。英国殖民地的贸易必须在伦敦进行企划与协调，方案的主要目标是培养英国商船队，在不幸发生战争的时候，可提供作为预备征用船只与海员。这是以一连串的法令，即以已知的《航海法》为基础，殖民地的贸易必须以英国水手使用英国货船载货驶往英国港口为主，殖民地禁止进行任何可能妨碍英国海运增加的贸易活动。而这个时代的经济理论，也都一直支持着此种不让殖民地追求独立的行动。这种盛行的贸易观念是以自给自足的欲望及经济民族主义或所谓的重商主义为基础：一个国家的财富有赖于它

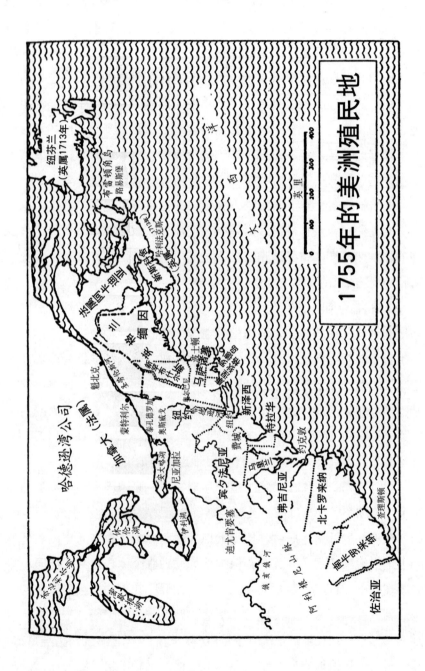

1755年的美洲殖民地

纽芬兰
（英属1713年）

布雷顿角岛

路易斯堡

新斯科舍
哈利法克斯（1713年）
（英属）

法属阿卡迪亚

缅因

新罕布什尔
多彻斯特
波士顿
马萨诸塞
罗德岛
纽波特

大 西 洋

英里
0 100 200 300 400

哈德逊湾公司
（法属）

加拿大

魁北克
蒙特利尔
圣劳伦斯河

奥斯威戈
纽约
奥尔巴尼

新泽西
特拉华

约克教

宾夕法尼亚
费城
巴里兰
马里兰
弗吉尼亚

北卡罗来纳

查理斯顿

休伦湖
伊利湖
奥内达加湖

尼亚加拉

密西根湖

苏必利尔湖

迪尤肯要塞

俄亥俄河

阿利根尼山脉

南卡罗来纳

佐治亚

115

的贸易平衡，进口超过出口，意味着黄金外流及经济衰退，国家想要繁荣，就必须充分地控制天然资源。殖民地在这方面占有举足轻重的地位。它们必须生产主要的原料，如供海军使用的木材，或是为祖国日益增长的制造业提供市场。大英帝国是个封闭的经济单位，所以对殖民地的制造品加以遏制，以防止在帝国内部造成竞争，连对殖民地之间的贸易也都严格地规范。简而言之，这就是十七世纪的立法活动中最奉为神圣的经济概念。在这些方案中，根本没有殖民地发展的余地，它们依旧是原料的供应者，以及英国制造品的接受者。

这个制度在文字上着实令人厌烦，连在执行上也颇不容易，因为在十七世纪时，没有任何政府能有如此能耐在数千英里外执行这样的规范。虽然美洲各殖民地州议会都抱怨不迭，但仍自行其是，并且很巧妙地规避威斯敏斯特的限制。

1688 年的英国革命改变了整个局势。迄今，殖民地都视英国国会为他们对抗王室的盟友，但当国会在国内宪政奋斗中战胜了王室，他们也会企图对美洲殖民地执行它本身的主权。这场冲突因为西班牙王位继承战争而受到延迟。因为欧洲与法兰西长期的抗争，逼得英国政府不得不在其他地方避免发生基本问题，它希望能借着这个大冲突集中英语民族的资源，只好放弃在新世界建立英国政府威权的种种努力，贸易暨开垦委员会只有息武，让殖民地自行其是了。

人们希望能够和睦相处的精神从未实现，原因很多。在看法与传统上，美洲殖民地与母国（英国）渐行渐远。在殖民地出生的新世代，如今在美洲的开垦地居住，接受大自然的磨炼，在由东海岸向西延伸的土地上无限扩展，并且一心保护他们的独立个体与权利。英国革命的原理与十七世纪辉格党的观念，在新世界比在英国引起更深沉的回响。朝气蓬勃的美洲人发现法令是他们开发资源的障碍，不愿意为英国效命。另一方面，虽然殖民者很快就明白他们自己拥有的潜力与财富，却慢条斯理地未能有所组织。在本能上他们仍忠于自己的民族，同时也知道疆界对面法兰西的威胁。他们像英国一样，也尽量要避免严重

116

的冲突，即使曾经积极地想要征服法属加拿大。在 1711 年的远征行动中，却因组织欠佳而无功而返。他们不仅嫉妒英国政府，英国政府也与他们互相猜忌，两者很快陷入争吵且对立的状态。

　　　　　＊　　　　＊　　　　＊　　　　＊　　　　＊

　　在沃波尔主政的整个期间，他始终认为有必要不惜一切代价避免摩擦。但随着时间的推移，殖民者愈来愈有决心争取他们的利益。到十八世纪中叶，便发生了殖民地州议会猛烈抨击帝国政府权威之事。他们遵从由自己建立起来的、具有主权的议会，其他各州议会皆臣服于这个至高无上的议会权威，不受来自伦敦的限制与干预。在这之前，英国委派的总督与殖民地立法机构都曾不断发生斗争，双方多有抱怨，国王将海外的职位视为是对臣仆有价值的恩赐，英国政府对他们的支持者也持同样的态度，所以殖民地的整个行政机构不免沾染上英国公众生活中盛行的腐败气息。总督、咨议大臣、法官与许多官员全都由国王任命，他们很少是因为重视殖民者的利益而被挑选出来。英国的一位史家说："美洲是大不列颠为它腐败的议员与失宠的朝臣所设的医院。"当然并非所有的英国官员都属于这一类型，像在北方，总督时常出自首屈一指的殖民世家，而殖民地政府中最能干的人也都属于这个阶级。但是各殖民地之间也都存在着不可避免的纷争，尤其在财政事务上，总督特别容易被抨击，因为他们的薪金都是由殖民地州议会制定的，官员与殖民地州议会之间的不和睦也随着岁月的流逝而加深。

　　随着这些争执，产生了重大的政治发展。1688 年英格兰革命之后，大刀阔斧修正的"王室特权"在新世界中盛行。虽然殖民地州议会设法仿效英格兰的模式，却经常遭到阻挠。它们不但受到特许状或成文宪法的拘束，还受到特别海关、各种组织、海事法庭在殖民地上行使司法裁判权等的限制。虽然英格兰政府已经尽量避免公开干预，情况却每况愈下，美洲仍被人视作是为了英格兰的经济利益而存在的地区，因为美洲大陆的殖民地仍持续供应海军装备与烟草，西印度群岛则以船运糖到英格兰港口。但是美洲的活力与人口都正在增长，有预兆显示，殖民地将生产他们自己的制造品，关闭对联合王国的市场，导致 1699 年英格兰国会立法禁止在新世界建立工业。美洲的经济情势，特别是在新英格兰地区，正变得愈来愈紧张。美洲人仅能靠着将农产品卖给近邻地区，如英格兰与其他国家在西印度群岛的属地，来支付进口日增的英格兰工业品的款项。这种做法违反了《航海法》的条例。来自英格兰的压力逐年加大。殖民地贸易一直失衡产生逆差。到了十七世纪中叶，每年的赤字都超过三百万英镑。殖民地的商人只能靠不合法的手段凑足现金。这种钱从美洲流出的情形使英国在即将来临的第一次世界大战中保有偿付的能力。伦敦金融界和皮特都知道这种情况，在市政厅的纪念碑上，我们仿佛可以看到在他主政时期，贸易借由战争而统一并振兴。但是新世界受到很严重的影响：美洲人没有造币厂；没有整齐划一的货币；他们所发行的不协调的纸币正快速地贬值；情况愈显恶化，英国商人也都纷纷抱怨殖民地信贷的不稳定。

*　　　　*　　　　*　　　　*　　　　*

十八世纪早期，十三个殖民地中最后的一个殖民地建立起来了。慈善家詹姆士·奥格尔索普被英国监狱中少数债务人的惨状打动，他于心不忍，多方思索后，有了容许这些人迁移到新殖民地的构想。他与英国政府进行交涉，在 1732 年成立了托管财产委员会，负责处理位于南卡罗来纳南部的一大片疆土。次年，在萨凡那建立了第一处拓居地，小庄园纷纷建立，并且宣布除了天主教徒之外，所有的人都可享受宗教自由。英国的债务人首先拓居此地。对于新生活方式的保证吸引了欧洲其他受压迫地区人民的向往。成群结队的犹太人也先后抵达，还有来自萨尔茨堡的新教徒、来自德意志的摩拉维亚教徒①，以及来自斯凯岛的高地人。这个讲多种语言的社群，名为佐治亚。不久也吸引了热心的传道士——约翰·卫斯理②在此地开始了他的传道工作。

刚开始阶段的高度道德气氛，不久就受到世俗不和的污染，定居者像他们在其他殖民地的教友一样，贪图甜酒与奴隶，连托管财产者都对他们的管理任务感到厌倦，并与萨凡那崛起的商人争吵，结果以取消这块殖民地的特许状告终。1752 年，佐治亚受到王室的控制，这个殖民地后来变成英国在美利坚合众国疆土上的最后基础。由英国来的移民潮现已逐渐减少，反倒是从其他地方来了不少新的拓居者。到了十七世纪末，苏格兰与爱尔兰的难民因为他们在国内工商业方面的努力受到英国议会立法的遏阻，于是蜂拥而至。他们在新家成为强烈痛恨英国的分子。宾夕法尼亚不断接纳德意志来的移民，不久人数就达到了二十万。苦干而有财势的胡格诺教徒，因为逃避宗教迫害而由法兰西抵达。人民也从一个殖民地搬迁到另一个殖民地，殖民地中生活舒适的地方渐渐连接起来了，人口迅速增加了一倍。位于西部的无垠土地为第一代殖民子弟提供了舒适的家园，无主的土地亦很丰饶，鼓励着无数家庭的诞生。接触过荆莽未开的情况，所以能培养出殖民者新的视野及大胆的精神，坚毅、独立自主的社会正在产生着受四周情况影响及熏陶的生活与文化。于是，由宾夕法尼亚的德意志人及爱尔兰人带领的西征开始了，他们翻山越岭寻找新土地，当中的人形形色色。在肯塔基与印第安人乡野毗连的西部农庄上，住有粗犷的拓荒者与坚毅的自耕农，在英格兰殖民地则有过分自信的商人、律师、乡绅与贸易商的子弟。这个多元的社会在北方靠着被契约约束的奴

---

① 十五世纪起于摩拉维亚的新教之一派。——译注

② 约翰·卫斯理（1703—1791），英国布道家，曾与其弟查理 1735 年去北美传教，1737 年回国后开始巡回露天布道，在英国成立卫理宗。——译注

119

仆，以及由英国城镇中海军拉夫队走私来的人做苦工维持生计；南方则靠着从非洲运送过来的大批奴隶维持生计。大多数的美洲人对于欧洲的事务毫无所知，不过现在这些事正逐渐影响到这十三个殖民地的命运了。

第十一章　第一次世界性战争

　　皮特于 1756 年 11 月加入内阁成为国务大臣，腓特烈大帝宣布："英国长久以来都在分娩的阵痛中，但是最后她生了个大人物。"

　　自马尔博罗以来就不曾看到有像这样的人物。皮特在他位于克利夫兰街的办公室中企划并且打赢了印度及美洲的战争，整个过程都依赖这个人的无穷精力。他将财政、行政、军事的大权独揽自身，并且无法与地位相等的人共事。他的地位完全依赖战场上的胜利，所以政敌无数。他不容许内阁中的同僚干预他的工作甚至提出谏言，他从不磋商或友好相处，因为干预财政，他惹恼了纽卡斯尔与财政大臣。但在执行军事计划时，皮特可是慧眼识英雄，他撤掉没有能耐的海、陆将领，而以他愿意仰仗的年轻人取代，如沃尔夫、杰弗里·阿默斯特勋爵、康韦、豪（威）①、凯佩尔与罗德尼勋爵，因此他又取得了胜利。

　　皮特的成功并非一蹴而就。他曾经不顾要将海军将领付诸军事审判的要求，以寡敌众面对同僚——坎伯兰公爵利用自己不怀好意的强大势力与他对抗。伦敦金融界仍对英国与普鲁士的结盟持怀疑态度，1757 年 4 月，皮特被国王解职，但当时他已誉满全国，收到英国许多城镇与企业团体深情支持的表示，仿佛"大批金匣礼物从天而降"。虽然皮特仍发号施令，处理日常工作，但英国缺少了有效的政府。直到6 月，一个稳定的战时内阁才宣告成立。但此后四年，皮特高高在上、

---

　　① 理查德·豪（威）（1726—1799），英国海军上将。——译注

拥有大权。

皮特并没有将自己局限在单一作战的领域。英国在全球各地都采取主动，防止法军集中兵力，搅乱他们的作战计划，逼他们消耗实力。皮特曾经为了在欧洲作战而猛烈抨击卡特雷特，但他现在明白了，他在 1740 年拥护的海战或殖民地战争，最后都不会让局势大定，除非法兰西在欧洲、新世界及东方都遭到败绩，否则它都会再度崛起。可是法兰西在北美及欧洲的地位不断蹿升中，在海上是个劲敌。在印度，似乎只要有欧洲强国在莫卧儿帝国①废墟上自行建立国家，它的旗帜上就会是象征法兰西王室的百合花徽，而不是圣乔治代表英国势力的十字架。与法兰西的战争将是历史上的首次世界性战争，战利品将不只是重新安排边境与重新分配要塞及争夺产糖的岛屿而已。

皮特是否具有这种战略眼光呢？他发动的远征是否是深思熟虑联合作业的一部分呢？这些都值得怀疑。现在，就像以往一样，他的政策就像是把他自己积极且支配一切的性格搬到大银幕上。他曾不顾失宠与阻碍，努力走到了议会顶尖的地位，而现在，运气、勇气及国人的信心给了他一个可以展示自身天赋与纵容他弱点的舞台。他力图将英国沮丧与萎靡的精神唤醒，并且发愤图强，将财富与人力资源结合成从多瑙河到密西西比河都可以感受到威力的战争工具，好羞辱波旁王室，使联合王国的国旗在每个海洋迎风招展。他不计代价地实施征服与统治，不论是鲜血或是黄金——这就是皮特的精神。他将这种精神灌输到英国每个阶层——海军将领与舰上弹药手、大商人与小店主的心中，还灌输到部队最年轻的军官心中，让他们觉得只要是皮特在指挥，即使失败都可能获得原谅，但绝对不能犹豫不前。这种观念也灌输到曾在普雷斯顿潘斯冲锋，现正扬帆大西洋，要为曾在卡洛登战役中屠杀他们兄弟的统治者建立一个帝国的高地人的心中。

英国在欧洲大陆有个盟友——普鲁士的腓烈特大帝。他面对着奥

---

① 莫卧儿帝国，1526 年莫卧儿族在印度建立的回教帝国，1857 年被英国所灭。——译注

地利、俄罗斯与法兰西的联合力量，连瑞典也怀有旧恨，想要对他进行报复，要自他手中夺回自己的权利。腓特烈急行军经过萨克森而进入波希米亚，以突破敌人的包围圈，但在 1757 年，他被逐回到自己的领土。坎伯兰公爵奉派前往保护汉诺威与不论瑞克，结果却被法军击败而失掉了这两个地方。俄罗斯正在步步进逼，瑞典部队再度在波美拉尼亚出现，梅诺卡岛已经失陷，蒙特卡姆侯爵也正由加拿大进逼北美洲殖民地边界的要塞。英国从战争一开始就碰上比这次还要黑暗的景象。皮特的时机到了，他告诉德文郡公爵："我知道我能拯救这个国家，而其他的人都不能够如此。"他调回外国雇佣部队回来保护英国免受侵略，他不承认坎伯兰丢城失地的决定。僵化的英国行政开始有了生气，在这一年年底，命运女神似乎认清谁才是她的主人，开始改变立场，腓特烈得到皮特的帮助，不仅在罗斯巴赫击溃法军，在洛伊滕也击溃奥军。

伟大的光荣岁月从此展开，皮特及他的国家都沉醉在其中。法军被逐出汉诺威，在东方阴谋浑水摸鱼的荷军被罗伯特·克莱武勋爵所阻，于金苏拉交出了他们的船只，英国再度夺下布雷顿角。而在宾夕法尼亚境内匹兹堡"下议院的伟大议员"（指皮特）的印章就盖在地图上。法兰西的两支主要舰队，分别在地中海与英吉利海峡尝到败绩。其实若是它们合在一起，可能早已掩护法军侵入了英国。当海军将领爱德华·博斯科恩刚夺下路易斯堡归来，奉遣去看守土伦的舰队。他在法军舰队溜过直布罗陀海峡时截住它们，并且击沉五艘船，还将其他的舰只驱入加的斯湾封锁起来。三个月之后，在 11 月的某天，狂风大作，海军将领爱德华·霍克于未经测绘的岩岸与浅滩之间的海域，歼灭了法兰西的布雷斯特舰队。此后的战争期间，基伯龙一直都是英国海军的基地。水手在法兰西这块土地上种植包心菜，不仅休闲，也可以维持健康。在胜利的这一刻，沃尔夫已于魁北克阵亡，留下阿默斯特去完成征服加拿大之举。同时，克莱武与艾尔·库特爵士正在印度根除法兰西残余军力。更令人目眩的战利品似乎正要落入英国手中。皮特提议征服西属东西两个印度群岛，并且拦截每年的运宝船队，但就在这个他生涯中登峰造极的时刻，世界和平与安定似乎都在他的掌握中的一刻，内阁居然拒绝支持他，他也因此辞职。

*   *   *   *   *

我们必须检视更靠近手边的这些凯旋与惨败的情况。皮特在美洲面对着困难又复杂的任务。英国殖民地的总督长久以来都非常清楚边境以外的威胁。法军正沿着阿利根尼山脉屏障两面的水道向前移动，并且与美洲印第安人结盟，企图将他们在南方的路易斯安那殖民地与北方的加拿大连接起来。如此一来，英国人的拓居活动便会局限在大西洋沿海地区，而他们向西部的拓展活动也将会停顿下来。战争于1755年爆发，布拉多克将军被派遣到阿利根尼山脉的西边去重建英国的权威，但他的部队却在宾夕法尼亚被法军与印第安人打得七零八落。值得一提的是，在这次的军事攻击中，弗吉尼亚殖民地一位年轻的军官——乔治·华盛顿，开启了他的初次军事磨炼。英格兰的殖民地都位于容易入侵的路途——哈德逊河谷，所以容易受到敌人攻击。为了争夺河谷源头的立足点而开始有了争斗。那里可以说是毫无组织，各个殖民地都企图用自己的民兵逐退美洲印第安人的侵袭与法兰西的拓居者。除了它们全都不信任英国政府外，在其他事情上，几乎毫无相同之处。虽然那里已有超过百万的英籍美洲人，数目远远超过法军人数，但却彼此不和更遑论团结，因此这种优势毫无用处，唯有皮特出面处理才能够让他们合作。即便如此，在整个的战争期间，殖民地的贸易商人却继续供应法军全部所需，完全蔑视政府的禁令与共同利益。

1756年，对英国而言，在美洲及所有的前哨都是灾难当头。英国丢掉了在北美五大湖区唯一的要塞——奥斯威戈。1757年的军事攻势也不见得有多成功。控制圣劳伦斯湾的路易斯堡要塞，曾于四十年代被英国与殖民地部队攻下，却又根据1748年的《亚琛和约》归还给法兰西。英军现在奉派再去将它夺回，但军队却是由一位无用又无冒险精神的军官——约翰·坎贝尔·劳登勋爵指挥。劳登准备从殖民地抽调来自于英格兰的殖民地部队，集中在哈利法克斯以进行攻击。这使得哈德逊河谷对法军门户大开，河谷的源头有三个小堡：克朗波因特、爱德华与威廉·亨利。加拿大总督蒙特卡姆率领下的法军与北美印第安人，一同穿过森林密布的山脉，横扫边境，将威廉·亨利要塞包围了起来。虽然有一小股的殖民地卫戍部队死守五天，但最后还是被迫投降。蒙特卡姆后因无法约束印第安人，导致战俘全被屠杀。这桩悲剧深啮着英格兰殖民者的心，劳登勋爵也受到相当严厉的指责。他们不敢相信英国人居然没有保护他们，让新英格兰暴露在法军面前，而足以保护他们的部队却在哈利法克斯浪费时间。到了7月底，劳登断定路易斯堡难以攻破，便放弃了此企图。

皮特现正专心研究如何应付美洲的战争，整个冬天他都在研读地图，并发指令给军官与总督。1758年，他拟订了三路进攻的战略计划。其中一项是将劳登免职返国，继任者阿默斯特与沃尔夫得到来自哈利法克斯的海军支持，将启航上溯圣劳伦斯河出击魁北克。另一支部队由詹姆士·阿伯克龙比将军率领，将夺取哈德逊河谷源头的莱克乔治，并且设法在到达魁北克之前与阿默斯特及沃尔夫会师。第三支兵力由福布斯率领，由宾夕法尼亚上溯俄亥俄河谷，夺取法军沿着俄亥俄河与密西西比河的一列哨站中的迪尤肯要塞。所有舰队都布置好，以防阻由法兰西前来的增援部队。

能够想出并且指挥这些的人，现在在白厅掌权，但是想要在驾帆航海的当日，隔着三千英里进行监督作战的情况，几乎是不可能。阿默斯特与沃尔夫猛攻加拿大的北疆，7月攻下路易斯堡。但是从泰孔德罗加向前挺进的阿伯克龙比身陷密林之中，他的军队受到重创，前进受阻。宾夕法尼亚的冒险就比较成功，他们攻下并毁掉了迪尤肯堡，且将这地方重新命名为匹兹堡，但后因兵力缺乏与组织不全，逼得英军在军事攻势终了时撤退。福布斯在给皮特的急件中对这件事做了一番愤慨的描述："我在战斗开始的时候得意扬扬，自以为弗吉尼亚及宾夕法尼亚部队能够充分效力。很遗憾，我发现除了他们少数主要的军官之外，其他的军官都是一批坏到极点的人：破产的客栈主、赛马的骑师和一些与印第安人有生意往来者，手下士卒几乎全都是这些军官的翻版，在其他方面也不见得很好，因为他们都是从各国收集来的人渣……"这些话反映出英国军官与美洲殖民者之间的关系正在恶化，彼此严重地缺乏了解。

这几路兵马的进攻毫无可以炫耀之处，但皮特并不灰心，他明白沿着新斯科舍到俄亥俄河的整个边界联合出击，孤军深入法属地区是不会造成任何定局的。因此在 1758 年 12 月 29 日，他进一步指示阿默斯特，再度强调有切断法兰西拓展防线的必要。"我极其希望在安大略湖畔的攻势能够一直推进到尼亚加拉城，你将会发现进攻那个要塞的计划实际可行。此计划的成功将大大有助于在安大略湖建立不受干扰的优势地位，同时有效地切断加拿大与南方法兰西拓居地的交通。"

指令中也强调争取北美印第安人为盟友的必要性。其实阿默斯特早就知道印第安人的重要性，几个月之前他还写信给皮特，表示有许多印第安人已经向他提出保证。他说："他们是一群懒惰、喜喝甜酒的人民，根本一无是处。但是如果他们还能派上用场的话，那将是我们可以展开攻势的时候，因为法国人非常惧怕他们，他们人数愈多就愈可怕。对我们而言，这可能会产生良好效果。"值得英国人庆幸的是，占据五大湖附近、英法拓居地之间关键位置的易洛魁人（即北美印第安人）之六部族联盟大都很友善，他们像美洲殖民者一样，对于法军在俄亥俄河与密西西比河一线的种种计划都感到惊慌。

根据新的作战计划，在即将来临的一年中，海军将攻击法属西印度群岛，尽管过去的经验显示这条路将会很辛苦，但上溯圣劳伦斯河入侵加拿大的攻势会较以前进行得更凶猛。自从 1711 年发动军事行动以来，英军已有数次上溯这条巨河的行动经验，所以沃尔夫报告说海军已"彻底厌恶"此项任务了。这项任务的确是险象环生，但是重新由哈德逊河挺进，北上攻打法兰西在五大湖上的尼亚加拉一定要得到另一支部队的支持，所以皮特在他的指示中拼命强调这项行动的重要性。

这个计划果真成功了。英军在 1759 年的战斗名震世界。海军于 5 月攻下西印度群岛中最富足的产糖岛屿瓜德罗普；阿默斯特在 7 月拿下了泰孔德罗加与尼亚加拉要塞，如此一来，美洲殖民地的边界就推到了五大湖区。9 月，远征军溯圣劳伦斯河而上，攻击魁北克。沃尔夫更在夜间亲自到河边去侦察地形，并且背诵托马斯·格雷^①的作品《墓园挽歌》以娱乐军官："光荣之路只通向坟墓。"靠着陆军与海军漂亮的合作，沃尔夫率领人马登陆，并且借着黑夜的掩护，沿着偏僻小径，登上亚伯拉罕岭陡峭的悬崖。随后的战役中，蒙特卡姆不幸战败阵亡；但英军已夺下了加拿大此主要的堡垒。沃尔夫也身受重伤，到胜利确定已经在望的时候死去，临死前还喃喃道："感谢上帝，现在我可以平静地走了。"

对英语世界而言，的确需要再打一年的仗才能夺下加拿大。1760 年 5 月，英国驻魁北克的卫戍部队终于在遭受一个冬天的围堵之后获得解救，阿默斯特经过谨慎坚定的整军之后，围攻蒙特利尔。9 月，这座城市就陷落了，法属加拿大的广袤行省就此易手。这些年的确是胜利的年份。

法兰西舰队居然毫无作为，是这场战争中极不寻常的事情。如果英国舰队在 1759 年集中于哈利法克斯的时候，它就趁机封锁纽约，将会粉碎阿默斯特对蒙特利尔的进攻。如果它在沃尔夫与英国舰队前往圣劳伦斯河之后攻击哈利法克斯，它可能就可以毁掉进攻魁北克的整个军事攻势。但现在为时已晚，英国海军增援舰艇都派往新世界了。1761 年，阿默斯特派遣远征军前往马提尼克岛（位于法属向风群岛最北部），夺下了这个不凡的商业岛屿，整个伦敦简直欣喜若狂。霍雷肖·沃

---

① 托马斯·格雷（1716—1771），英国诗人，浪漫主义运动的先驱，诗作不多，代表作为《墓园挽歌》。——译注

波尔在一封信中写道："我告诉你，（皮特的雄辩口才）已经征服了马提尼克岛。……罗马人用三百年征服世界，我们在三次军事攻势中征服了一个一样大的地球。"

英语民族就这样在北美洲稳坐江山。皮特不仅赢得了加拿大，以及它富饶的渔业和与印第安人的贸易，而且永远驱除了法兰西殖民帝国从蒙特利尔延伸到新奥尔良的梦想与危险。他无法预知的是，在法兰西的威胁被消除之后，英国殖民地终将脱离大英帝国。

＊　　　　＊　　　　＊　　　　＊　　　　＊

皮特得到了成功却下台。在马尔普拉凯战役之后，马尔博罗与戈多尔芬都曾面对着日益增长的反战情绪，皮特现在也如此，成了他自己政府中一个被孤立的人物。1759 年传遍捷报之后，却得面对这样的反战情绪。对全体人民而言，他是"下议院的伟大议员"，这位孤立的独裁者符合他们的想象，他曾经打破了贵族政治的狭窄圈子，以魄力与口才博得他们的支持；他也打破了当时时代的惯例，首先使用下议院作为对全国人民发表演说的讲台；他发表措辞严谨、甚有古风的演说，不仅要吸引比纽卡斯尔公爵更多的支持者，还要抓住广大的听众。皮特看不起党派与党派组织，他的生涯是诉求个人式的政治，他致力于工作与专心研究时都是不辞辛劳的，使得与他接触的人都甚感疲惫。他早年患了严重的痛风，不得不在战时政府至为焦急的期间忍痛奋力从公。除了每周与纽卡斯尔及财务大臣例行会晤，他还得为执行他的战略计划筹措财务，拨发军费与部队给沃尔夫及克莱武，还得为腓特烈大帝提供津贴。所有的事务都由他的办公室处理，他却很少会见同僚。他的权力只是暂时的，不但政府中有被他高傲性格与守秘态度所伤的人，包括他以前的政治盟友、韦尔斯王妃与她在莱斯特府邸的圈子中的人，几乎都与他为敌。此时，年轻的王位继承人正被抚养长大，他所听到的都是他母亲与她的心腹比特伯爵的反对党意见。老国王驾崩的时候，皮特曾经是他们显著的目标。他们认定他是个擅离职守的人，并将他于1746年接受官职的行为视为背叛。比特凭着他在这未来的宫廷中亲近的地位，成为皮特最危险的死对头，他更鼓动舆论与报业反对皮特的战争政策。

皮特的处境危机重重，他已经摧毁了法兰西在印度与北美洲的势力，夺得他在西印度群岛的属地。英国似乎已经得到了一切想要得到的东西，却留下了对普鲁士所做的不得民心的承诺。比特伯爵发现要将反战情绪转变成反对皮特的有效力量，简直易如反掌。他的同僚中有许多正直爱国之士，怀着继续战争是否明智的猜疑，因为英国得到的或许较它能保住的领土多上许多，它再度升到拉米伊战役大捷之后所处的高峰地位。虽然皮特极力解释着，在法兰西于欧洲被击败之前，绝对无法得到持久或令人满意的和平。在法兰西筋疲力尽之前就谈条件，会重犯保守党人在乌得勒支所犯的错误，并且无法在下一次冲突之前有喘息空间。但战争毕竟是要付出代价的，这场战争早已产生无法避免的后果，股票掮客与承包商大发其财，工业阶级与地主阶级都得缴付重税。皮特辛酸地体会到自己的处境，他的帝国战争政策实现得太成功了，剩下来的工作是为普鲁士提供被人憎恨的、所费不赀的津贴，可是他知道，对于最后摧毁法兰西的势力，此种津贴非常重要。

1760年10月，乔治二世归西。他从未喜欢过皮特，但是学会了尊重皮特的才能，对这位大臣的评语很率直："为国王效劳可能是种职责；但是对于那些拥有那种荣誉的人而言，可以想象得到它是最不讨人喜欢的事。"新统治者乔治三世与乔治二世的脾气恰恰相反，他非常清楚自己想要做什么及正在做什么。他有意做个国王，做个所有臣民都服从与尊敬的国王。在辉格党的长期统治下，平民院变成了不负责任的独裁机构。全国人民的自由权如果掌握在年轻、可敬、高洁，且看起来是位彻底英国人的国王手中，岂不是比通过蛇鼠一窝的与腐败的平民院之某个党派治国来得更安全吗？让他来结束家族执政，选择他自己的大臣并支持他们，并且一举结束政治生活中的腐败。但是在这样的君主制度中，一个像皮特这样不腐败、不欠国王恩典、一切都靠人民支持与他本人对平民院控制的人将处于何种地位呢？只要他一当权，他将与国王分庭抗礼。这是他无法改变的事实。虽然他十分尊敬乔治三世的为人与才能，但仍无法使他们罔顾事实，皮特是位非常伟大的人，国王是位才能非常有限的人。"幕后的大臣"比特如今在宫廷中独揽大权。纽卡斯尔长久以来都对皮特的苛刻与傲慢的作风恼怒不已，只不过到此时才胸有成竹地准备耍阴谋对付皮特。当时有人主张和谈，英法在海牙展开谈判，却因皮特拒绝置普鲁士于不顾，而使得谈判破裂。法兰西陆军大臣舒瓦瑟尔公爵像五十年前的托尔西一般，发现了他的机会，他明白皮特的权势正在滑落。1761年，他与西班牙密切结盟，同年9月与英国的谈判破裂。借由西班牙在美洲的力量，法兰西现在可能重新获得在新世界的掌控权。

皮特希望与西班牙的战争能如1739年一样，激起同样高昂的民族情绪，如此才能有机会夺取更多的西班牙殖民地，打动伦敦的金融界。他将主张宣战的提议交给了内阁，结果却发现自己早已被孤立起来。他对同僚做了一番慷慨激昂的演说："为了指导的事，我一定会负责；但针对未指导的事，我绝不负责。"他曾经摧毁现为格兰维尔勋爵的卡特雷特的政治生涯，这位宿敌现在正狠狠地谴责他说："这位绅士谈到对人民负责，这是平民院老生常谈的。他似乎忘记在内阁里他只需对国王负责。"皮特别无选择，只有辞职一途。

威廉·皮特与马尔博罗一样，都是1689年到1789年间这个世纪中最伟大的英国人。托马斯·卡莱尔①写道："这是世界史上的一件大事，他等于做了四年的英国国王。"他并非第一位思考世界政策并将威廉三世的政治理念扩大运用到世界规模的英国政治家，但他是大英帝国主义的第一位伟人。皮特曾经以舆论的力量去影响政治，削弱辉格党几个大家族的大权，在他事业彪炳的时期过去时，他仍苦口婆心地告诉

---

① 托马斯·卡莱尔（1795—1881），苏格兰散文家、哲人与伦理学家，著有《英雄·英雄崇拜和历史上的英雄事迹》等。

各党派："做一个民族。"五年之后，在健康每况愈下中，他再度担任很高的官职。同时，他也痛斥继任者的政策。

＊　　　＊　　　＊　　　＊　　　＊

少了皮特的支持，纽卡斯尔成为受害者，政权不费力地落到比特勋爵的手中。比特除了拥有庞大的财富，掌控苏格兰选票，他还曾担任过太后的王室侍从官。自从白金汉公爵遇刺以来，英国的政权首次委任给没有政治经验的人。他与国会的唯一关系是他曾在二十年前做过苏格兰的贵族院代表，短暂地参加过英国国会。伦敦市民依长筒靴（也喻男子）与短裙（也喻女子）的形象，发表他们对国王晋用比特勋爵的看法（大半以为比特系利用女人关系攀登青云）。

皮特辞职不到三个月，英国政府就被迫对西班牙宣战。在西印度群岛及其他地方再度获胜，英国舰队夺取了掌握着西班牙在南美洲北部沿岸的主要贸易路线与运宝船队动向的哈瓦那港。在太平洋中，由马德拉斯出发的远征军进攻菲律宾群岛，夺下马尼拉。英国在欧洲之外成了海上与陆上的主人，可是这些战果大都被淡忘掉了。

在《乌得勒支条约》签订五十年之后，英国与法兰西签订了一项新的和约。比特派贝德福德公爵到巴黎去谈判和约的具体条款。贝德福德公爵认为他的国家正夺取地球上太多地方，将会陷入与欧洲联合势力为敌，以及遭到其他不满国家攻击的危险中，所以他主张安抚法兰西与西班牙，并慷慨奉还所征服的土地。不过皮特却不这么认为，他希望彻底削弱敌人的力量，将法兰西与西班牙置于持久的劣势之中，才会有稳定与永远的和平，可惜他无法参加和谈，于是愤而谴责这项新和约破坏了英国的安全。

然而，英国根据 1763 年《巴黎和约》的条件所得到的好处却十分可观。它在美洲得到了加拿大、新斯科舍、布雷顿角与邻近的岛屿，以及在密西西比河上的航行权，这对于同北美印第安人发展贸易至关重要。英国也在西印度群岛得到了格林纳达、圣文森特岛、多米尼加与多巴哥岛。更从西班牙得到了佛罗里达，甚至在非洲保有塞内加尔。在印度，东印度公司保留着征服的广大土地，虽然已将一些贸易站交还给法兰西，法兰西人在次大陆的政治野心却被熄灭了。在欧洲，梅诺卡岛归还了英国，而敦刻尔克的工事也终于被拆毁了。

史家对于承认英国为帝国强权的和约，都采取乐见其成的看法，但是却一厢情愿地忽略了它在战略上的缺点。和约是贝德福德公爵所持原则的完美说明，法兰西的海军力量不曾受到触及，它在美洲收回了圣劳伦斯湾中的圣皮埃尔和密克隆群岛，并有权在纽芬兰沿岸捕鱼，这些岛都成了雇请约一万四千名固定人员的法兰西海军的疗养所，它们的商业收入一年差不多有五十万英镑，它们也可能成为海军基地或将法兰西货物运到已失去的加拿大的走私中心。在西印度群岛最珍贵的战利品——产糖的瓜德罗普岛，也与马提尼克岛、贝尔岛及圣卢西亚岛一并交还给法兰西。瓜德罗普岛实在太富饶了，以致英国政府考虑将它留下，而以归还加拿大给法兰西人作为交换条件。这些岛屿也都成为将来用来攻击英国的卓越海军基地。

西班牙重新得到控制加勒比海海上战略要冲——位于西印度群岛中的哈瓦那港，也收回了与中国贸易的一个重要中心——马尼拉。如果英国人保留这些基地的话，法兰西与西班牙的舰队将永远受到它们的摆布。尽管皮特一再抗议，法兰西仍旧在非洲弄回了格雷岛，它是私掠者在东印度贸易路线侧翼上的一个基地。而且《巴黎和约》并没有考虑到腓特烈大帝的权益，使得身为盟友的腓特烈大帝只好自行设法，并痛恨英国这种见利忘友的行为，而从此不宽恕英国，长久以后还使得普鲁士王国的领袖们感到痛心。

这些条件其实离全国的期望甚远，尽管全国人民普遍都渴望和平，但国会是否会批准，似乎还是个疑问，所以不得不借由一切手段，保证这个和约可以获得多数通过，只是这些手段不太为人所知罢了。操纵国会的所有手段都用上了，反对政府的贵族院与平民两院的议员全都被革职了。虽然皮持谴责《巴黎和约》定会带来战争，但仍无济于事。最后以三百一十九票对六十五票批准了和约，安抚与妥协显然占了上风，这位忍受自己的努力遭到恶意摧残的皮特，他所做的忧心判断，含着历史上必然存在的道理，他在和约的条款中看到了未来战争的种子："这项和约并不安全，因为它恢复了敌人以前的伟大地位。这次和平也并不周全，因为我们得到的土地并不等于让出去的土地。"

第十二章　与美洲的不和

　　乔治三世的登基引发英国政治上意义深远的改变。理论与法律上，君主制度于制定政策、遴选大臣、填充官职、使用金钱方面仍旧保留着决定性的影响力与权力。许多世纪以来，在这些领域中，国王个人的行动全都影响深远，为人接受。自从汉诺威王朝建立后，王室的影响力才渐渐由国会中的辉格党大臣予以发挥，尤其是沃波尔与纽卡斯尔的所作所为几乎已逾大臣本分，他们几乎是摄政。为何在差不多半个世纪的时间里，他们与支持者能获得和掌握这样大的权势呢？原因有很多。乔治一世与乔治二世在语言、看法、教养及同感方面都算是外国人。当时宫廷里主要是德意志人，他们的兴趣与雄心都集中在汉诺威与欧洲大陆，之所以能登上王位，得归功于辉格党人。乔治三世登基后一切都变了。因为他是生于斯、长于斯的英国人，无论如何他都设法做个英国人。他曾在英国接受他母亲与比特伯爵精心的培养。比特不仅是个苏格兰人，而且是托利党人。乔治三世最早有纪录的文字成就，是他童年时期评论阿尔弗烈德大帝的文章。据说，他母亲曾经说："乔治，好好地做一位国王。"乔治三世虽然尽力服从，显然没有处理好他统治时期的重要问题，但从长远来看，这对英国基本的自由反而是件幸事。在随后发生的灾难中，产生了我们现在所知的政府国会制度，但是这些灾难无论如何都很可怕且影响深远。乔治三世行将辞世的时候，美洲已经脱离了英国，早期的不列颠帝国已经崩溃，他本人也疯了。

乔治三世在继位之初，一切预兆甚佳，正是适合恢复王室影响力的时机。过去，只要汉诺威家族王位继承的权利受到质疑，辉格党就会谴责托利党，指称他们是詹姆士二世党人并将之排除在朝廷之外。到了1760年，斯图亚特家族两位"王位觊觎者"的大业都已不存在了，继位权就没能再引起争议。乔治三世在反对辉格党大权独揽的声浪中登基，包括托利党中的"地方党"，他们安于君主制度，并将全国所有痛恨辉格党的人都团结起来支持乔治三世与他们自己。乔治三世因此受到许多"国王的朋友"支持。这些人忠心耿耿、渴望权势、急于帮助国王赶走"老帮派"，乔治三世便与比特伯爵都着手进行此事。1761年，英国各地举行选举，不许纽卡斯尔代表国王在其中控制所有分封的官职，而新国王将许多官职当作礼物，赐给了他的支持者。比特伯爵在三月被任命为国务大臣，纽卡斯尔在次年春天遭贬罢官而怨气冲天，乔治三世登基不到两年，"国王的朋友"便在平民院得势。就现代意识而言，他们并不是政党，但是他们普遍准备支持国王任命的任何政府。虽然年轻的乔治三世击败了擅长政治游戏的辉格党人，王室再度成为政治的因素，不过直到1770年，他才牢牢控制住英国的政治机器，在此之前的运气并不是很好，足以信赖的大臣难觅。

   *   *   *   *   *

乔治三世统治时期的头十年，都是在国会各派势力持续不断的混乱斗争中度过。这些派系有的接受了新情况，有的则消极抗拒国王的新策略。乔治三世对于政治派系领袖争来吵去的情形感到气愤，也很疑惑：皮特在开会时都闹情绪，"不与人联系，也不与人商讨"；许多人包括约翰逊博士都对苏格兰人没有好感；比特很不讨人喜欢，于1763年初由权势宝座上跌了下来，他的继任者乔治·格伦维尔是位顽固的律师，受到贝德福德公爵的强力支持，一位以"朱尼厄斯"为名的人在他的匿名信中写给格伦维尔："我敢说他收买全国半数以上代表的正直。"格伦维尔虽然拒绝扮演"幕后大臣"的角色，但是他攀附着官职也有两年之久，并为美洲殖民地的脱离及独立负起重大的责任。

其他的冲突还有 1763 年 4 月 23 日一份名为《北英国人》的报纸抨击："大臣都是专制政治与腐败贪渎的工具。……他们将不和的精神传到这块土地。我预言，这种不和永远都不会因为他们失去权势而被扑灭。"格伦维尔的内阁被谴责为仅是不受欢迎的比特伯爵的影子而已。这位作者还暗示英国与法兰西进行谈判的《巴黎和约》不仅名誉扫地而且也不诚实，国王要负一部分责任，乔治三世因此大发雷霆。一个星期后，国务大臣下令要查出并逮捕《北英国人》第四十五期的作者、印刷工、发行人（不过都未指名道姓）。当局于是大肆搜查，差役进入民宅，查封报纸，将差不多五十位嫌犯抓捕入狱。被捕者当中有位名为约翰·威尔克斯的浪子兼议员。他被关进伦敦塔，拒绝回答问题，抗议这不合法的逮捕令，并且声称他是议员有豁免权，但还是被控非法进行颠覆性的诽谤。全国掀起了一场风暴，对实际冒犯者并未提名道姓的"一般逮捕令"是否合法，变成了首要的宪法问题。在威尔克斯出狱后竞选国会席次时，他的案例成为全国激烈讨论的问题。性情激进的伦敦人激赏他这种对抗政府的态度。1768 年 3 月，威尔克斯代表米德尔塞克斯当选议员。次年 2 月，平民院因为他被取消议员资格而进行补选，威尔克斯却又以一千一百四十三票当选，击败了只得到二百九十六票的政府对手。国会宣布此次选举无效，而威尔克斯因为印制一首戏谑蒲柏所作《男人论》的题目为《女人论》的淫秽诗而再度入狱，他在米德尔塞克斯的竞选对手也被宣布合法当选，不过他却成为伦敦人崇拜的偶像。1770 年 4 月威尔克斯获释，伦敦到处张灯结彩欢迎他。经过长期奋斗，他被选为市长，并再度成为国会议员。

十八世纪整个制度的腐败因为此事而暴露在公众的目光之下。因为平民院拒绝承认威尔克斯的议员资格，已经否定了选民有权选举他们的议员，并且让它成了特权人士的封闭社团。威尔克斯的主张后来在英国找到了最有力量的拥护者——皮特。皮特现在身为查塔姆伯爵，他以辛辣的语言抨击"一般逮捕令"的合法性与政治风气的腐败,力主郡县增加议员,席次将可因此增加选区,并且减少市民极其容易的舞弊贿选机会。他的演说在十八世纪确实是首次要求国会进行改革。不过,这个领域若要有任何成就,则尚待多年时日。

　　针对"一般逮捕令"所做的呐喊,法官不得不就人身自由、政府权限及言论自由发表重要声明。威尔克斯与其他受害者控诉执行逮捕令的官员。在法官判定这些逮捕令不合法之后,官员声称是遵照政府的命令行事,所以没有责任。这个冠冕堂皇、自欺欺人的借口,被首席大法官卡姆登伯爵驳斥了。他的话至今仍是法治的经典名言:"就国政需要的论点或国家违法与其他违法的区别而言,普通法没有承认那种推理,我们的法典也没有理会任何这样的区别。"如果国王的大臣下令做非法的事情,那么他与他的下属就必须如同平民一样,在普通法庭上受审。进入威尔克斯私宅及拿走他的文件的国务大臣助理,以及逮捕印刷工的官差都是非法侵入者,应当为这样的事负责并受到惩罚。他们都犯了非法监禁罪,所以陪审团判定罚以大笔钱作为受害者的补偿时,法官并未阻止。威尔克斯获得了国务大臣的四千英镑损害赔偿金。另一位提出诉讼者只被拘留了数小时,并且被飨以牛排及啤酒,他得到了三百英镑的赔偿金。首席大法官说:"对于原告所做的轻微伤害,或者他对生活中的地位有欠考虑,在陪审团看来,并不像在审判时触及原告自由之重要法律问题那样重要。"

　　的确,这是个有力的武器,可以用来对付气势凌人的大臣与唯命是从的官员。人身保护令的确可能保护臣民不受非法的逮捕,至少能够保证他们可迅速获释出狱。反对非法监禁的社会活动,打击到政府的痛处。陪审员如果确定损害赔偿费的无限权力,对于那些依靠"国政的理由"而违背舆论的人而言,都是势不可挡的约束力量。这个教训令人印象深刻,甚至在后来与拿破仑抗争的黑暗年代中,逼得政府采取所有各种镇压措施来对付真假难辨的卖国贼。政府侵犯个人自由的权力也受到了严格限制与国会的切实监督。一直到二十世纪的世界大战期间，大臣的一句话才足以使囚禁合法。

出版自由与言论自由一直是依循不怎么出色的、技术性的，但很有效的步骤发展。早在乔治一世登上王位之前，国会便拒绝更新《许可证颁发法》，刑室法庭一度行使的检查制度也因此不存在了。从此英国人都能自由地在印刷物中发表所见所闻，不需要事先得到政府或其他人的许可。国会会做出这样的决定，并非依照任何关于原则的大道理，而是因为《许可证颁发法》细枝末节引起了社会的恼怒。一个人不必事先得到允许便可发言，不过并不意味着他可以畅所欲言。如果他所言涉及诽谤、颠覆、亵渎或淫秽，或是其他违法之事，他还是得为之负责的。这就是今日仍对言论自由所加的限制。言论自由的定义乃依照刑法及民法中对不当作为所下的定义。这些定义不断扩充以符合各个时代的需要，并且根据前例相关的原理确定扩充成以后适用的界说，于某些方面严格地限制着自由。对于法律如此严格的补救之道，是检察官明理而不逐字逐句照字义解释法律。但是群情愤慨如十八世纪政治中所见，批评政府之人极易以颠覆诽谤之名受审，检察官法外施仁的情形便嫌不足，后在陪审团的权力扩大之下，建立了较好的保护措施。有许多年的时间，人们于许多审判中发生激辩，认为陪审团不但应该确定被告是否发表了其被控指的言论，还应该确定是否属于诽谤性质。福克斯的《诽谤法》终于将这种意见列为法律条款。从此之后，每个案例中法律条款的字义都得由陪审团斟酌予以确定。在十八世纪的末年，"人人均可以发表十二位同胞认为无可指责的任何言论"。历史也肯定了约翰·威尔克斯议员在这项成就中的功劳。

*　　　*　　　*　　　*　　　*

与美洲的冲突已经开始影响着英国政坛了。七年战争结束时，庞大的土地并入英国王室的版图，由加拿大的边境到墨西哥湾，美洲殖民地的整个腹地都成了英国的领土。为了瓜分这些新土地，导致英国政府与殖民者发生进一步的冲突。他们之中的许多人像是乔治·华盛顿，都已成立公司向印第安人购买这些边境上的土地，虽然英国政府下违禁令，不许他们购买这些土地甚至在那里拓居。华盛顿等人并不理会，他写信给他的土地经纪人，指示后者："去买下（俄亥俄河畔）国王辖区内若干最有价值的土地。我认为，在一阵子之后这些土地可以得到承认，根本不必管目前限制他们，并且完全禁止在他们那里拓居的禁令。我从来不以任何其他方式看待此一禁令（但这只是我在我们之间所说的话），而只当它是安抚印第安人的权宜之计①。"英国政府想要规范新土地的企图，在开垦者之间引起了许多人的不满，特别是在中部、南部殖民地的开垦者之间。

乔治三世决心让殖民地尽其本分，分摊帝国的一些费用，以及帮忙守备新大陆。这个决定有充分的理由：即英国为了保护它们，的确为它们的生死存亡提供了大部分的人力与财力而和法兰西斗争。英国政府决定要对殖民地的进口货征税，这个决定缺乏效力且不够审慎。1764 年英国国会还加强了《糖蜜法》。为了保护西印度群岛糖类作物的种植者，1733 年就颁布了这项措施。它使西印度群岛在大英帝国的范围内垄断糖业贸易，并规定对外国进口货征收重税。殖民者长久以来就规避这项措施，因为在法兰西与西班牙两国所属的西印度群岛出售货物换取糖蜜，是他们唯一得到金钱以支付英国债权人的唯一方法，新的规定对他们而言是最沉重的打击。一位商人说："国会加在我们身上的限制，使我们只好在使用我们的船舶的问题上动脑筋，因为我们在本岛上看不到市场远景，也无法利用其他方法换得其他货物。"

其实大西洋两岸对这样的结果都不满意。英国政府发现征收进口税几乎只带来微薄的收入，英国商人关心他们在美洲的债务人的困境，不想使殖民地的金融变得更加不稳定。既然贸易的税收毫无成果可言，格伦维尔于是同他的副手查理·汤森与司法官员商量对殖民地征收直

---

① 着重号为笔者所加。

接税。一旦司法官员赞成，格伦维尔便提议所有殖民地的所有法律文件都应付费且贴上印花。殖民地驻伦敦的代表听到了这个消息，于是写信给殖民地各州议会讨论这个计划。虽然殖民者都反对直接税，此时却没有做任何抗议，英国国会遂于1765年通过了《印花税法》。

除了两点之外，《印花税法》并没有造成沉重的负担，因为法律文件上的印花都不会产生很大的收入。英国每年约有三十万英镑的印花税收益，美洲殖民地的印花税顶多只能募集到五万英镑。《印花税法》也包括对报纸抽税，而报社有许多记者都是美洲激进党派慷慨激昂的分子。殖民地的商人也很沮丧，因为印花税必须以黄金支付，但黄金早已用来弥补与英国的贸易逆差。这项税收造成的争执，使美洲殖民地人民性情更加强硬，强化了他们有组织的抵抗力量。革命领袖纷纷从默默无闻中现身，如弗吉尼亚州的帕特里克·亨利、马萨诸塞州的塞缪尔·亚当斯、南卡罗来纳州的克里斯托弗·加兹登。他们不仅抨击政府的政策不合法，也数落殖民地多数商人过于柔顺。一群较小但是组织良好的激进分子开始崛起。虽然殖民地有人呐喊，抗议的代表也召开了"印花税法会议"，但各方意见并不一致。印花配销者受到攻击，办公室与家宅也都遭到破坏，这一切都是少数商人与年轻律师的杰作。他们正试图唤醒未能免除法律义务的人们，但最有效地反对势力竟然是英国商人，因为他们明白《印花税法》已危及他们讨回商业债款。于是谴责它违反大英帝国的真正贸易利益，危及殖民地的资源。

*　　　　*　　　　*　　　　*　　　　*

乔治三世的性格使情势发挥占有优势的影响力，他是英国君主中最尽责的一位。他的嗜好单纯、行动谦逊、外表看起来像个典型的自耕农，但又具有汉诺威家族的心智，拥有掌握细枝末节的无限能耐，但他却很少成功地处理大的议题及主要原则。他拥有至大至刚的道德勇气与根深蒂固的倔强，因而使政府态度变得更强硬。当然对于美洲最后与英国决裂，他也有重大责任。他无法了解对压制政策后果感到担心的人民，他直率地表示："朕大为惊讶，朕居然发现有臣民助长美洲殖民地的叛逆意图。朕全然信赖国会的智慧，一定要一成不变地实行推荐的措施，以便支持大不列颠的宪法权利，以及保护朕王国的贸易利益。"

但是，乔治三世对格伦维尔与他朋友的治国感到苦恼，对全国的失序与不满感到惊惶，终于明白疏离辉格党家族的举动实在愚不可及，因此想寻求和解。1765 年 7 月，善良腼腆的辉格党人罗金厄姆侯爵被乔治三世的作为打动，于是成立政府，并且命年轻的爱尔兰人埃德蒙·伯克为私人秘书。伯克在文坛已很知名，是位聪明的作家与才华横溢的演说家，他的长处甚多，还是位伟大的政治思想家。他以外国人的某种超然立场，冷眼旁观英国的政治与英国人的性格，用充满想象的洞察力判定情势，其功夫已超越陷于当时事务，以及心智受传统习惯所约束的人。

1714 年以后的政治史，已导致政党的衰落与解散。1760 年以后，国王个人的理政以及面对原则的重大问题时，辉格党都已经无能为力，并且分裂成几个敌对的家族势力。国王的战术让他们都瘫痪了。伯克的目的就是要在这些人当中创造出一个有力的政党，原因是罗金厄姆的追随者都具有高度原则，但人数甚少，并且没有自己的原创构想。他可以为这个党提供构想，但首先他必须让辉格党人深信：一个政党可以基于共同原则而成立，并且团结在一起。他必须克服当时广为流行的观念，即政党本身是个颇为不名誉的组织，这个观念源于皮特的高傲，蔑视党务与党组织的牢不可破。在传统中，政治家一旦下野，就不必再出席国会，应当退隐到乡间领地，等候国王的回心转意，再行分派官职。不同党派的个人主义者，如谢尔本与亨利·福克斯，就一直反对伯克努力将他们组成政党。亨利·福克斯写信给罗金厄姆说："你认为要继续维护没有成效的反对派才能为国效劳。我却认为，除了上台根本就不可能有机会为国效劳。"

在野时要拥护在上台后予以实现的一贯方案，表现出伯克政党政策的概念。对于爱尔兰、美洲殖民地及印度的态度，他都一视同仁。他支持并且让他的党也支持与美洲殖民地的和解的观念，放松对爱尔兰贸易的限制，以治理英国的同样道德基础治理印度。在国内，他提议废除无数的闲差以及遏阻腐败贪渎之风，因此让国会摆脱对国王一味的屈从。借用他自己的话，他缺少强大又组织良好的政党所能供给的"权势与本钱"。许多年来，伯克犹如在旷野中呐喊的独行侠，而且时常嘶喊狂叫。他是位可与古人齐名的演说家，也是个无与伦比的政治辩论家，俨然是爱尔兰最伟大的人物，可惜却缺少判断力与自制力。这样的天赋，加上少许英国人的傲慢态度与讥讽手段，伯克差一点就可以成为不列颠最伟大的政治家。他所缺乏的那两项，可以向亨利·福克斯著名的儿子查理·詹姆士·福克斯借镜，因为这位仁兄充分拥有这两项特质。

罗金厄姆的政府维持了十三个月，通过了三项措施，大可安抚格伦维尔在大西洋两岸掀起的敌意。它们取代了《印花税法》，并且让平民院宣布"一般逮捕令"与没收私人文件为非法。同时，它们在所谓的《法规说明法》中重新肯定国会对殖民地征税的权力。可是乔治三世一心要推翻那些措施，利用皮特患病且思路不清时婉言相劝，加上皮特不属于政党，而不必坚守任何政治原则，再次同意出面组阁。皮特的高傲依然不改，但权势日益衰退。他身为"平民院伟大议员"的人望也因为他突然接受查塔姆伯爵的名位而趋于黯淡，管理政务的大权落入查理·汤森、格拉夫顿公爵与谢尔本勋爵等人之手。1767年，汤森不顾谢尔本的反对，引进了一项法案，开始对美洲进口的纸、玻璃、铅与茶叶征收进口税。美洲民情愤慨，殖民地的金钱供应逐渐枯竭，新岁入产生的结余不再像过去用来维持英国的卫戍部队，转而支持英国的殖民地官员。这种情形势必使官员不必依赖殖民地州议会，因为这些议会反对凶狠总督的主要武器就是扣发他们的薪水。即使如此，殖民者仍旧还未动起反叛的念头。

如马萨诸塞总督哈钦森这般有志之士都认为若征税行不通，便不要强征。他宣布另一次的撤销法令只会"便利看来正有意追求独立者的宏图"。宾夕法尼亚的约翰·迪金森，在他所著当时广为阅读的小册子《农民的来信》中，大声疾呼，反对征税。这小册子措辞严谨，而在这个阶段，尚无人想要脱离英国。英国国会对于殖民地的权威被正式否定了，但是一般人对国王与大英帝国仍旧忠心耿耿。大多数的反对仍来自受人尊敬的商人，他们认为，在贸易领域有组织也有限制的抗拒会使英国政府变得更理性一些。

因此，马萨诸塞殖民地州议会与其他殖民地的州议会联合请愿反对征收新的进口税。殖民地的抗拒正在整个大陆的范围内组织起来，乡土观念与彼此嫉妒在它们之间造成的障碍都在降低。它们共同缔结了不进口协议，并且有系统且极为成功地抵制英国货物。可是民众的怒气才正要开始高涨。1768 年 5 月，波士顿首席富商约翰·汉考克的单桅帆船"自由号"被王室海关官员在海岸附近拦下来搜查，后被殖民者用武力将它救走。到了 1769 年，英国对美洲的出口额已经下降一半，英国政府并未因此惊惧，只是有些慌张，它同意停止抽进口税，只有茶叶除外。这个提议因一票之差通过了。英国国会宣布它对殖民地拥有主权，因此保留每磅茶叶抽三便士税的做法。

突然间，可能是大自然神秘力量的运作，皮特脑际周围的乌云散尽了。1768 年他因身体不佳辞职，格拉夫顿接替了他的职务，但他看到的景象，让人沮丧。在英国，乔治三世与他在国会的朋友由于追求报复的心的驱使，将约翰·威尔克斯逐出了平民院。这件事简直就是侵犯全国选民的权利。那位匿名的"朱尼厄斯"又在鞭挞被他的痛斥惹恼的大臣。在美洲尚未发生流血事件，但是有着让帝国解体的种种迹象，凡是眼光锐利的人都心知肚明。但是乔治三世，历经十二年的钩心斗角之后，在 1770 年终于得到一位听话的可以使唤的首相——诺斯勋爵。他成为首要财务大臣，很有魅力，能力不错，性格和善，在美洲殖民地丢掉期间他一直在朝。

起初一切似乎都很平静，美洲的殖民地商人很高兴看到进口税取消了。到了1770年年中，除了波士顿以外，几乎完全和解。最有力的反抗组织者也是主张与大英帝国分离的鼓吹者——塞缪尔·亚当斯，看到这场抗争达生死存亡的阶段。迄今这场冲突到底仍只是贸易争执，美洲殖民地的商人或英国的大臣都不曾支持他的构想。亚当斯担心殖民地的反抗会瓦解。除非搞出更多的事端，否则英国当局会重申它的权威，于是他与其他激进的领袖设法生事。

不抽进口税的消息还未传到美洲殖民地，就发生了第一次流血事件。大多数的英国卫戍部队都驻扎在波士顿，不受市民的欢迎，亚当斯便散布关于他们行径差劲的谣言，使得穿红衣的"龙虾兵"一现身就遭到侮辱与嘲弄。1770年3月，波士顿的顽童在军营外面向英军的岗哨掷雪球引起了暴动。在混乱与叫喊中，有士兵开火造成死伤。这件"惨案"正如亚当斯所期望。有产的温和派开始紧张了，但殖民地的意见仍不统一，也不确定，激进派仍坚持己见。1772年6月，暴动者在罗得岛外海烧掉了英国税捐处的小艇——王室缉私船——"加斯匹号"。马萨诸塞全境都设立了"联络委员会"。到了年底，它们已经扩展到了二十五座城镇。弗吉尼亚的煽动由年轻的帕特里克·亨利领导，创立了议会常务委员会，与其他的殖民地保持联络。一连串像这样的团体纷纷成立，反叛的机器也就静悄悄地、有效率地创立起来了。

然而，激进派仍属少数，许多人还是反对与英国分裂。殖民地在伦敦的代表本杰明·富兰克林在1773年写道："……我们当中似乎有些性情火爆的人赞成立即分裂；但是我认为我们国人一般都很谨慎，知道我们的实力日益增长，可以快速挺进到我们能提出权利要求的地步。否则条件尚未成熟便进行抗争，我们可能会失利而被压制……在被统治者与统治者之间，统治中的每项错误、每项对权利的侵犯行为，都不值得起事反叛……记住不仅如此，这个新教国家（虽然最近成了一个不够友好的国家，仍是我们的母国）值得维护，它在欧洲力量天平上的分量以及它的安全，在很大程度上都可能依赖我们与它的统一。"

尽管发生了波士顿"惨案"、公海上火爆缉私船的暴行与贸易上的龃龉，亚当斯与他的朋友们煽动起来的骚动开始逐渐消失。此时诺斯勋爵却犯了致命的错误。

东印度公司快要破产了，英国政府被迫伸出援手。国会通过了一项不曾引起议员注意的法案，这项法案授权这家公司将它大量积压的茶叶不必交进口税就直接运到美洲殖民地，而且可以通过它在美洲的经纪人进行出售。这样做简直就是将专卖权赐给这家公司，这项法案造成大西洋对岸人的呐喊抗议。极端派谴责这是侵犯他们的自由，商人则面临事业破灭的威胁，由英国海关运输茶叶的美洲船主与为他们售卖茶叶的经纪人都将失业。这项法案唯一成功的地方，便是成就了亚当斯未曾办成的事——将殖民地反对英国的意见统一了起来。

开始称自己为"爱国者"的激进派，抓住了机会制造危机。1773年12月，首批运茶货船抵达波士顿，暴动者化装成北美印第安人登船，毁掉茶箱。塞缪尔·亚当斯的堂兄弟约翰·亚当斯，也就是未来的美国第二任总统写道："昨夜有三船武夷红茶被倾倒在海里。……这是所有行动中独一无二的壮举。爱国者的最后一搏，表现之尊严、壮丽与崇高，使我至为钦佩。……这样十分勇敢、大胆、坚定、无畏、不屈不挠摧毁茶叶的行动，它必定会产生十分重大的、持久的影响，我不得不认为它是历史上的划时代事件。不过，这仅是对物的攻击。可能会有另一次同样动用的民间力量，那就可能造成死伤了，许多人都希望港口中飘浮着像茶叶箱那样多的尸骸。不过不必死那么多人，我们大小灾难的成因就都可以杜绝。"

当这消息传到伦敦以后，采取强制行动的呼声便响了起来。英国政府中极端保守分子的权力变得至高无上。伯克与皮特恳求调停，但无人理会。国会仍通过了一连串的《强制法》，勒令马萨诸塞殖民地的州议会休会，宣布这个殖民地将由王室控制，关闭波士顿港，并且明令这个殖民地的所有法官都必须由国王任命。这些措施都只用于马萨诸塞，仅其中的《扎营法》适用所有的殖民地，它宣布部队将扎营在殖民地全境以维持秩序。英国政府希望借由它孤立反抗势力，却适得其反。

1774 年 9 月，各殖民地州议会都在费城召开美洲大陆会议。极端派尚未放弃行动，代表们仍集中讨论贸易抵制问题。他们成立了一个联合会，除非英国取消《强制法》，否则这个联合会便要宣布与英国停止贸易，各地的联络委员则负责完成这个计划。大会发表了《权利宣言》，要求废除英国国会自 1763 年以来通过的约十三项贸易法。送往伦敦的这项文献，措辞温和而又恭敬，但是在伦敦，所有的温和气氛都已经荡然无存。平民院中的"蔗糖利益团体"对西印度群岛的殖民地竞争十分嫉妒，军官也都蔑视殖民地的部队，政府则承受着财政压力，而且一味坚持殖民地仅是为了母国的益处而存在之说。这一切力量结合起来，熄掉了和平的最后一线希望，借《权利宣言》而做的请愿，受到轻视被驳斥回来。

形势发展得很快，马萨诸塞的督军托马斯·盖奇将军企图实施戒严，但这项任务超出其能力所及。虽然盖奇是位能干的军人，但他只有四千部队，无法守住波士顿以外的任何地方。殖民地的爱国者大约有一万民兵，他们在 10 月设立了"安全委员会"。大多数的殖民地都开始操练与武装，并开始收集军事设备与炸药，并从政府军队那里夺取大炮，还派人到欧洲购置武器。法兰西与西班牙双双拒绝英国政府禁止出售弹药给美洲殖民地的要求，荷兰商人更将炸药装在大玻璃瓶中，贴上"酒类"标签，用船运往美洲殖民地。

爱国者开始将这些军火囤积在距波士顿二十英里远的一个乡村——康科德，英国国会曾宣布它为非法的马萨诸塞州议会，现在他们全集中在那里开会。盖奇决定去夺取他们的弹药，并且逮捕塞缪尔·亚当斯与他的同僚约翰·汉考克。但是殖民地的人都保持警戒，每天晚上他们都去巡逻波士顿的街道，注意英军的动向。当盖奇在集中人马时，报信者就已经警告在康科德的州议会了。后来军事供应品被分散到更北的城镇去，亚当斯与汉考克也前往莱克星顿。1775 年 4 月 18 日，八百英军在黑暗中沿着康科德的路出发。但是这个秘密被泄露出去了，一位名叫保罗·里维尔的巡逻员，在北教堂的尖塔上打着灯号警告报信者，他自己则快马疾驰到莱克星顿，将亚当斯与汉考克唤醒，催促他们快逃。

　　清晨五点钟的时候，莱克星顿当地足足七十人的民兵，在村前的草地集合。太阳升起时，英军的前锋，由三位军官骑马前导，进入了他们的视野，带队的军官挥舞着军刀大喊："散开，你们这群叛贼，马上散开！"民兵的指挥官遂命令人马解散，因为殖民地的委员会都不希望有人开第一枪，所以严令不得与英国正规军公开冲突。可惜混乱中有人开了枪，英军也回敬一排枪，一些民兵倒下，现场一片混乱。英军将幸存的民兵赶到一边，继续前往康科德。现在所有的乡村都武装起来了，大批军火都已经迁往安全的地方，英军历经困难，凌乱地撤回波士顿。他们的敌人紧跟在后穷追不舍。波士顿已与周围地区断了联系，莱克星顿与康科德的消息也传到了其他的殖民地，总督们与英国军官都给赶走了。一位来自康涅狄格名为本尼迪克特·阿诺德的商人率领着爱国者的兵力，将位于哈德逊河谷源头的要塞——莱克乔治给夺了下来，因此英军得不到来自加拿大的任何援助，独立战争由此开始了。

第十三章　独立战争

　　1775 年 5 月，美洲殖民地的代表，再度在宾夕法尼亚费城的建筑业工会议事厅召开美洲大陆会议，他们都是受人尊敬的律师、医生、商人与地主，全都对事件的发展感到紧张，无法成立革命委员会。如今第一枪已经放了，也造成了流血，但妥协的希望犹未破灭，代表们也都害怕军事强权的崛起会像克伦威尔的"铁骑军"一样压倒了它的创造者。他们除了起事反抗之外，并没有共同的民族传统，缺乏组织、没有工业、没有国库、没有补给、没有军队，其中还有许多人抱着与英国讲和的希望。然而在将军威廉·豪爵士率领下的英国部队正渡过大西洋，殖民者面临着一场自相残杀的凶猛武装冲突。

　　抵抗的中心与行动的场地在波士顿，是英格兰一万六千名商人与农民把盖奇与在美洲大陆唯一的一支英军围困的地方。在城内，爱国者不仅与士兵时常产生摩擦，也与忠王派不断摩擦，军营外面挂着嘲笑的牌子，全城陷入骚动。5 月 25 日，豪将军在亨利·克林顿爵士与约翰·伯戈因两位将军的陪同下，带着增援部队驶入波士顿港，英军人数达到了大约六千人。

　　盖奇得到增援之后，随即采取攻势。在北面，短短一段水域的另一边，有个小小的半岛，由狭窄的地峡与大陆联结起来，布里德丘与邦克山居高临下控制着全城。如果殖民地居民能占领且守住这两个制高点，便能用炮弹将英军轰出波士顿。6 月 16 日晚上，盖奇决定先发制人，阻止他们，但次日早晨，在隔水的高岗上出现了一列堑壕。爱国者的部队因得到来自波士顿的情报，趁黑夜掘壕据守，不过，他们的处境很危险，因为英国舰队可以由港口炮轰他们，将登陆部队送到半岛的地峡，截断他们与基地的联系。但是这两种方式英军都不曾一试，因为盖奇一心要炫耀武力。他的麾下有精锐的兵团，他与同胞在前几次的战争中就已经极其轻视殖民者，他决定开始对山丘做正面攻击。这样一来，缩在窗户后面或趴在屋顶上观战的波士顿人，将可目睹英国士兵列队，不疾不徐地前进，猛攻叛军堑壕的壮观景象。

17 日炎热的中午，豪将军在盖奇的命令之下，率领约三千英国正规军登陆。他集合人马，对他们训话："你们一定得将这些农民驱赶下山丘，不然我们就没有机会留在波士顿。但是我也不希望你们当中有人挺进时超过我一步。"红衣军（英军）排成三行，慢慢地朝布里德丘的山顶前进。波士顿全城居民都在观战。在距离战壕一百码的地方，是听不到一点点声音的，但是在五十码距离处，殖民者用古旧猎枪发射的大型铅弹与子弹痛击着攻击者，叫喊声与咒骂声四起，殖民者从战壕的胸墙向外大喊："北佬都是懦夫吗？"白色马裤沾满血的豪将军聚拢了他的人员，却被另外一排枪扫射得七零八落，不得不退回到他们的小船边。豪将军的名声危在旦夕，他明白山顶上的弹药将要告罄，英军第三次成纵队向前冲锋，将农人驱出了他们的阵地。现在已是傍晚，在半岛朝着波士顿一边的查理顿火光烛天，一千多名英国士兵已经在山坡上阵亡，守住丘顶的三千农人中，有六分之一战死或受伤，马车与驿车整夜载着英国伤亡士兵进入波士顿。

这次激烈的浴血战使各个殖民地都为之震动，如今将它的战果与八十几年前的布尔河战役①相提并论；叛乱者都成了英雄。他们曾挺身抵抗受过训练的正规部队，甚至摧毁过三分之一的敌人，靠浴血除掉了北军。虽然英国部队一度占领了山丘，但又被殖民者赢得了光荣。盖奇未再做攻击，结果在 10 月颜面尽失地奉召回国，战局由豪将军

---

① 布尔河战役，美国 1861 年、1862 年的内战，又作牛奔河之役。——译注

149

继续指挥着。大西洋两岸的人都察觉到一场生死之斗迫在眉睫。

爱国者现在必须建立一支军队,马萨诸塞已经向位于费城的大陆会议请求援助,抵抗英国部队,并请求任命一位总指挥。大陆会议在布里德丘战斗的前两天就已经同意了这些要求,但对于谁可以担任总指挥一职,代表们则议论纷纷,他们十分嫉妒也不喜欢英格兰人在战斗中担任主力,基于这个政治因素,他们决定任命南方人。亚当斯在穿着深棕色衣服的代表当中相中了一位穿制服的人物,他是来自弗吉尼亚境内弗民山庄的乔治·华盛顿上校。这位富裕的开垦者曾在50年代的军事攻势中作战,拯救出师不利的布拉多克的残部,他也是大陆会议中唯一有军事经验的人,不过只限于边界几次次要的军事行动。他现在被授权指挥美洲殖民地能够募集的所有兵力。因为天生果决,所以许多人纷纷响应他的号召。

殖民地共有大约二十八万人可以执干戈,但在华盛顿发动战争期间,部队却无法成功募集超过二万五千人。各殖民地相互妒忌,军队缺少装备与组织,导致华盛顿的企图受阻。他当前的任务是整顿波士顿褴褛的队伍,并筹措弹药。1775年的秋冬两季,他都一直在为这方面奋斗着。大陆会议终于决定采取攻势,一支约一千一百人的远征军由以后在美国史上声名狼藉的本尼迪克特·阿诺德,以及一度在沃尔夫麾下效力的理查德·蒙哥马利率领前往加拿大。他们沿着英国部队于1759年军事攻势中所采的同样路线行军。蒙哥马利攻占了未设防的蒙特利尔,然后与阿诺德会师,而阿诺德在经过艰难拼斗的行程之后,早已带着所剩无几的军队抵达有防御工事的魁北克。深冬之际,大雪纷飞,他们扑向由盖伊·卡雷顿爵士率领几百人防御的亚伯拉罕岭。蒙哥马利阵亡,阿诺德的腿骨被打碎,幸存士卒在此击退后,仍固守在河对面寒风吹袭的营地。随着春天的到来,圣劳伦斯河上的冰解冻了。第一批增援部队由英国抵达,爱国者的人马死伤过半,不得不跋涉回到缅因州与泰孔德罗加要塞,加拿大就这样逃过了革命的浪潮。法属的加拿大居民,对于在英国王室统治下的生活尚感满意,所以在不久的将来，收容了许多愿意对乔治三世继续效忠的美国难民。

同时，豪将军仍被困在波士顿，在战争的前两年，他都期望和解，避免采取报复行动。他与将领们都是辉格党议员，并且都认为不可能击败殖民者。他在战场上是位英勇能干的指挥官，但却常常缓慢地采取主动，现在他自行担任起让殖民者感到敬畏的任务，不过，这个任务需要英国大军的支持。可能是波士顿本身缺少战略上的重要性，在等待无援军抵达之后，他于1776年春天撤离波士顿，前往英国在大西洋沿岸的唯一基地——新斯科舍的哈利法克斯。同时，由克林顿将军率领的一支小型远征军奉派南行到查尔斯顿与忠王派会合，希望能获得中、南部殖民地的支持。但是爱国者的抵抗日益强硬，虽然温和派在大陆会议中始终都反对发表任何正式的《独立宣言》，但英军撤离波士顿一事，却使他们改以更坚决的抵抗，爱国者若不进入所谓的交战状态。除非靠走私，他们无法得到任何急需的海外军事补给。保守派政客正渐渐地对激进派让步，汤姆·潘恩是刚抵达美洲的英国极端派，他所著的小册子《常识》，极成功地说明革命有理，效果还远较亚当斯这样的知识分子的著述来得好。

但是英国政府采取了下一步措施，切断了英国与美洲之间忠诚关系的联系。1776年年初，英国国会通过了《禁止法》，禁止与反叛殖民地的一切来往，并且宣布封锁美洲海岸。另外，因为无法招募到足够的英国部队，于是从德意志雇用赫斯佣兵，派遣他们越过大西洋出征，结果这些做法在美洲引起强烈抗议，有利于极端派。6月7日，来自弗吉尼亚的理查德·亨利·李在费城提出下列的决议案："这些联结的殖民地基于合法权利应当是自由与独立的国家，它们不必对英国王室尽任何忠诚，它们与大英帝国之间的所有政治联系，已经断绝并且当彻底断绝。"但是十三州殖民地中有六个殖民地仍旧反对发表这样的宣言。它们担心英国将大规模入侵，而它们本身并未与国外其他国家缔结联盟。许多人都认为公然反抗英国会毁掉他们的事业，疏远他们的支持者。最后，一个委员会成立了，并由托马斯·杰斐逊起草了一份文件，

美里

0　　50　　100　　150　　200

魁北克

蒙特利尔

缅因

尚普兰湖

克朗湖特

泰孔德罗加

乔治亚湖

新罕布什尔

威廉·亨利堡

萨拉托加

爱德华堡

莱克星顿

邦克山

波士顿

奥尔巴尼

康科特

哈德逊河

马萨诸岛

西点

康涅狄格

罗得岛

怀特普莱恩斯

组波特

德拉瓦河

布鲁克林

莫里斯敦

长岛

新

普林斯顿

蒙茅斯县郡政府

特伦顿

日耳曼

福吉谷

费城

泽西

特拉华

初萨皮克湾

美洲1715—1783
年的北方战区

152

1776 年 7 月 4 日，美洲大陆会议无异议地通过了这份《独立宣言》。

这份历史文献宣布了起义的原因，并且列举了英国国王二十八项"一再伤害与篡夺权利"的做法。起始文字脍炙人口且永垂不朽："在人类事件的过程中，一个民族有必要将切断他们与另一个民族的政治联系，并且在世界强国中取得依照自然法则与上帝的法则而使他们有资格拥有的独立与平等地位时，为了尊重人类的舆论，他们应当阐明驱使他们走向独立的原因。

我们认为这些真理不言而喻：所有的人都生来平等，他们都被造物主赋予某些不可剥夺的权利，其中包括生存、自由与追求幸福的权利。为了保障这些权利，就有人设立政府，而他们经由被治理者的同意而得到适当的权力。不论何种形式的政府，当它变得有害无益时，人民就有权利改组或推翻这个政府，以及同时依这些原则建立的基础成立新政府，并且赋予它最可能带给他们安全与幸福的权力。"

这项宣言主要重申并激起辉格党人对斯图亚特王朝末期的反抗，以及引起 1688 年英国革命的原则。它现在成了爱国者抵抗运动的象征与聚集中心，并且立即增加了被这种公然反抗大英帝国而吓到的忠王派人数。殖民地已经表明了自己的目标，意志动摇的人被迫抉择，一切都已经无法走回头路了。

*   *   *   *   *

英军此时留在哈利法克斯等待来自英国的援军，并且思考他们的战略。军事上获胜的关键，系于对哈德逊河流域的控制。如果他们能拿下这条水道及守住各个要塞，新英格兰就会与拥有三分之二人口及大部分粮食与财富的中部南部殖民地分开。所以英军的第一步是夺下位于哈德逊河口的纽约，然后豪将军可以挥军向南，降伏河边各要塞，并与来自加拿大的一支部队会师。之后就可以借舰队援助，一举扫平大部分建于河边的南方殖民地。这个计划似乎很有希望，原因是殖民地并没有海军，英国海军可以封锁整个大西洋海岸地区，但是英国舰队不再拥有像查塔姆麾下海军将领所拥有的高效率战斗力。它可以从大西洋对岸调来援军，但是英格兰的私掠船对海岸上的军事行动造成的损伤甚重，劫夺英国运输船只与补给。1776 年 6 月，豪将军移师纽约，开始围攻这座城市。7 月，他的弟弟——海军将领理查德·豪带着五百多艘船与增援部队自英国抵达，使他的人马达到二万五千人左右。新大陆从未见到过如此大规模的武装部队，但华盛顿早有所准备，他将因逃亡与天花而减少到约二万人的部队集中在纽约城的周围。从斯塔滕岛的英军军营可以隔着海湾坎到在长岛突出部分，以及在东河河畔布鲁克林高地上的殖民地部队的阵地。豪将军于 8 月展开攻击。因为在布里德丘战役中知名的邦克山伤亡惨重，已经教会他谨慎行事，所以这一次他决定放弃正面攻坚，改以佯攻长岛的堑壕，并且指挥他的主力攻打殖民军的左翼，突袭他们的背后。这一招成功了，华盛顿被迫进入纽约城，所幸逆风阻止了英国的舰队，使华盛顿得以率部队安全地逃走，渡过东河。

这场灾难中，华盛顿曾向大陆会议求助，他声称纽约城似乎守不住，但是放弃纽约城又会使爱国者气馁。大陆会议允许他不必战斗就撤出纽约城，因此他在莱姆高地同英军稍作交锋之后，就慢慢地朝北方撤退。在这个重大时机，豪将军的胜利似乎唾手可得，他已是纽约城及长四十英里以上的哈德逊河的主人。如果他有像八十八年之后格兰特[①]那样穷追李将军[②]的技能与精力紧追华盛顿，很可能就打败华盛顿，并俘虏了殖民地的军队，但他却没有这么做。10 月底，他再度在怀特普莱恩斯的激战中击败华盛顿，且未乘胜追击。华盛顿急于查明豪将军是否会溯哈德逊河而上展开攻击，经由新泽西攻打费城。豪将军决

---

① 辛普森·格兰特（1822—1855），美国第十八任总统，战时任联邦军总司令。——译注

② 罗伯特·爱德华·李（1807—1870），美国内战时南军统帅，最后失利投降。——译注

定移师费城，挥戈南下，边行边攻下纽约邻近地区的要塞，在费城的代表全都逃走了，数以千计的殖民者蜂拥至英军军营宣布投诚。爱国者唯一的希望，就是集体跋涉越过阿利根尼山脉到新地区去，像十九世纪布尔人①的迁徙般脱离英国的统治。其实华盛顿也考虑过这样的方法：“我们当时如果被击败，就必须退到弗吉尼亚的奥古斯塔县。为了安全，许多人都会投奔我们，我们或许可以对敌人进行掠夺式战争。如果我们不敌，就必须翻越阿利根尼山脉②。”但是他还是渡过了哈德逊河，南下捍卫费城。

英国部队紧随在华盛顿后面，迅速占领新泽西。爱国者的反抗大业眼看就要失败了，但是华盛顿仍保持着警惕、不惧不屈。命运之神终于眷顾他了。英国部队将新泽西境内的前哨随意乱置，粗心之举实在令人难以理解。华盛顿决定在豪将军渡过特拉华河之前，先攻打这些被孤立的前哨。他选中了由赫斯佣兵据守的特伦顿村。爱国者部队在圣诞夜奋力攻进了这个戒备不严的村子，只牺牲了两名军官和两名士兵，却造成赫斯佣兵一百零六人的死伤，活着的人也都被俘虏带到费城游街。这次出击的效果与它在军事上的重要性完全不成比例。在普林斯顿，豪将军的部属——康沃利斯勋爵设法报这一箭之仇，但是一样被击退了。华盛顿跟在他的背后行军，誓将切断他的交通线。1776 年就这样结束了，英国部队在新泽西的军营过冬。由于这两次战斗的失利，他们只能驻扎在特拉华河以东，他们的军官在纽约城欢度了一季，同时本杰明·富兰克林与美洲的第一位外交家塞拉斯·迪恩，正渡过大西洋向法兰西寻求援助。

*　　　*　　　*　　　*　　　*

其实后代的子孙不应当被误导，认为英国人民一致支持在美洲殖

---

① 南非荷兰移民的后裔。——译注
② 引自约翰·费舍尔所著《约翰·费舍尔作品集》（1972）第一卷。

民地发动的战争，伯克就没有支持。他在邦克山战役之后写道："没有任何人称赞已经实行的措施，或者期望目前正在准备的那些措施有任何好处。但是它像人们在不关己的事务中表现出来的冷漠倦怠一般。……商人都背叛了我们与他们自己。……他们之中的领导人都得到各式各样的合约、汇款与买卖，不知疲倦地奋力压倒其他人的意见。……他们全部，或其中大多数人，都开始嗅到了有利可图的战争所散发的腐臭气味。战争的确成了商业的一种替代品。海运业务由于大量物资需要运输而呈现出空前的活跃。粮食与各种物资的订单庞大，使商界极为振奋……使他们未将美洲战争视为他们的灾难，而视为是他们在不可避免的萧条时期的资源。"英国的显要政治家不仅谴责陆军与海军的指挥不当，而且认为不该使用武力对付殖民者。

　　当然有些人对英国在美洲战争中遭到的挫败与劫难幸灾乐祸，一位政府的支持者就写道："有些人对于他们国家的失利都存着像弑害君亲般的喜悦，使我怒不可遏。他们也不掩饰这种情绪，几个星期之前，有位偏袒殖民地爱国者的公爵告诉我，有些船只在风暴中于北美沿岸沉没不见了。他说有千名英国水手被淹死了，没有任何人逃过一劫，但我从他眼里似乎看到了高兴的神情。……在平民院里，有不少人稀松平常地称殖民者是'我们的军队。"这样古怪的态度只有使事情愈变愈糟，若非反对派无礼行为远远凌驾全国的真正情绪，诺斯勋爵的政府大概会更快垮台。事实上，他在整个战争期间掌握着大多数的平民院议员，因为所有反对派的议员大都愚笨或走极端，在国王心中，他们全都是卖国贼。乔治三世变得很固执，甚至更专注于美洲战争，他对于温和的忠告充耳不闻，两党中有些人，像是美洲的忠王派，曾经预见及谴责他的政策将会带来灾难，并对英国与其殖民地的战争的态度感到恐惧，乔治三世就不许他们在政府任事。甚至连诺斯勋爵对战争也是冷冷淡淡，只是他仍对国王忠心，就像当时许多政治家都同样保持真诚的老式信仰，认为大臣的责任是要去完成君王的个人愿望，所以他没有提早辞职。严格来说，他有首要财务主管与财政大臣之责，却并未能掌握政务的进行，而容许国王与各部大臣控制政府的日常工作。乔治三世孜孜不倦地监督具体的战争组织工作，却无法协调大臣们的活动，因为这些大臣都是平庸之才。海军部的统帅是威尔克斯的一位放荡朋友桑威奇伯爵。他的名声一直很差，据研究指出，海军的情况比陆军好得多。

英国的战略很少有这样多的错误出现，有关战争的每项原理与原则不是被违反了，便是被置之不顾。"找出敌人并将之歼灭"是项正确的规则，"集中兵力"是项明智的方法，"守住目标"是常识。敌人就是华盛顿所率领的军队，兵力包括豪将军在纽约的部队及伯戈因集中在蒙特利尔的部队，目标是歼灭华盛顿的军队，杀死或活捉华盛顿。如果能与他决战，每位士卒与每支枪都是朝着他的，如此，英国的胜利差不多就十拿九稳了。但是这些明显的道理都被杂七杂八的意见弄得混淆不清，使人困惑。豪将军仍决心夺下大陆会议的所在地及政治抵抗的源头——费城。另一方面，伯戈因执意由加拿大进攻入哈德逊河的上游，借助纽约部队的进攻，拿下掌控哈德逊河的各个要塞。一旦控制住哈德逊河，便可以孤立新英格兰，并且迅速地将之征服。伯戈因请假获准，于1775年秋末返英。他向伦敦政府提出他的建议。乔治三世亲笔签署批准了他的计划。伯戈因将从蒙特利尔穿过林木荫深的边界前进，夺下哈德逊河谷源头附近的泰孔德罗加要塞。同时有另一支兵力由纽约向北方出击，夺取最近才由法兰西工程师协助加强工事的西点要塞，并且在奥尔巴尼与他会师。

伦敦决策者的企划情形便是如此。协调这些军事调动的最后责任落在陆军大臣乔治·杰曼勋爵的肩上。杰曼的军事生涯本已在羞辱中结束，但他的军事经验与他的才干不相称。二十年前他曾经拒绝带骑兵在明登战役冲锋，军事法庭宣布他不适合服役，但是由于年轻国王的偏爱，他弃军从政。英国政府深知豪将军有意背着伯戈因移师南攻费城，却不设法阻止他。政府并未对他下达在奥尔巴尼会师的命令，也未给予增援部队。一位美国史家写道："一个非同寻常的奇事就这样呈现了出来。麾下一位将领前往伦敦，获得国王批准了一项军事攻势的计划；国王的一位大臣对一位将领下达详细指令，而不对他合作的另一位将领做任何指示；另一位将领便拟订他自行其是的计划。……"①不过，伯戈因回到加拿大以后，给豪将军写了三封信，谈到在奥尔巴尼会师的计划，豪将军却因为没有接到伦敦的明确指示，看不出有何理由要放弃攻打费城之计，所以坚持他的做法。在企图引华盛顿到战场决战不成之后，他在纽约留下八千人的卫戍部队，交由亨利·克林顿爵士指挥，他自己则率其他部队主力于 1777 年 7 月扬帆前往切萨皮克湾，导致英国的兵力不但没有集中，反而散布在八百英里方圆的阵线上。伯戈因在加拿大，豪将军在切萨皮克湾，克林顿在纽约城。

*　　　　*　　　　*　　　　*　　　　*

华盛顿从新泽西边境莫里斯敦的冬季军营匆匆地向西南移师，前去捍卫费城。他曾经未认真打一仗就放弃了纽约，所以决定不能在大陆会议的所在地做同样的事，但是他的队伍军纪不良，人数时众时寡，他只能尽量延后英国部队的挺进速度。豪将军于 9 月初带着一万四千人朝费城前进，华盛顿带着同样的兵力在布兰迪维因河的北岸构筑阵地，封锁前往费城的道路。豪将军察觉到殖民地部队的装备奇劣、参谋无能、情报迟缓，便利用敌人的这些缺点，实行曾在长岛十分奏效的佯攻战术。11 日的上午，他将部队分几股力量，留下强大的一股做正面攻击后，便与康沃利斯往上游行军，渡河之后攻打华盛顿的右翼。他的战术有条不紊，攻击奏效，敌人顿时秩序大乱。远处的英国部队渡过了河，将殖民军全线击退。日落时分，华盛顿宣布全面撤退。像殖民军中一位年轻的法兰西志愿投效者拉斐特侯爵所描述的："逃兵、大炮、行囊都塞在路上，秩序大乱。"一如在长岛之役般，豪将军仍然

---

① 引自 F. V. 格林所著《革命战争》(1911)。

志得意满地未乘胜追击。他的先行卫队于 9 月 26 日进入费城，在城的北方日耳曼敦发生了一场混战，但是英国部队向前逼近，不久之后，大陆会议的所在地也沦陷了。

但是，伦敦对于北方战区的计划此时开始执行不善了。伯戈因带了几百名印第安人与七千正规军（其中半数系日耳曼人），正在穿越加拿大的森林，期望与来自纽约的英军会合。他在艰难行军之后，抵达了泰孔德罗加要塞。发现美洲殖民军已经退走，还扔下了他们的大炮。他急切地向南推进，只要豪将军移师逼近西点，他们绝对胜券在握，但是豪将军此刻在哪里呢？在伯戈因移师到另一个殖民军的要塞时，豪将军已经从纽约启航南行。很多人都深信，豪将军在夺下费城之后，可以马上回到纽约，迎接来自加拿大的远征军，但是他并没有那样做，伯戈因为此付出了代价。

在伯戈因挺进的时候，新英格兰的民兵都反抗他。他是位很得人心、闯劲十足的指挥官，无奈身处异地，时受袭击，他的部队开始动摇且人数日益减少。若是有来自纽约的援助，他就能够取胜。克林顿的部队因为豪将军要求增援而减半。不过克林顿仍向北行军，企图夺下西点，但是适逢秋雨连绵，伯戈因被困在萨拉托加，而新英格兰人的实力与日俱增，逐渐从四周围了上来。伯戈因距奥尔巴尼才五十英里，他在那里本应与来自纽约城的部队会师，但如今却无法前进。随后，他在林地里苦战，部队补给愈来愈少，他着实是寡不敌众。殖民军是在他们自己的地方用他们自己的方法战斗。每个人各自为战，藏在灌木丛后或树顶上，使欧洲那些精锐兵团遭到严重的伤亡，即使伯戈因的人马受过严格训练且队形整齐都毫无帮助。曾有位殖民军逃兵告知克林顿正移师北向，但为时已晚。日耳曼人抗命，不愿再战斗下去。1777年 10 月 17 日，伯戈因部队的一名指挥官霍拉西欧·盖茨请降。大陆会议违反了投降条件，把他大部分的士兵变成阶下囚，直到停战才释放。伯戈因回到英国大肆抨击政府，但他也被政府抨击。

　　　　*　　　　　*　　　　　*　　　　　*　　　　　*

　　此时，旧大陆介入这场斗争，帮助并安慰新大陆。萨拉托加一役虽然在美洲战场上并未发生决定性的作用，却在法兰西产生了即时影响。原则上法兰西人与英国和平相处，却一直以武器供应着殖民军爱国者，而法兰西志愿兵也在殖民地部队中效力。本杰明·富兰克林与塞拉斯·迪恩于凡尔赛敦促法兰西人公开结盟，但双方还是犹豫了一年。法兰西的大臣们对于在海外支持自由的大业感到踌躇，这是因为他们在国内对它进行压制。许多殖民者担心法兰西会为了对英国宣战而付出重大的代价，现在所有的疑虑都一扫而空。殖民者没有法兰西的物质补给会活不下去，而法兰西人也群情愤激，要一雪七年战争的战败之仇。法兰西的海军逐渐加强，英国海军却正在瓦解，当路易十四听到了萨拉托加战役英国败北的消息时，便决心与美洲殖民地正式结盟。在伦敦，辉格党反对派早已警告政府不要苛待殖民者，英国政府即使已拟订了一个慷慨的妥协方案，但为时已晚。1778年2月6日，在大陆会议能够权谋新的方案之前，本杰明·富兰克林已经与法兰西签订盟约了。

　　另一次世界性大战开始了。英国现在连一个盟友也没有，还有一支部队成为美洲殖民者的阶下囚，在德意志它也无法募集到更多的部队，昔日害怕敌人入侵的心理重新出现，全国都莫名惊恐，政府信誉扫地。在这种痛苦局面中，除了乔治三世国王之外，所有的人都向查塔姆求助。4月7日，查塔姆拄着拐杖到国会做最后一次演说，并责备反对派召回驻美英军，他一向都支持和解而反对投降。这位裹着法兰绒绷带，行将就木的人步伐蹒跚，平民院预计他死期不远，人人都噤声不语。他反对将"这个古老而又高贵的君主制度肢解"，并且警告全国要洞悉法兰西干预，以及使用日耳曼佣兵的危险。他痛斥国人的毫不人道："诸位，美洲人的心情就像我身为英国人般，外国部队留在我的国家，我永远都不会放下武器——决不、决不、决不。"他用轻蔑的讽刺语气否定了入侵的威胁。反对派的领袖里土满公爵做了答辩之后，查塔姆还争着要发言，但在一阵休克之后便瘫痪失去了意识。5月11日他去世时，他的儿子威廉为他朗读《荷马史诗》中赫克托尔①葬礼的肃穆场面与特洛伊城深沉的绝望情况。心胸狭窄的乔治三世反对为查塔姆树立纪念碑。他说："那将会是冒犯朕个人的措施。"但是伦敦金融界却不理会他的决定。伯克为纪念碑撰写了贴切的题词："上帝灌输到伟人身上的美德使一个民族臻于伟大之境。"不过这样的人在诺斯勋爵执政时期的英国可以说是凤毛麟角。

---

① 赫克托尔，特洛伊城王子，在战争中为希腊勇将阿喀琉斯所杀。——译注

第十四章　美利坚合众国

　　华盛顿于 1777 年在费城北边的福吉谷扎营过冬。每次军事攻势结束后，总有士卒逃亡，使得他的部队只剩下约九千人。后来又有三分之一左右的人在春天到来时，随着冰雪融解而离开。部队缺少衣物与蔽身之所，整个冬季都在挨受冻冷，因此怨声载道。而二十英里外的费城却有二万装备精良的英国部队在营中享福。正值社交旺季，许多费城的忠王派让豪将军与其麾下军官过得愉快惬意。当华盛顿正在愁苦粮食何时到达之时，豪将军却在费城跳舞、赌博。英国部队并未对殖民地爱国者部队做出围剿，就像之前在长岛、怀特普莱恩斯、布兰迪维因河诸役的情形一样，豪将军拒绝在战场上乘胜追击歼灭敌军。或许是因为他对邦克山一役的惨重损失心有余悸，所以期待和解，因此按兵不动。英国政府似乎知道他不太情愿出征，当法兰西与殖民军结盟的消息在新年之始传到英国时，他便奉召卸任回国去了。

　　豪将军的继任者是前任的纽约城指挥官——亨利·克林顿爵士。他的作战态度与豪将军完全不同，他察觉到欧洲所用的行军与反行军，以及围攻与夺取城池的战术，永远都无法胜过散布四处的武装民众，所以他认为解决之道便是占领及驻守整个地区，于是对战略做出重大的改变，决定放弃北方的攻势，开始镇压南方，进行征服。南方的人口众多，财富丰盈，主要储有欧洲大陆所能提供的补给，南方也有许多忠王派，所以务必要加以鼓舞与组织起来。纽约城太远，因此需要新基地，克林顿看中了查理顿与萨凡那。如果允许他去尝试此计划，

162

一定大有所获，不过一股新的力量以迅雷之势阻止了计划的实现。萨凡那距纽约城有八百英里之遥，行军需五十天才能抵达。虽然英国掌控着大海，由海上调动部队比爱国者殖民军在陆地上调动快得多，但是现在一切形势都因为法兰西与其舰队的干预而改变了。海上力量此后将支配与决定美洲的独立抗争。不久，克林顿便体会到英国的海上力量已面临严重的挑战。

　　1778年4月，十二艘共八百门大炮的法兰西战舰和随行的护卫舰由土伦扬帆启航，船上约有四千名士兵。克林顿听到他们逼近的消息，就企图阻止他们夺取他在纽约的主要基地。一旦让法军夺下那个港口，甚至封锁住哈德逊河河口，他在美洲大陆的处境便陷入危殆之中，因此他于6月18日放弃费城，带着一万急行军穿过了新泽西。华盛顿经过不断的招兵买马，现有与克林顿同样多的兵力，开始与英军平行前进。两军在蒙茅斯县政府所在地展开了混战。克林顿虽然击败殖民军，但损失极重，直到7月初才到达纽约城。就在他到达的那一天，由海军将领德斯坦率领的法兰西舰队正好出现在纽约城塔外。他们遇到英国海军将领豪将军所率的舰队，而豪将军就是被更换的前任军事指挥的弟弟。两军在港外周旋了好几个星期。法军企图夺下罗得岛，但却遭到挫败，而豪将军在一连串的行动中，打败了对手。此次胜利颇获美国海军史家的好评。德斯坦在秋天放弃了这场战斗，启航前往西印度群岛，而克林顿抢在法军之前，早在年初就将部队派到圣卢西亚岛。德斯坦到达得太迟，以至于无法拦截英军，这个具有战略价值的岛屿遂成了英军的基地。

　　不过这些胜算都无法掩饰一个基本的事实。因为克林顿耽误了一年的时光在南方的军事攻势上，使得英国不再毫无异议地控制着大海。如今法兰西舰队控制着英吉利海峡，导致英国无法将人马与补给运往纽约城，而英格兰的私掠船对英国贸易也掀起了一场很刺激且有利可图的战争。英国在美洲的军事作业慢慢停顿下来，即使克林顿的三千人部队于12月29日占领了佐治亚境内的萨凡那。原本要从南方忠王

163

派的一个基地击败殖民军的计划也因此停顿下来。忠王派与爱国者之间在这个地区爆发了一场激烈的内战，他却爱莫能助，使得僵持的局势一直持续到 1779 年，主要战场有一阵子曾从大陆移到别处。殖民军由于大陆会议政府财政紊乱、信贷疲弱，英国则由于缺乏增援部队，双方都无力再战。英国政府担心外敌入侵，打算将拨给克林顿的部队都留在不列颠群岛。法兰西人明白只要他们在公海上与英国作战，便可以在美洲予取予求，无论如何，这样的作战比帮助主张共和的殖民军更符合凡尔赛专制政府的喜好。法兰西政府在这个阶段，除了派遣很少的志愿兵，便没有越过大西洋运送任何的陆军或海军去援助它的盟友，但是它却送了大量的弹药与衣物给爱国者，暗中支持他们的反抗活动。这场世界性冲突于 6 月扩大开来，而且危机加深。另一个欧洲强国也加入了这场斗争，法兰西用外交手段迫使西班牙参战。英国的地位每况愈下，它在地中海的海上交通陷入险境，不出几个月，直布罗陀便遭到了包围。在新大陆，英国被逼着提防西班牙人侵入佛罗里达，又被以新奥尔良这个港口为基地的美洲私掠船，扰乱英国商船在加勒比海的贸易。

在欧洲的水域，有艘走私船提供了多彩多姿的插曲。苏格兰出生的美洲殖民地船长约翰·保罗·琼斯，由法兰西人供给一艘古老的东印度商船，他在法兰西将它改装成军舰，命名为"善良理查德号"。琼斯船长于 9 月带着多国的船员，并由三艘小舰艇陪伴着，将他这令人难忘的船驶入了北海。他在弗兰伯勒岬的外海拦截来自波罗的海的商船队，并且攻击英国的护卫舰"塞拉皮斯号"与"斯卡伯勒号"，不过却让商船逃掉了。23 日傍晚，"塞拉皮斯号"与"善良理查德号"的海战开始。英舰在构造、装备、火炮方面都很优越，但是琼斯将他的船调动，沿敌人而行并且猛攻敌舰。这两艘战舰彻夜厮杀，炮口几乎都碰在一起了。水手们用舷侧炮、毛瑟枪弹与手榴弹互相攻击着，双方打得遍体鳞伤，两舰纷纷中弹起火，琼斯的三艘小舰艇围住这个火海打转，并用舷侧炮向火海中的两艘舰开火。英、美双方的船长也都在激战之中。最后到了黎明时分，"塞拉皮斯号"的弹药舱发生猛烈的爆炸，所有的炮弹都毁掉了，连主桅后面的人员都全军覆没了，英军只好投降。"善良理查德号"也因受到重创，两天之后也沉没了。这场海战令法兰西与美洲殖民者异常振奋，琼斯因此成了英雄。

＊　　　＊　　　＊　　　＊　　　＊

　　整个期间，华盛顿的军队都维持原状，无法参加战斗，他们除了监视克林顿之外别无所为。能在这些岁月中维持住部队，大概便是华盛顿对爱国者所做的最大贡献，其他的殖民地领袖没有人能够做像他这样多的事。克林顿于 12 月决定再试身手，征服南方，企图夺下查理顿。26 日，他获悉法兰西的舰队在西印度群岛被海军将领罗德尼勋爵击败，他开始扬扬得意，带领八千人马乘船驶往南卡罗来纳，却因天气不佳延误了，直到月底才开始围城攻坚。1780 年 5 月，查理顿陷落，城内五千名爱国者部队被迫投降，这是迄今为止爱国者殖民军所遭到的最大灾难。自此以后，克林顿的运气开始逆转，他得到了一个有价值的基地，但却遇到了内战。他发现自己面对着的不只是战场上的正规军，而且还有游击队扰乱着他的交通线，并且杀害忠王派。情势已经很明显，要占领及降服这个地方需要大军才行，但是海上力量的问题再度干扰了他。谣传法军已渡过大西洋，使得克林顿匆匆赶回纽约城，而将他的副指挥官康沃利斯留在南方。华盛顿派了一小股由萨拉托加战役的胜利者盖茨率领的兵力抵抗康沃利斯的部队，康沃利斯在坎登一役击败了盖茨，率军进入北卡罗来纳，一路上击溃许多游击队，但他走过之后，又出现了武装民众，他根本使不上力，他没有什么可以袭击的据点，唯一努力的成果就是毁掉了殖民军可能用来与欧洲交换弹药的大批谷物。

　　克林顿在北方两次发现自己处于险境，另一支舰队的确已从法兰西抵达，这一次他迟了，未能先发制人，阻止敌人登陆。五千多名法兰西部队在罗尚博伯爵率领下，已于 7 月在罗得岛的纽波特登陆。华盛顿保持警惕地在哈德逊河谷的怀特普莱因斯扎营，并派曾于 1776 年领军远征加拿大，在萨拉托加一战成名的本尼迪克特·阿诺德守住西点要塞，法军随时都可能由海岸向内陆挺进，与他会师。纽约城一度是克林顿的基地兼港口，但现在已经丢了。爱国者殖民军中发生了一桩不忠的行为，阿诺德一直都对爱国者的行动感到不满，他又娶了一位忠王派的女子为妻，加上负债累累，还因挪用政府财物受到军事法庭谴责，他的不满与迟疑因为盖茨在坎登战败而益形加深，所以他计划将西点出卖给克林顿以换取二万英镑，此举不但会破坏华盛顿对于哈德逊河流域的掌控权，还可能毁掉爱国者的整个武力。克林顿知悉这项密谋后，认为将可挽救他在北方的危机，于是派了一位名为安德烈的年轻少校乔装安排投降的细节。

1780 年 9 月 21 日，安德烈乘着一只单桅帆船溯哈德逊河而上。夜深时分，在西岸离斯托尼角不远的地方与阿诺德会面。阿诺德把关于要塞、装备与军需品、卫戍部队兵力的草图、遇袭时的行动命令，以及最近西点举行的作战会议记录的副本通通交给了安德烈。安德烈在回程穿越两军间的无人地带时，落入非正规军之手，被带到附近的殖民指挥官里，士兵在他的靴子里搜出了那些文件。指挥官不相信阿诺德会叛变，于是派人到西点要求解释。阿诺德与妻子逃到乔治国王军中，并且被奖赏担任将军指挥一支英军。二十年后，他在羞辱与贫困中去世。安德烈被视作间谍遭到处决，处决前他写了一封文情并茂、堂堂正正的信给华盛顿，请求将他枪毙而不要处以绞刑，可惜未能如愿。安德烈是位潇洒的年轻人，他身着猩红色制服，站在刑台上，自己将绳圈套上脖子，场面十分动人，他的勇敢使得在刑场围观的群众落泪。虽然这场斗争使人同仇敌忾，阿诺德的叛逃又让每位爱国者义愤填膺，但却找不到人去担任刽子手的任务，最后一位面孔涂黑的无名人士完成了这份工作。四十年之后，安德烈被重新安葬在威斯敏斯特大教堂。

阿诺德的背叛行为，虽然被及时发现，但仍对爱国者的情绪与团结都有着短暂又明显的影响。殖民军的处境岌岌可危，许多的美洲殖民者又坚决反战，忠王派不是秘密而是公开地支持英国人。南方受到惨不忍睹的内战的打击，其中发生美洲殖民者互相残杀的事件，人们开始怀疑起自己的邻居。这样可怕的事件是否吞没爱国者在北方的努力呢？如果西点的指挥官是个叛徒，那么还有谁能信任呢？爱国者在海上的运气逆转更加深了这些焦虑与恐惧。海军将领罗德尼带着一支庞大的舰队到达纽约港，封锁住驻纽波特的法军，一直到这个战斗季节结束，然后他再度以西印度群岛为目标出击，因为荷兰人为求发财，一直从那里把武器与弹药运给爱国者殖民军，他们贸易的中心是背风群岛中的尤斯特歇斯岛。秋天到了，有消息传来说荷兰已经加入反英联盟的行列，罗德尼奉命去夺取这个岛，他在 1781 年初完成此项任务，原本准备交给华盛顿的大批弹药与商品，全都落入了英国舰队之手。

*　　　　*　　　　*　　　　*　　　　*

　　克林顿与康沃利斯在战略上的歧见，为英军与忠王派带来灾难。克林顿的命令将康沃利斯拴在他位于查理顿的基地，康沃利斯对这些命令一直都感到厌烦。克林顿认为守住南卡罗来纳是在南方战区作战的主要目标，向内陆的任何出击都得依赖海军先控制住海岸。康沃利斯则急于率师深入向前推进，他坚持北卡罗来纳的美洲游击队会妨碍英军占领南方，除非他们投降，否则英国部队势必得退到查理顿的城内。他认为弗吉尼亚是殖民地爱国者抵抗活动的心脏，应该集中火力去征服占有它。他似乎想错了，是查理顿而非弗吉尼亚，才是南方的军事关键，它不仅是南方唯一具有重要地位的港口，也是英军能为自己获得补给，而不让殖民军得到补给的地方。英军从那里可以霸占南方的佐治亚，而且可以在北卡罗来纳及切萨皮克湾建立一些小的据点。如同华盛顿当时所写的："保持着掌握四万英里海岸的局面，因此才有借口向欧洲各国提出对美洲利益有百害而无一利的要求。"①坎登战役之后，康沃利斯的声誉攀升，英国政府鼓励他进行他的计划。这些计划的成功与否都得依仗南方的忠王派，尽管他们在前次军事攻势中的表现并不好，尽管华盛顿手下最能干的将领——纳撒内尔·格林奉命指挥南方的爱国者殖民军，康沃利斯仍决心挺进，殊不知此举将使他走向毁灭之路。

1781 年 1 月，康沃利斯移师前往北卡罗来纳的边境，他的先行部队于 17 日上午在考彭斯与殖民军正面交锋，英军因战术简陋而伤亡惨重。康沃利斯曾经体验过美洲边疆居民的枪法，并且深知自己部队用毛瑟枪射击很不灵光，因此他倚仗军刀与刺刀带头冲锋。美洲殖民军指挥官已将编制松散、纪律不良的民兵布置在布罗德河的前面，防止他们溃散，准备背水一战。虽然华盛顿常常怀疑这些部队的作用，因为没有任何民兵"曾经养成抵抗正规军的必要习性"，但是这一次，他不得不承认靠这批大陆部队的鼓舞，他们痛宰了英国部队。

不过康沃利斯仍然强行进攻，渐渐远离他的基地，而格林的部队仍在战场活动着。康沃利斯唯一的希望就是让格林出战，并且一举击垮他。3 月 15 日，两军在吉尔福德县政府附近相遇。美洲殖民地的民兵作战虽无大用，但是格林受过训练的核心部队在铁路栅栏后面列阵，使英国正规军损兵折将。英军兵团由军官率领一再地攻打殖民军的防线。一位参加战斗的英军士官描述这个场面："我军立刻展开行动，队形无懈可击，行动快速，抗着武器冲锋，到达敌人的防线四十码之内，就察觉到他们全都将武器拦在美洲常见的建筑物隔间——铁路栅栏上，他们正精确地瞄准目标。"②最后这批忠心耿耿、纪律良好的英军勇士将美洲殖民军驱离了战场，但是这场屠杀并未决定战局，爱国者的兵马仍旧活跃，同时英国部队因远离家园，几乎失去了三分之一的人马。康沃利斯别无选择，只有率部队奔向海岸寻求海军增援，格林因为殖

①　引自 W. C. 福特所编《乔治·华盛顿文集》(1894)，第九卷。
②　引自《拉姆中士日记》(1809)。

民军已有斩获而放了他一马。在不到八个月的时间里，他们已经在沼泽、荒凉地区转战了九百多英里。虽说是以一比三，寡不敌众，但他已经重新征服除了萨凡那的佐治亚整个地区，以及南卡罗来纳的大部分。虽然他在许多战役中失利，但却赢得了整个战争，现在他放弃了北卡罗来纳的广大版图，迅速移师南方，鼓动这些地方抵抗英国部队。

这里的爱国者与忠王派（或当地所称的"辉格党人与托利党人"）之间进行着凶猛的内战，被午夜突袭、抢夺牲畜、暗杀、伏击以及像我们今日所知在爱尔兰的凶残行为。格林写道："本州（南卡罗来纳）辉格党人与托利党人之间的深仇大恨，使得他们的处境变得很可悲。几乎没有一天宁日，不少人成为这种凶残行为的牺牲品。辉格党人似乎决心要根除托利党人；托利党人也决心要消灭辉格党人。这个地方已有数千人因此死于非命。恶行猖獗较以往更甚。如果不能立即阻止这些屠杀行动，几个月后，这个地方的人口将更加少，辉格党人或托利党人都无法活下去。"在格林开始征服英军位于南卡罗来纳被孤立的据点时，康沃利斯继续向弗吉尼亚推进。他一路行军并且大肆破坏，但是不时受到拉斐特与一支羸弱的爱国者殖民军有技巧而又猛烈的骚扰。

在这几个月里，克林顿都守在纽约。眼看康沃利斯愈行愈近，克林顿似乎有可能撤离这个北方基地，集中英军全部力量以保持对南方殖民地的控制，如果这种做法成功的话，可能毁掉爱国者的大业，因为大陆会议已经破产了，华盛顿几乎无法维持他的军队，但是法兰西的舰队再度扭转乾坤，而且是一劳永逸。

在西印度群岛的法兰西海军指挥官德格拉塞伯爵获悉美洲殖民地的情况危急，于7月传话给现在早已于怀特普莱因斯与来自纽波特的罗尚博会合的华盛顿，表明他将攻击弗吉尼亚的沿海地区，并请华盛顿竭尽全力，将整个爱国者的兵力集中在这个区域。华盛顿抓住了这个时机，刻意采取预防措施以欺骗克林顿。他将部队自哈德逊河一线撤走，与罗尚博的兵力会合，快速地向南行军。

康沃利斯因为交通线愈来愈长，导致补给不易而失囊，转而向海

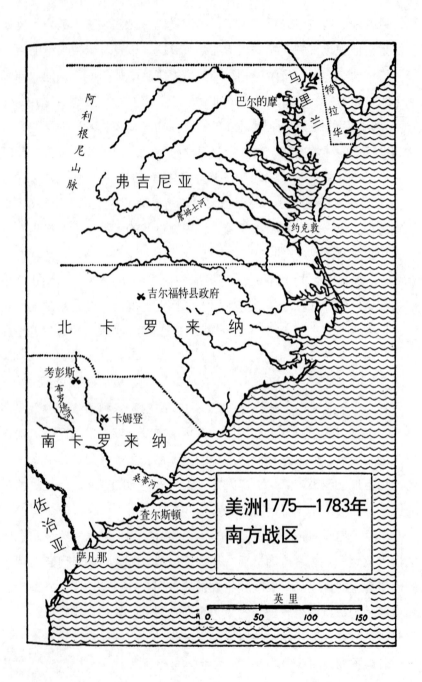

阿利根尼山脉

马里兰

特拉华

巴尔的摩

弗吉尼亚

詹姆士河

约克敦

吉尔福特县政府

北 卡 罗 来 纳

考彭斯

布罗德河

卡姆登

南 卡 罗 来 纳

桑蒂河

佐治亚

查尔斯顿

萨凡那

美洲1775—1783年
南方战区

英 里

0   50   100   150

岸行军，期望在那里能与克林顿联系。8 月，他抵达切萨皮克湾上的约克敦开始掘壕固守，可惜后来几个月的行动都饱受批评。这座城市边缘并没有天然的屏障，他也没有主动出击四周围拢上来的敌人。法军与美洲殖民军的战略是抓住时机以便行动奏功，连相距甚远的部队也都配合着，约有九千美洲殖民军与八千法军逼近约克敦城下，同时德格拉塞伯爵以四十艘战列舰封锁住沿岸地区。康沃利斯几乎守株待兔了两个月之久，9 月底，包围约克敦的行动开始，法军的攻城炮火轰垮了他的土制内堡，在防御工事土崩瓦解之时，康沃利斯还下令不顾生死进行出击，最后英军只剩一门大炮仍在发射。1781 年10 月 17 日，约七千名康沃利斯的大军全部投降。就在同一天，克林顿与英国舰队从纽约启航，但在听到这个不幸消息之后就折返了。

就这样结束了主要的战争。由此得知，海上力量已经再度发挥决定性的作用；若非法军封锁海岸，英军的消耗战可能就成功了。

11 月，德格拉塞伯爵完成了任务，返回西印度群岛，留下华盛顿无助地面对驻守在纽约城的克林顿与加拿大入侵的威胁。美洲殖民地还要两年才能实现和平，幸好这两年未再发生任何有影响的战役。

*　　　　*　　　　*　　　　*　　　　*

英军在约克敦的投降之举，立即在英国产生了决定性的影响。诺斯勋爵听到这个消息的时候，他的和蔼与镇静全都不见了。他在房里不停踱步，痛苦地大呼："啊！天啊！一切都完了！"

反对派在平民院势力大增，伦敦群众开始聚集，谴责海军管理不当的议案提交国会之后，政府控制的多数派立刻瓦解，停止美洲战争的提案仅以一票的优势被否决。诺斯于 3 月向平民院表示他将会辞职。国王写道："最后这要命的一天已经来了。"因为诺斯自始至终都维持着他的尊严，却在为国效力十二年之后，成了败将而离开平民院。1782 年 3 月的那个傍晚，议员们在雨中等候马车时，看到诺斯走下台阶，坐进自己事先已有告知并在这行列前头等候的马车里。他对拥在身边被雨淋湿而带仇意的议员们深深地鞠一躬，并说："各位，这就是参与秘密的好处。"随即，他便乘车扬长而去。

乔治国王因个人的挫败而感到痛苦，情绪至为激动，扬言要退位回到汉诺威去，但是全国群情激愤，让他根本毫无希望办好选举，他被逼与反对派讲和。独立战争进行的年月中，罗金厄姆与伯克都在耐心地等待着诺斯政府的垮台，现在时机已经来了。罗金厄姆与乔治国王谈条件：允许美洲殖民地独立，并且减少国王在政治上的影响力。乔治三世被迫接受，于是罗金厄姆走马上任，尽力从第一不列颠帝国的废墟中拯救一切，所有的责任便落在他与同僚谢尔本勋爵的肩上。

第十五章　印度帝国

十八世纪，英国在印度的地位产生了革命性的变化。英属东印度公司当初建立时，只不过是个贸易投机事业，却以日益增加的速度成长为一个疆域广大的帝国。1700 年左右，在印度居住的英国人，包括眷属及暂时逗留的船员并未超过一千五百人，他们分别住在少数贸易站的工厂内，对印度的政治少有关心。一百年后，数以千计的英国军官与士兵，在英国总督的率领下，控治着幅员辽阔的省份，这个令人注目的发展一部分是英国与法兰西互相斗争的结果。这场斗争充斥在整个年代，而且蔓延至全球各地。法兰西人对于帮助美洲的美利坚合众国独立感到满意，在那个战场上，英国简直是一败涂地。但在印度的情形则不然，那里虽然时有战争，在欧洲的英国与法兰西倒是和平相处着，若不是情势已经发展成欧洲必须要干预，否则英法的冲突并不会如火如荼地散布到印度全境。莫卧儿帝国正在瓦解。帖木儿①的穆斯林后裔已紧抓有美国当时领土一半大小的部分世界有两个世纪之久，并以德里为中心，获得各区总督的支持，以东方的方式维持太平，并且有条不紊地维持这块大陆八千万居民的生存，外界几百年来都无法理解这种事情。十八世纪初叶，这个令人不敢小觑的王朝，因为王位继承起了争执，开始动摇。不久，北方的入侵者就涌进了边境，德里被波斯国王洗劫一空。帖木儿的总督也开始叛变，要求接管帝国境

---

① 帖木儿 (1336—1405)，帖木儿帝国的建立者，先后征服西察合台、波斯、阿富汗、印度直至小亚细亚，卒于东侵中国途中。——译注

内的省份。王位觊觎者纷纷向篡夺者挑战。中印度的马拉地人部落，凶猛好战，虽然受到散漫的同盟约束着，但眼见印度的乱象，也把握机会掠夺与袭击。这个国家被无政府状态及流血事件席卷。

当时在印度的贸易商，包括英国人、法兰西人、葡萄牙人与荷兰人都在竞相经营他们的物品，但是只要"莫卧儿大帝"在德里统治，他们就可以在比较太平与安全的情况下竞争。英属东印度公司此时业务已经稳定，资本额超过一百二十五万英镑，每年红利九分。查理二世于1668年将孟买以每年十英镑的价钱租给这家公司，当地人口遽增了六倍有余，超过六万人。1640年，英国人在马德拉斯建立据点并加强防御工事，成为东海岸主要的贸易中心。加尔各答原本毫无人烟，直到1686年这个企业的职员于胡格利河的河口盖了工厂才有人居住，此地也已成为一个繁荣而又稳定的商业中心。而法兰西的印度公司以本地治里为中心，也很兴旺，但还无法成为英国的对手。它实际上是个国家机关而非私人公司。这两个组织都有同样的目的：对商业的推广及获得财务上的盈利，两国几乎都不曾有占有土地的想法与计划，像英国的董事们长久以来都不愿意拥有任何土地，或是负起超出他们贸易站范围以外的责任。1740年发生的一些事件，逼得他们不得不改变初衷。马拉地人杀害了位于东南海岸上五百英里长的卡纳提克的地方行政长官及王国省长。他们威胁了马德拉斯与孟买，并且袭击了孟加拉国。欧洲的贸易商无法袖手旁观，他们必须自行奋斗或与印度统治者结盟，再不然就只有弃之离去。大多数的荷兰人早就已经撤到富足的东印度群岛去了，葡萄牙长久以来都是落在这场赛跑的后面，只有法兰西人与英国人决定留下来，这个战场上就剩下这两个欧洲强权了。

如同历史上发生重大危机的情形一样，法兰西制造了一位人物——约瑟夫·迪普莱克斯。他自1742年起就是宠蒂治里的省长，很早以前就预见到了即将与英国发生的斗争，并且察觉到印度在等待新的统治者。莫卧儿帝国已告终，而马拉地帝国似乎不可能取代它。那么，法兰西为何不将这个耀眼而丰饶的战利品攫取到手呢？当奥地利王位继承战争在欧洲爆发的时候，迪普莱克斯便毅然决然地采取了行动。他向卡纳提克人的地方行政长官请求，禁止在他司法裁判权范围之内采取敌视行为。大多数的法兰西贸易站都位于这个范围。请求获准后，他便进攻马德拉斯，当地的英国省长请求这位地方行政长官对法兰西执行同样的中立，但是他忽略了一件事，就是并未随同请求奉上一笔贿赂。另一方面，迪普莱克斯还承诺一旦将那座城市攻下，便将它交出去。再度得到这样的保证，这位地方行政长官便袖手旁观。在五天炮击之后，这座城镇于 1746 年 9 月 10 日投降。一些英国守军逃到了附近的圣戴维堡，其中有位年龄为二十一岁的年轻的职员，名叫罗伯特·克莱武。

迪普莱克斯胜利后，拒绝将马德拉斯交给地方行政长官，并且驱退后者的攻击。他还没来得及攻打圣戴维堡，就有消息传来说欧洲的战争已经停止，《亚琛和约》规定马德拉斯将交还给英国人，而回报的条件是将新斯科舍境内的路易斯堡割让给法兰西。于是在印度大斗争里这出阴沉而又不光荣的开场戏就这样结束了。

＊　　　＊　　　＊　　　＊　　　＊

克莱武又怒又惊，但还是留意着这些事件的发展，可惜在他的生涯中，几乎不曾有任何征兆显示出他可以扭转英国的处境，并且在印度建立英国统治。他是位小乡绅之子，童年时期有过曲折的经历，但看不出有什么前途。他上的学校不下四所，而且成绩根本乏善可陈。他在什罗普郡的市场城镇中，组织并领着一帮青少年流氓，向商人勒索金钱及苹果，若不从就打破他们的橱窗。十八岁时他被送到海外，在英属东印度公司担任小书记员，一年五英镑薪水与四十英镑的开支费。他是位难相处、看不出有何前途的部属。他憎恶会计室的例行事务与气氛。据说他两度企图自杀，两度手枪走火。一直到他得到了军方委令，并且在该公司的武装部队中服役若干年后，他才展现出不列颠印度史中无人能与之匹敌的军事天赋。包围马德拉斯与捍卫圣戴维堡让他尝到了战斗的滋味。1748年的一场新动乱给予他领导的机会。

印度的王位觊觎者夺走了德干人的莫卧儿总督之位，并且征服了卡纳提克人。迪普莱克斯率领少数的法兰西士兵与两千印度部队逐退他们，并且将自己扶植的傀儡安置在王位上，而英国的人选——穆罕默德·阿里——则被追逐进入特里奇诺波利且遭到围城猛攻。法兰西一役之后成了南印度的主人，下一次打击显然是对付英国人。和平贸易或被称为不干预印度事务的希望都在此结束了，英属东印度公司显然非战不可，否则便只有死路一条。克莱武得到了委任令，前往特里奇诺波利亲眼见到了穆罕默德·阿里处于绝望的险境，他心想如果能将此人救出并放在王位上，可能就万事大吉了。但是该如何去做呢？因为特里奇诺波利正被数目庞大的法兰西与印度混合部队包围住，英国这边的士兵人数稀少，准备十分不足，而且非常缺少军官，以致克莱武不过才二十五岁，便被赋予这项主要军事指挥权。直接救援特里奇诺波利是不可能的事，克莱武立即察觉到他必须在其他地方出击。卡纳提克人的省都阿尔果德已经被调光了部队，他们大多数都在特里奇诺波利围攻穆罕默德·阿里。若是夺下阿尔果德，他们就不得不班师。克莱武率领着二百名欧洲人、六百名印度人与八位军官不费吹灰之力就攻陷了这座城镇。他与小批人马还打算为即将来临的复仇而战。一切变化均如克莱武的预测，印度的统治者被失去省份之事弄得不安，便从特里奇诺波利派遣他大部分的部队前去攻击在阿尔果德的克莱武。这场交战双方人数相差二十倍的战斗持续了长达五十天，克莱武的弱小兵力却在夜袭中瓦解了这场猛攻。在袭击中，他甚至亲自上阵。一位钦慕他的马拉地人部落酋长扬言要帮助英国人，才解除了围城之厄。这不仅是迪普莱克斯的末日，其他事情也跟着结束。到了1752年，克莱武与来自英国的正规军人斯特林格·劳伦斯联手击败了法兰西与其扶植的篡位者，将穆罕默德扶上了王位，卡纳提克人也安全了。次年，新婚但健康状况差的克莱武扬帆回英国。他收到印度统治者们致赠的"礼物"，至为富足。迪普莱克斯继续奋斗，但是于1754年被召回法兰西。九年之后，在贫困与羞辱交迫中死去。这个对比实在惊人，因为财富与权势都被在印度的英国主将赢走了，悲惨的命运却落在大多数法兰西人的身上。

在英国，克莱武企图用他的一部分财产，竞选康沃尔的议员而进入国会，可惜没有成功，遂于1755年回到印度。他到的正是时候，因为一场新的斗争正要在东北部展开。迄今法兰西人、荷兰人与英国人都在孟加拉这个富饶的省份一起和平地进行贸易活动，而它温顺、有智慧、勤奋的居民大都逃开了南方的屠杀与无政府状态。位于恒河河口的加尔各答正在赚取很好的红利。一位来自西北，曾经夺取王位并掌权达十四年的穆斯林冒险家维持着和平。但是他于1756年去世，王位传给了他的晚辈——年轻、恶毒、粗暴和贪婪的苏拉嘉·道拉。他非常害怕最近爆发的英国与法兰西之间的七年战争会吞没他的领地，并将他变成像在德干的王亲贵族一样的傀儡，于是请求这两个欧洲社群拆除他们的防御工事。在加尔各答上游昌德纳哥的法兰西人给了他安慰的答复，而英国人知道与法兰西的战争迫在眉睫，于是扩张了法兰西人会攻击的河岸上的防护工程，并不理会他的要求，使他更加气愤，因而在5月动手攻击。

他集结大军，包括受过枪支使用训练的欧洲人向加尔各答进军。现在的研究已经澄清了麦考莱①谴责省长与英国当局懦弱无能的严厉指控。但是由陆上通往这座城市的路可以说是没有设防，加上管理不当而混乱，人人惊慌，争先恐后利用船只撤离，只剩下为数很小的卫戍部队与大多数的英国百姓英勇地奋战，但三天之内一切都结束了。他们生活在太平盛世实在太久了，现在可怕的命运追上了他们。敌人在停战的旗帜下突破防御之后，一百四十六名欧洲人投降了。他们被

---

① 托马斯·巴宾顿·麦考莱，英国政治家、辉格党议员，著有《英国史》等。——译注

丢到二十平方英尺的监狱里过夜，隔天一早只剩下二十三人存活。胜利者在洗劫英属东印度公司的财物之后就走了。埃尔顿公爵说："虽然他几乎不曾猜到，苏拉嘉·道拉与英国人的交易，使他们后来成为印度的统治者。因为'黑牢'的悲惨事件（指上述之死亡事件）已经让他们最后的盼望——他们仍可能留在印度单纯经商——幻灭了。他们不胜愤慨想要报仇，不只是准备好要战斗而已。"[1]

消息于 8 月传到了马德拉斯。英属东印度公司的董事们还不知道与法兰西的战争已经在欧洲爆发了，但是在加尔各答便有法军从海上与德干两路展开攻击的谣言，他们将所有的海军与部队都交给了克莱武。1757 年 1 月，他率领着九百名欧洲士兵与一千五百名印度士兵夺下了加尔各答，并且驱逐了苏拉嘉·道拉四千人的部队。与法兰西的战争现在逼着他撤退，不过时间够长，足以让他在匆匆返回马德拉斯之前攻击昌德纳哥。他可不敢轻易将昌德纳哥留在法兰西人的手中。昌德纳哥在 3 月陷落，卫戍部队奋勇应战，但还是撤走了。克莱武的运气来了。苏拉嘉·道拉十分残暴，甚至对自己的人民亦然，一群朝臣决定废了他，另立新的统治者米尔·贾法尔，克莱武同意助他们一臂之力。他的部队已经增加到三千人，英国人占不到三分之一。6 月 23 日，他在普拉西与苏拉嘉·道拉交锋，以寡敌众，人数是一比十七。胡格里河正是涨潮之际，无法撤退，敌方在广大的平原上摆成半圆形，克莱武沿着杧果林部署他的兵力，伺机猛攻。这不过是场兵力的考验，算不上是战役，然而印度的命运却改变了。在炮击了四小时后，苏拉嘉·道拉察觉到有人变节，却听取那些策划背叛他的人劝告，下令撤退。克莱武决定放他一马，然后再进行夜袭，但是有位下级军官违令擅自挺进，使得管制这场追击变成了不可能。敌军仓皇四散几天之后，苏拉嘉·道拉被米尔·贾法尔杀害。克莱武仅损失了三十六人，就成了孟加拉的主人与普拉西之役的胜利者。

---

[1] 引自埃尔顿勋爵所著《帝国联邦》，1945 年版。

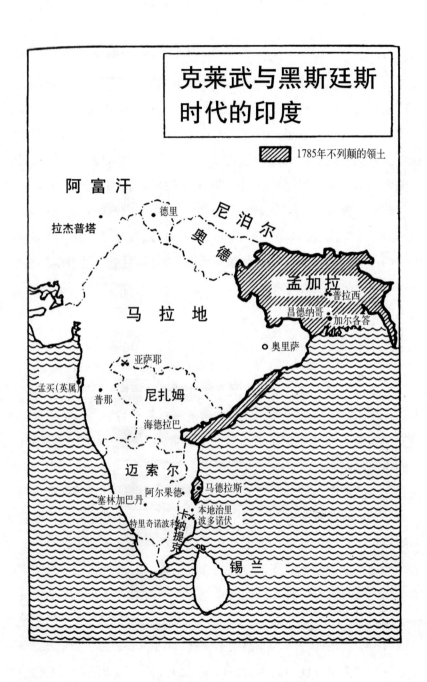

克莱武与黑斯廷斯
时代的印度

////// 1785年不列颠的领土

阿富汗

尼泊尔

拉杰普塔   ·德里
                    奥德

马拉地

孟加拉
           ·普拉西
    昌德纳哥
      ·加尔各答

·亚萨耶   ○奥里萨

孟买(英属)
    ·普那

尼扎姆

·海德拉巴

迈索尔

塞林加巴丹 ·阿尔果德 ·马德拉斯
    特里奇诺波利   ·本地治里
            卡   波多诺伏
            纳
            提
            克

锡兰

179

然而还有许多事仍有待完成。不曾在战役中扮演一角的米尔·贾法尔被置于王位之上，但是这个省份蜂拥着由北方前来的穆斯林战士，觊觎王位者多不胜数。邻邦奥德虎视眈眈，法兰西人仍然活跃，甚至荷兰也表现出想要干预的迹象，对此克莱武均一一回击。如果英国人自己不统治这个国家，他们必须确保有个友善的当地人执政。间接的控制是当时常见的做法，而直接统治往往造成无政府状态与更多的流血事件。克莱武于1760年2月再度启航返回英国的时候，英国已是留在印度的唯一欧洲强权。仅四年多的时间，他就让印度的情势有了很大的改变。法兰西人仍可以保持他们的贸易站，但是影响力荡然无存，九年之后法兰西的印度公司也废除了。克莱武累积了二十五万英镑的财产后，一如当时的风习，花钱买选票进入国会，并被封为爱尔兰贵族。然而他在印度的使命尚未完成。

　　　　*　　　　*　　　　*　　　　*　　　　*

　　现代的人都不应该误解英国在印度扩张的特性。英国政府从来就不干预在印度发生的冲突。皮特非常赏识克莱武的能力，用所有他能够支配的资源支持着克莱武，但他对事件的影响力很小。无论如何，他的手上已经有场世界战争即将爆发。面对着交通的种种困难、距离以及局面的复杂，皮特让克莱武自由行事，他自己只要提供意见与支持就够了。英属东印度公司是个贸易组织，董事都是生意人，他们想要的只是红利而非战争，舍不得在部队与吞并上花一分钱，但是次大陆中的动乱让他们无法顺着自己的意愿与判断力去控制愈来愈多的地盘。到最后几乎是个意外，他们建立了一个帝国。这个帝国不比莫卧儿帝国弱小，却比它更加安定。"帝国主义的扩张"这个概念指的是有意攫取政治权力的过程，如果把英国在印度的行动称为"帝国主义的扩张"则是无稽之谈。有人谈到印度时说，不列颠帝国是在无意中建立起来的这种说法倒是颇有道理。

克莱武的胜利解决了许多问题，相对也制造了许多问题。他离去之后的岁月亦是英国人在印度的历史中最卑劣的篇章。英属东印度公司的目的是谋利，只要能够维持和平，贸易兴隆，他们不想知道也不在意这个国家是如何统治的。他们废掉了年迈的米尔·贾法尔；当傀儡政权变得不听话时，他们便在一场血战中将他击败，并且以拍卖方式将孟加拉的王位卖掉了。在这家公司待遇不好的员工只好收取贿赂、赠礼与可耻的外快。有关贪渎与取得庞大的不法私人财富的传言悄悄地传回了英国，导致公司的董事们赫然发现自己不但失去了红利，还名誉受损。于是向克莱武恳求，并且让他成为所有印度地盘的总督。他遂于 1764 年 6 月最后一次启航前往印度。他的改革大刀阔斧，以高压手段进行，而且比普拉西战役的胜利更加影响深远。它们的成功促使莫卧儿皇帝恳请他将英国的保护领地延伸到德里与整个北印度，克莱武拒绝了。他一直都怀疑英属东印度公司能否承担帝国较大的责任，五年前他就在一封信中向皮特建议，表示王室应当霸占该公司在印度所有属地的主权。这个意见未受到理会有一个世纪之久。为了回报拉拢，莫卧儿大帝征税的权利割让给该公司，唯独司法行政仍维持在印度统治者的手中，责任分工是无法持久的，不久就制造出棘手的问题，但它至少是向前迈了一大步。英国人掌管金钱的开支，克莱武则写道："权力存放在它能够存放的地方。"1767 年 1 月他回到英国。英国舆论不断，克莱武在平民院中遭到抨击，遂发表演说为自己辩护。他指出，靠着他的努力东印度公司的董事们"才得到了比欧洲任何王国幅员更大的帝国。他们按比例得到了四百万英币的岁入与贸易"。关于他自己制造的权益，他在一段著名的话中大声疾呼："就显示出我的所作所为都很有节制而论，我难道不值得赞扬吗？考虑一下普拉西告捷那种境遇吧！伟大的王亲贵族得仰赖我；富裕的城市得由我摆布；发财的银行家彼此竞相争取我对之一笑；我走过单独为我打开的金库，每只手上堆满了金银珠宝。主席先生，我此刻站在这里，对自己的节制都感到惊讶。"平民院一致通过了决议，认为"罗伯特·克莱武勋爵为国效劳，伟大且值得称赞"。然而他性情刚烈，饱受折磨，并没有得到安抚，几年之后他结束了自己的生命。

*　　　　*　　　　*　　　　*　　　　*

　　在印度，不久之后又出现一位如克莱武般伟大，但背景有些不同的人——沃伦·黑斯廷斯。他很穷，但是祖先一度在伍斯特郡拥有很大的产业。奥利弗·克伦威尔的几次战争逼得他的曾祖父卖掉在戴尔斯福德的家当，他在童年早期就想将它赢回来。他年幼时，母亲就过世了，由一位叔叔将他抚养长大，并且送他到威斯敏斯特去上学，在那里他成了位资深的古典学者。教师都想让他继续去念大学。但叔叔拒绝了，反而将年仅十六岁的他送去印度。

　　他在英属东印度公司当职员，度过了克莱武连番大捷的时期。在克莱武过世的一年后，他成了加尔各答议会的成员。他在这个名额不多但是责任清楚的职位上，目击到普遍存在的肮脏与混乱状态。英属东印度公司的员工继续牺牲他们雇主与居民的权益而为自聚集财富。马拉地人夺取了德里，威胁到奥德，马德拉斯也受到威胁，甚至太平的孟买都卷入了内战。1769 与 1770 两年间，孟加拉三分之一的人口都死于饥饿。在这整个浩劫期间，沃伦·黑斯廷斯都紧守着刻苦的生活方式，他渴望名声与权势以及足够买回戴尔斯福德故宅的钱。至于聚敛个人财富，那是他人的事，因为他天性并不贪婪。1772 年他成了这个受到打击、被人掠夺且仍然富裕的孟加拉省的省长。他实施了两个方案：维持公司的红利以及让英国人征税。不过，现在使克莱武被国会非难的一些耳语，已经成为英国的舆论。来自东方有钱的冒险家正在制造与附和在印度新帝国的名声。太富足又太高傲，以至于无法为他们原来所属的社会阶层接纳，同时又太不懂世故而无法与贵族阶级融合在一起，地方行政长官都受到大不列颠所有阶级的厌恶与妒忌。曾经阿尔果德与普雷西赢得胜利，以及曾为"黑牢事件"雪冤的勇气与纪律都无人理会。这种事也并非全然不公，因为许多的地方行政长官忙于从事敛财勾当，以至于并未给予克莱武很多援助。年迈的皮特声称："印度充满了种种不公，天地都知道。"嫉妒、无知与滥情合起来，成了要求改革的声音，这种理想有它实实在在的理由。九年之内英属东印度公司员工从孟加拉的居民那里聚敛了三百万英镑作为个人的酬劳。改革的工具便是诺斯勋爵。

诺斯在他的智慧范围之内尽力而为，他的格言是："擒贼先擒王。"在黑斯廷斯成为孟加拉省省长之后的那一年，诺斯说服国会通过了《整顿法》，让英国在印度所属领土的政令统一了。孟买与马德拉斯都受到在加尔各答设立的总督管辖，沃伦·黑斯廷斯成了第一位总督，年薪二万五千英镑。但是，为了要设法确保权力不会被滥用，反而使得权力无效，在签核流程上，它由孟加拉的行政长官、董事会、总督，加上议会两方面共同执掌。多年来，黑斯廷斯与他的桎梏奋战。他的主要对手是他的新同僚菲利普·弗朗西斯，此人在威尔克斯时代以无情的《朱尼厄斯投书》一书攻击国内政府而成为著名的作家。弗朗西斯虽然公开地栽在他手上，却也不曾停止对他耍阴谋。即使黑斯廷斯天性脾气急躁，却也学会了忍耐与坚持的美德，下决心去做任何需要做的事情。在政府企图将他召回的时候，他在议会中两位最无知、最有敌意的对手也死了。法兰西希望重新在印度掌权，于是再度向英国宣战。终于，黑斯廷斯能自由行动。他的解放来得正是时候。

到了1778年，法兰西的船队正逼近南方的海岸，迈索尔的海德尔·阿里①正横行于卡纳提克，在孟买与马拉地人交战。花了六年的时间，黑斯廷斯挽回了一切，他的海军比法兰西的海军弱，虽然他们交战不下五次，却无法阻止法军在马德拉斯海岸登陆。马德拉斯的政府被净化也受到激励。曾在普雷西战役出力的艾尔·库特爵士，在印度仍是最能干的不列颠战士被指派火速前往南方。他于1781年

----

① 海德尔·阿里（1722—1782），即迈索尔邦穆斯林统治者，1761年成为迈索尔邦统治者，曾数次击败英军，最终败北。——译注

在波多诺伏击败海德尔·阿里，并于一年后击败他的儿子铁普苏丹。通过与马拉地人的谈判，和平得以维持。到了1783年，唯一还活跃的敌人是法军，他们期望的进展因为签订《凡尔赛条约》而被堵断了。虽然英国在美洲失掉了一个帝国，却在印度得到了另一个帝国。

所有的一连串活动已经花掉了不少的钱。黑斯廷斯在财务或战略物资上都只能得到来自英国很少的援助，因为英国已被美洲、欧洲及海上的冲突弄得筋疲力尽，过度劳累，他唯一可行之途是就地募集援助。孟加拉的居民都很富裕，也感谢英国的武器与统治使他们生活的比较安全，他们应当为所得到的保护付费。他也不讲情面地如此做，如此一来就聚集到了基金，可以去拯救孟买与卡纳提克人，以及阻止会再度吞没孟加拉国的流血惨剧。批评他的人士及英属东印度公司中的一些人，很快便指出他募集的两百万英镑只有三分之一用在战争上，其他的都往熟悉的方向流失了，但是黑斯廷斯对金钱并不在意，回国时并没有发大财。1785年，他离开印度时，居民都对他心怀感激。他并不像此时在印度的其他英国人，因为他讲得一口流利的方言，悠游于印度人的族群中。有一次还因为这个缘故被克莱武责难。虽然他对于自己的出身与门第感到自豪，但是对于种族、肤色或宗教的意识从来不曾影响或困扰到他。

开始的时候，黑斯廷斯在英国受到了欢迎与敬重。他的成就与胜利多少补偿了在美洲所受的羞辱与灾难，而英属东印度公司对他更有很多要感谢的地方。在他回国的前一年，小皮特已经通过了《印度法案》，将监督委员会交由内阁管辖，并且霸占了英属东印度公司的政治权力。黑斯廷斯并不赞成此事，虽然这位总督因此摆脱了诺斯构想不周的措施所加诸于加尔各答议会的束缚，却落到了皮持的朋友兼顾问——被任命为监督委员会主席的亨利·邓达斯——的手中。事实上，雄心勃勃、热忱、清廉且年轻的苏格兰人开始纷纷充实及加强英国在印度的行政管理职位。由于克莱武与黑斯廷斯的功劳，他们之中大多数人现在都能够维持生活且不必接受贿赂等不义之财。所有的一切都很好，但是英国国会却不容易忘记查塔姆所谴责的"臭气四溢的弊端"，在英国的"印度地方行政官员"仍旧咄咄逼人、粗俗、喜欢炫耀财富。黑斯廷斯回国不久后，国会就已经着手调查他的行径，不过对他个人贪污所做的指控都查无实据。他应付所有党派的政治家时，态度高傲，毫不圆滑。国会由伯克·福克斯及谢里登为首，决心要置他于死地。他在加尔各答一次决斗中杀伤的菲利普·弗朗西斯恶意地怂恿他的敌人们搬出古老的弹劾武器来对付他。1788 年 2 月 13 日，审判在威斯敏斯特厅开庭，审理持续了七年以上。黑斯廷斯在行政管理的各方面与细节上都受到检查、谴责、支持、误解或叫好，最后他无罪开释。许多的指责都不公平，而且这件案子的审理却向公众与世人宣布英国人民支持伯克的声明："印度必须用那些在欧洲、非洲与亚洲及在所有人类中发现的法制加以统治，也就是深植在我们心中、存在于能够判断的人类之感情中的平等和人道主义原则来加以管理。"

黑斯廷斯为了支付为自己辩护的费用几乎破产，不过英属东印度公司已给予他足够的金钱使他可以买回戴尔斯福德的故宅。许多年之后，在平民院就印度事务作证时，平民院揭发此事而有损他的荣誉，从此他再也没有官职。但无论如何，他都比法兰西的对手幸运，他们之中有几个人在很早之前就被斩首或是一文不值。后代子孙现在已经挽回了他被辉格党诋毁的名声。

     *   *   *   *   *

此刻为了方便，需要前瞻一下英属印度公司的故事。拿破仑战争期间，英国的权势迅速增长。在法兰西的革命前夕，英属东印度公司的统治只限于孟加拉省、马德拉斯与孟买两地港口周围少数的海岸狭长土地。到了滑铁卢战后的翌日，它便拥有这个次大陆西北部分之外的所有地方。

沃伦·黑斯廷斯弹劾案是英国人在印度历史上的转折点。英属东印度公司默默无闻、才华横溢的员工本来能够夺取权势，但主要的权势将不再紧握在他们的手里。总督的职位此后由声名显赫以及出自英国名门家族的人担任，如未被在约克敦投降一事而吓倒的康沃利斯侯爵、韦尔斯利侯爵、明托勋爵、黑斯廷斯侯爵、本廷克勋爵和达尔豪西侯爵。实际上，虽然并非为了名义，这些总督不受金钱所惑，对于受到伦敦消息不灵通的政府的压制感到不耐烦。他们同时与英国的统治圈保持密切的联系，而可以做他们认为正当的事，并且不必设想后果。的确有很多事情等着他们去做。卡纳提克是马德拉斯的腹地，在1785 年由英国给予金援的一位印度地方行政长官掌管。海德尔·阿里从莫卧儿人手中把一直伸展到西部海岸的迈索尔邦夺了过来。他的儿子铁普苏丹梦想支配南印度所有地区，在他统治迈索尔邦期间造成严重不利的局面。在这个半岛的中南部分，海得拉巴的尼扎姆（即"君主"之意）无力地统治着德干，无法维持秩序，而且在理论上他是德里傀儡皇帝的家臣。除了这些人之外，蜂拥而至的是马拉地人，他们是个好战家族的一个联盟及凶猛的印度教战士。他们带着轻便武器，骑乘快马，在攻击时能够迅速散开，自古以来就是伊斯兰教莫卧儿人的死对头，渴望建立他们自己的印度帝国。孟加拉国单独地躺在不列颠人的掌握中享受太平，借仗弱小的缓冲区奥德邦使它免于受动乱的影响，但形势岌岌可危。

康沃利斯被迫应付铁普。在十八世纪的最后十年中，他行军前往抵抗铁普，夺获了迈索尔的大部分，使铁普交出他一半的疆土。康沃利斯的继任者是毫不足取的人物，在路易十六被斩首的同一年掌权，设法想让战争停止，但是印度的统治者现在用钱就能雇法兰西军官，依欧洲形态训练他们的军队。韦尔斯利侯爵于 1798 年被留下来扑灭这种威胁。拿破仑在埃及获胜后，想在东方寻找一个帝国，愿意援助铁普。铁普开始建立一支由法兰西代为训练的部队。法兰西与英国的斗争再度笼罩着印度。印度洋由法兰西驻守的毛里求斯岛有面临海上攻击的危险，韦尔斯利快速而果决地采取行动，他向铁普提出所谓的"附属条约"，铁普依约要打发走所有的法兰西人，解散他的部队，为保护他的领地而付费给英属东印度公司。铁普则宁可一战，而于1799年被逐回到他在塞林伽巴丹的都城后被人杀死。韦尔斯利吞并了迈索尔处于外面的部分后，并将其他部分交给曾被海德尔·阿里夺走财产的印度教统治者，可惜他们没能存活太久，当法兰西在东方拓展之野心在尼罗河战役中遭到挫败时，韦尔斯利便把他的注意力转到卡纳提克上面。它的政府已经破产，而且欺压人民，他于1801年用养老金让这地方行政长官退休，并且将它并入马德拉斯管区，他在同一年开始处理奥德。这个做法十分不如人意，地方行政长官，虽然受到英国的保护，却任由自己叛变的部队与来自欧洲贪婪的冒险家掠夺及剥削他的领地。韦尔斯利也对他加上附属条件。英国人保证予以保护，他将大部分疆土割让给英国人，只留下勒克瑙周围的一部分。他遣散了所有为他效力的欧洲人，只有东印度公司批准的那些人除外；同时承诺根据公司的意见进行治理。

最后韦尔斯利处理马拉地人。几年前他们就已经进占德里，抓走了莫卧儿皇帝，并且要求孟加拉向他纳贡。现在他们开始内斗，首领逃出来向韦尔斯利求助。韦尔斯利帮助他打回浦那后，其余的人因此向英国人宣战，而且在激战之后于亚萨耶被韦尔斯利的弟弟——即后来的威灵顿公爵——击败。韦尔斯利也对他们加上附属条约，奥里萨及德里这个省的大部分都交给了英国人。一位著名的史家写道："在七年当中他将印度的地图改头换面，并且发动他的国人从事仅半个世纪之后才在阿富汗的山脉停下来的拓居生涯。……这些作为表面上看起来极其雄心勃勃，而且极为粗暴。为了证明他们的理由正当，他们必须辩护，表示在每个案例都考虑到当地居民的利益。十八世纪时的印度就好像是五世纪时的欧洲。韦尔斯利知道英国统治只不过是取代流血、暴政与无政府状态的另一个选择而已；在将他的信念转变成事实的时候，他并没有虚伪的矜持。罗马衰亡之后，欧洲花了很多世纪，才使其安定下来成为人们可以安居的土地；英国当局在印度花了五十年的时间，完成了安居之事。"①不过，英属东印度公司持有不同的看法。董事们仍然想要贸易，而非征服。他们敌意甚重，极尽批评之能事，促使韦尔斯利于 1805 年辞职。

他的继任者——明托勋爵被明令禁止负起任何有关新的开疆拓土的责任，他在这个短暂的时期中原地踏步，幸好他将韦尔斯利的安抚工作予以完成，否则便功亏一篑。他强令印度统治者将当地军队解散，结果反而将一群失业及心怀不满的士兵放虎出笼，他们形成抢劫的帮派，并且在把英国的中立看成懦弱表现的马拉地人的帮助下，开始劫掠中印度。黑斯廷斯侯爵于 1816 年被任命为总督，不得不动用大军去镇压他们。马拉地人看到他们继承莫卧儿帝国的最后机会消逝了，于是叛变，不过被打败了。他们的首领被罢免，浦那领地也被移到孟买的管区去了。虽然有违英属东印度公司的意愿，它也不由自主成了印度四分之三地方的主宰了。

---

① 引自 J.A. 威廉森《不列颠扩张简史》（1922）。

第九部

拿破仑

第十六章　小皮特

罗金厄姆侯爵长期等待成立政府的机会，最后终于在 1782 年 3 月成立政府，可惜当时他只能再活四个月了。康沃利斯于弗吉尼亚的约克敦投降之事，对于英国社会的舆论有决定性的影响。散开的一片黑暗，笼罩着这个雄心勃勃的岛屿与它固执的国王。此时的英国连一个盟邦也没有，它独自站在世界战争中间，一切都已显得不那么如意。法兰西的舰队不仅威胁着英国在印度洋的交通线，也助长着印度次大陆马拉地人的希望，它与西班牙的联合船队在英吉利海峡中频繁活动，已经封锁住直布罗陀，梅诺卡岛已经沦陷。华盛顿的军队在纽约城前严阵以待，美洲大陆会议也不加考虑便誓言绝不单独媾和。海军将领罗德尼的确因桑特岛的外海大捷重新掌握了西印度群岛水域的控制权，豪将军于 9 月化解了直布罗陀的三年之围。在世界其他地方，英国的势力逐渐减弱，声望日益低落。乔治三世的一意孤行，让大英帝国陷入了前所未有的困境。

罗金厄姆于 7 月去世，谢尔本勋爵受托主持新政。他无意遵照罗金厄姆与伯克长期珍视的方针去统治这个为了应付当时主要问题而建立起来的内阁，以便遵照它的集体决定为国王确定政策。这项方针被搁到了一边。谢尔本想设法任用意见与党派关系都截然不同的政治家成立政府。但是，由于乔治三世领导的英国政治连年走向失败，英国政治架构中个人的忠诚早已荡然无存。现在这位新首相广用人才，结果反招致所有党派的猜忌。虽然他才能出众，极富演说才华，思想最为自由开放，不过就像他之前的卡特雷特一样，各路人马都不信任他。不过国王却发现他甚为可取，全力支持他。可惜三个主要政治派系之间的仇怨难解，也没有任何一个派系强大到足以维持一个政府。虽然谢尔本得到了那些查塔姆追随者的支持，其中包括查塔姆年轻的儿子——被任命为财政大臣的威廉·皮特（即小皮特）——但是诺斯仍掌控着相当大的派系，而且在忠心效力十二年之后，发现国王居然对他冷淡而对此感到愤慨，于是企图重新掌权。第三个派系由查理·詹姆士·福克斯为首，曾经对批评诺斯政权不遗余力，他本身也很有才华，为人慷慨，可惜缺乏定见。伯克，就他扮演的角色来说，缺少家族势力，他在实际政治上并无多大才干，自从他的靠山罗金厄姆死后，就没有什么影响力了。

即使反对谢尔本的情绪日益增长扩散，这位首相在谈判方面仍展现了十足的长才。他成功地以美洲独立为基础，结束了这场世界性大战。法兰西政府现已接近垮台，虽然他们曾经帮助美洲殖民地的爱国者，也只不过是希望瓦解大英帝国。除了像拉斐特这样少数浪漫的热心人士之外，并没有人衷心希望在新大陆协助建立一个共和国。路易十六的大臣长久以来都不断地提出警告，表示这种做法可能会动摇他的君主专制制度。西班牙更是直接地反对美洲殖民地独立。它之所以参战，主要是因为法兰西曾承诺为了回报使用其舰队抵抗英国，会协助其收复直布罗陀。但是十三个殖民地的反叛已在西班牙的海外属地出现麻烦，直布罗陀并未到手，于是西班牙反要求在北美获得广泛的补偿。虽然大陆会议已经承诺让法兰西带头进行和谈，殖民地驻欧洲的代表也体会到他们的处境很危险，于是背着法兰西，并且在违反大陆会议承诺的情形下与英国签订了秘密的和平条约。谢尔本像查塔姆一样，梦想借由慷慨让步来保住大英帝国，他明白自由是唯一可行的政策，而福克斯早已在平民院公开宣布这种见解，促使英国走到这个地步。

位于阿利根尼山脉与密西西比河之间的西部地区是最重要的问题。

因为弗吉尼亚与中部殖民地的投机客已经在这些区域活跃甚久，他们在大陆会议中的影响力受到有力人士诸如富兰克林、帕特里克、亨利、李氏家族与华盛顿本人的支持。由于塞缪尔·亚当斯与约翰·亚当斯领导的激进，新英格兰人并不关心这些西部地区，所以他们同意如果英国人承认北方殖民地在纽芬兰沿海有捕鱼的权利，他们就要求完全割让这些西部地区。

谢尔本从未反对殖民者渴望得到西部地区的态度，唯一难以解决的是加拿大边境。富兰克林与其他人都要求得到加拿大整个地区，但谢尔本知道，若是屈从此项要求，他的政府将会垮台。经过数月的谈判，双方终于同意划定一条边界，由缅因的边界开始到达圣劳伦斯河之后向上游延伸，通过五大湖区，直至它们的源头。在这条边界线以南、密西西比河以东、佛罗里达边界以北的一切地区，都成了美国的疆域。这是截至此时这项条约最重要的成果。谢尔本表现出伟大政治家风范，他的让步阻止了英国与美国的边境战争。唯一的受害者是到此时其活动已由魁北克省延伸到俄亥俄河流域的加拿大皮毛公司，但是付出的代价很小。将捕鱼权给予英国之后，总算使北部的几个州感到满意了。

英国政府企图解决两项争执：一是美洲商人偿还战前拖欠的未付债务；二是保证十万名美洲忠王派的安全。谢尔本力求解决这两个问题，但是美国人表现得一点也不大方，因为他们心知肚明，自己已稳操胜券，英国政府不敢因为这些比较次要的问题而中止谈判。结果和约上仅规定"英美双方的债权人将为了收回他们的债款而接触时不受法律的限制"，大陆会议应当"尽力劝告有关的几个州归还忠王派的财产"。只有南卡罗来纳对忠王派财产表现出谅解。四五万名"大英帝国的忠王派分子"被迫迁移到加拿大建立新家。

法兰西现已与英国媾和，两国于1783年1月宣布停战，同年，于凡尔赛签订和约。法兰西人保住了他们在印度与西印度群岛的属地，得到在纽芬兰沿海捕鱼的权利，也重新占有非洲海岸塞内加尔的奴隶买卖地点。重要的产棉海岛多巴哥被割让给了他们，然而除此之外，他们几乎没有得到任何具体收获。不过，他们的主要目标总算达成了。十三个殖民地已经从大英帝国手中撤走了，英国在世界的地位似乎已受到严重的削弱。

西班牙被逼着加入这个和平方案，它对美洲的野心已经瓦解了，在这个战区中唯一的收获是英国在佛罗里达的两个殖民地，但这也是以英国控制直布罗陀为代价才得到的。它已经征服了战争期间英格兰在地中海的海军基地梅诺卡岛，而且也顺利在和约中保住了这个岛。荷兰由于盟国的背叛而被逼与英国谈和。

当时所谓的世界大战就这样子结束了。一个新的国家已在大西洋对岸诞生，并且跻身于万邦之列，成为未来的泱泱大国。大英帝国已经倒下去了。虽然英国受到了重击，但是依然不畏不惧。

英国能从这场劫难中脱身，纯属谢尔本的功劳，他在不到一年的时间里将和平带给了世人，并且谈判中使英国能够屹立。他如此为国辛劳，却少受人爱戴，原因是他在任职八个月后，于 1783 年 2 月辞职，后来受封为兰斯多恩侯爵。他的后裔从那时起便在英国政治中扮演名声卓著的角色。继谢尔本政府之后，则是诺斯与福克斯刻板的联合政府。据说此联合政府甚至对于那个朝秦暮楚的时代而言，都无法令人容忍。福克斯以猛烈抨击诺斯的行政管理而扬名。五年之前他还曾经公开宣布，与诺斯的任何合作都太荒谬，连片刻都无法容忍，如今，他们的联合呈现于世使公众大感惊愕。谢尔本政府是靠着它的任务而生，福克斯与诺斯政府却连立足的据点都付之阙如。不到九个月的时间，这个政府也就土崩瓦解了。倒台的直接原因是，福克斯企图得到人民的称赞而起草改革印度政府的法案。他计划将现在亚洲广大疆土的统治者——东印度公司——交给伦敦某个政治委员会做些许程度的控制。批评他的人很快就指出，广大的权力将会归到这个政治委员会的手中，贪渎将增加到无法预测的地步，只有坚决支持政府的人才会希望从中获益。所有的党派团体，除了福克斯个人的追随者之外，都敌视这项提案。

乔治三世国王摧毁了福克斯与诺斯这个理政无方的政府，期待使自己深孚众望，党派问题与个人问题同样在这个灾难的压力下变弱了。乔治三世体会出若能找到合适的人选，他就有机会更换政府。乔治三世发现平民院中只有一人没有卷入到过去的纷争，他就是伟大的查塔姆的儿子威廉·皮特。倘若他缺乏国会势力所依靠的传统条件，他至少与完全信誉扫地的政府毫无瓜葛。在谢尔本执政期间，威廉·皮特已任财政大臣，名声高洁无瑕。1783年12月，乔治三世请皮持组织政府，这是他长期统治中最杰出的行动。旧的国会机器已经失灵，只要一垮台，新的联合就接替了它的位置。往后二十年的形势证实了这个联合的努力是正确的。

　　　　　　＊　　　　　＊　　　　　＊　　　　　＊　　　　　＊

　　美洲殖民地的起义活动已经粉碎了十八世纪英国人的自满。人们开始研究这场灾难的根本原因，"改革"这个字眼到处可见。英国统治制度的缺陷显然已造成殖民地亟欲脱离母国。所有英国人的心里都想到美洲殖民者用来反对母国的论据，并且质疑英国宪政的完美与否。有些人开始要求对国会中的代表制做若干改革，不过这些要求都很温和、正派。改革派的主要目标是要增加选举国会平民院议员的市邑数目，以减少政府贪渎的可能性，还有人提出关于普选权以及民主代议制的其他新理论。改革派的主要人物是大地主与乡村教士，如约克郡的克里斯托弗·威维尔，再不然就是资格老练、地位稳固的政治家，如埃德蒙·伯克。他们完全同意国会既没有也不需要精确地代表英国人民。对他们而言，国会代表的并非个人，而是"利益团体"——地主利益团体、商业利益团体，甚至劳动者利益团体。即便如此，他们都强烈地视土地为国家生活坚实的与不可或缺的基础。这些富裕的理论家对于政治腐败散布快速的情形感到很苦恼，这种情形部分是由于辉格党的制度是通过王室的支持来控制政府，部分是由于新的工商业阶级购买国会中的席次所造成的。属于东印度利益团体的"印度地方行政官员"在威斯敏斯特出现。同时,金权侵入了政治领域,扩大了腐败贪渎的范围,威胁到地主阶级的垄断政治。因此政治集团的行动既不过激,也并非涵盖甚广。伯克在 1782 年制定的《经济改革法》表达了这些人的主张,取消曾经办理选举的某些政府官员的选举权。这是伯克刻意推出的计划中不温不火的版本。没有人企图对选举权做一般性的改革;当人们谈到英国人的权利时,指的是自诩为国家栋梁的自耕农阶级,他们想要增加在郡县中的影响力。许多早期的改革计划都是学院派企图保护农村利益的政治权力与均衡之举。十八世纪英国的个人主义并未采取空谈教条的形式,基本原则在发表时常令英国人感到不悦。约翰·威尔克斯大胆又成功地拥护臣民在法律前的自由,但是全部是非争议都集中在一般逮捕令实际却很狭窄的合法问题上面。汤姆·潘恩的煽动性小册子已经在某些阶层中广为流传,但是国会几乎没有听到有关人的抽象权利。在英国秘密地掀起了改革的浪潮,并在地方造成了旋涡。

不过,在以土地为基础的社会上建立均衡政治制度的梦想,正变得愈来愈不真实。十八世纪的最后四十年当中,出口与进口总额增加了一倍多,人口也增加了二百多万。英国正在默默地从事工业与农业方面的革命,这场革命比这时代的政治骚动更具有深远的影响。蒸汽机为工厂与铸造厂提供了新的动力来源,使工厂与铸造厂迅速增加。运河的网络也建立起来,可以廉价地将煤运到新的工业中心。新的精炼法使铁的生产量增加了十倍。具有坚硬耐用路面的公路延展到各地,把全国更加紧密地连接在一起。日益扩展且信心十足的工业社会正在形成。城市工业的快速成长、圈地与改进农作的方法使小地主渐渐消失。制造业的突飞猛进,日益兴旺的中产阶级应运而生,而必须在王国的政治结构中找到一席之地。这一切都使得改革派的要求显得不足。社会正兴起一场剧变,地主们于 1688 年得到的垄断地位已不能维持下去。

人民情感与智慧的生活也起了深刻的改变。美国革命的成功使让国人必须自力更生。他们内心自省，发现自己的自鸣得意与反常心理已无法抵挡公众的眼光。约翰·卫斯理的宗教复兴运动已经打破了"理性时代"冷漠如石的外表。卫理公会教派活动所焕发出的人们的热情与它对贫穷的下层人士的传道，加速了十八世纪世界普遍的瓦解。长久以来都支持辉格党的不信国教者，其财富与重要性都已增加，并重新抨击英国国教大权独揽，于是他们被禁止进入国会，与选举权无缘。但他们因为心志富有想象力形成了有志识、有冲劲与心怀不满的团体。简而言之，这些就是威廉·皮特二十四岁出任英国首相时所遭遇到的骚动与难题。

* * * * *

让皮特掌权的选举是这个世纪规划最仔细的选举。有人认为，人们反对乔治三世亲自执政的强大浪潮使得皮特出任首相。事实上，乔治三世曾向皮特求助；以财务大臣约翰·鲁滨逊这位幕后人物为首的国王代理人，所建立的整个选举机构都交由这位年轻的政治家处置。1783 年 12 月，鲁滨逊与皮特在挚友亨利·邓达斯①位于莱斯特广场的府邸会晤。鲁滨逊草拟了一份关于选举区的详细报告，并使皮特深信可以获得平民院多数的席位。三天之后，福克斯与诺斯被国王免职，接着产生的选举就创造出威廉·皮特保留至十九世纪的多数势力，证明他们的这个计划很有道理。全国民众都接受这次选举结果，视其为国家的正确决定。

这个多数势力以许多分子为基础，如皮特个人的追随者、乔治三世交给他处置的"王室势力"、立场超然的乡绅、因福克斯企图抑制他们的政治权力而渐行渐远的东印度公司利益团体，以及由邓达斯为首的苏格兰议员。这个队伍实在罕见，代表着有广大民众支持的基础。

---

① 梅尔维尔子爵。——译注

皮特并无意步诺斯勋爵的后尘，他看起来正将国王从行事不择手段的政府中拯救出来，所以托利党人都支持他。辉格党人也记得他曾经拒绝加入诺斯内阁与曾经拥护改革国会制度。"老帮派"的失败导致国家颜面无存，并且毁了国家的财政也与他毫无关系。这位态度庄重、少年老成、滔滔善辩、不会贪渎，而且苦干的年轻人，遂以他父亲的名声为基础屹立在权力的高岗上。

他在壮年时少有稔友，唯独二人——亨利·邓达斯与威廉·威尔伯福斯——在他的一生中扮演决定性的角色。邓达斯是位性情好、随遇而安的唯物论者，也是十八世纪政治风气的体现者。当时的政治盛行贿选，以钱来买国会席次、尽情享受官位、在幕后发挥影响力以及怀疑一切。他掌控着苏格兰的选民与东印度公司在政治上的效忠，因此是位不可或缺的盟友，而且他将国会中新的多数派团结在一起。至于皮特本人，虽然不贪渎，却很依仗十八世纪政府机制的支持。

另一方面，唯一得到皮特信任的人是威廉·威尔伯福斯，他是皮特在剑桥时期的朋友，笃信宗教并且有崇高理想，是这位年轻首相良知的守护者。他属于新世代，质疑十八世纪令人厌恶的自鸣得意。他身边的那群人被称为"圣徒"，这个称呼并无贬抑之意，他们在平民院中形成一个紧密的团体，首要的政治目标是废除贩卖奴隶。他们把"福音会教徒"或"低教会派"的权威地位、比较倾向于清教徒的宗教热情吸引到身边。查塔姆的儿子——威廉·皮特就驾驭着这两股对立的势力。

这个时代最伟大的演说家福克斯与伯克都是皮特的对头，他们高谈着宏大的改革计划。然而皮特受到邓达斯的帮助，以静静的、就事论事的方式重新构建实际可行的国家政策。可惜他的追随者形形色色，限制住了他的行动范围；众多的利益团体，使他早期上任的希望成空而志不得伸；他未能立法反对贩卖奴隶。威尔伯福斯与他的"圣徒"一直受到布里斯托尔与利物浦两地商人的阻挠，这些商人都是政府的支持者，皮特拒绝疏远他们。由于皮特的努力如此微不足道，使得多数人开始怀疑他身为改革派的真诚；废止贩卖奴隶还必须等到福克斯再度上台的时候才实现。但是威尔伯福斯从不允许别人怀疑他的朋友，他会对此加以责难，并且一直相信皮特在国会所作的判断。

皮特在未来还需要有极大的耐心，因为他的支持者都很固执、善妒且常心存不服，让他想要改革爱尔兰政府的企图遭到挫折，而这种改革在失掉美洲殖民地之后是势在必行。仅在苦战，皮特与邓达斯才说动平民院通过《印度法案》，成立像福克斯所提议，但又似乎比较无效力的监督委员会。这个机构一直维持到六十年后的印度叛变之后。邓达斯因为获得管理这个委员会之权，他手中的权力就这样大大加强了他的政治地位。1785 年 4 月，乔治三世国王与市邑的议员摧毁了皮特的另一个希望，他们否决了他所提的国会改革措施。

如此一来，皮特一上台便被十八世纪的政治势力征服了。他未能废止贩卖奴隶，未能解决爱尔兰问题，也未能使国会更加代表全国。不过他就任早期有一项成就，就是《印度法案》。不过这项法案不但没有减少，反而增加了政治腐败的机会。他十分清楚地看到改革的必要与道理，但他宁可常常与抗拒的力量妥协。

*　　　　*　　　　*　　　　*　　　　*

皮特在最实际且迫切的难题——整顿与重建国家的财政，最有成就。他为财务部创立了管理明智且不尚贪渎的传统，这传统至今犹存。他的内阁岁月适逢经济思想暨贸易思想的风起云涌。1776 年，亚当·斯密所著的《国富论》出版，在整个教育界声名鹊起。皮特深受这本书的影响。第一大英帝国信誉扫地，几乎已经从地图上消失了。另一个在加拿大、印度之间的相对之地正在发展起来，即詹姆士·库克船长刚绘入航海图且将很少为人所知的南方大陆①添加入图。但是紧密经济帝

---

① 澳洲大陆。——译注

国单位的概念——即殖民地在贸易事宜上永远受母国的管辖，它们与其他国家的贸易往来都应受到全面限制——已经证明是极为有害的。现在时机已经成熟，应该揭橥自由贸易的原则了。亚当·斯密以坚定、讥讽的文章痛斥重商主义。皮特深信亚当·斯密之说。他是英国第一位相信自由贸易的政治家，有好一阵子他的托利党追随者也接受这种理论。老旧、牵涉不清的关税壁垒制度首次做了系统的修正。总共有六十八种关税，有若干货物都须缴纳许多个别的累加税；一磅肉蔻至少应当要付九种不同的关税。皮特于 1784 年与 1785 年对这种混乱稍加整顿，进行了大面积的关税改革，第一个显著效果是走私的情况大为减少。

进一步的改革巩固了财政收入。我们一定得将现代"预算"这个办法归功于皮特。他招募了一些能干的官员，重新整顿岁入的征收与支付，成立审计处，取消财务部的许多闲职。国家财政的情形实在很可悲。1783 年年底，国会为了战争而拨出的四千多万英镑军费全都账目不清。政府的信誉很低，内阁不为人所信任，高达二亿五千万英镑的国债，比沃波尔主政时代增加了一倍半以上。皮特决心让财政收入有所盈余，用来减轻庞大的国债负担。

1786 年，他为此目标引进一项法案。每年准备一百万英镑购买股票，将利息用来减轻国债，这便是时常遭到批评的"偿债基金"。这个计划有赖于每年岁收的节余超过支出。后来，没有节余的时候，皮特都时常被逼着用以高利率借来的钱维持"偿债基金"。对于采取如此所费不赀的手续，他所持的理由是属于心理方面的。国家财政的健全与否，由"偿债基金"中的数目来评断；数目若大，伦敦金融界便会对财政产生稳定的印象。后来贸易复苏、经济效益更加繁荣，用了十年便付清了当时很可观的一千万英镑。

1786 年，海关与国内各税局合并，监督委员会重新改组，以它现代的形式成立。但是皮特理政最惊人的成就是与法兰西谈判《伊登条约》——亦即根据新的经济原则而签订的首项自由贸易条约。皮特手下一名能干的年轻官员威廉·伊登奉派往巴黎谈判，期望让法兰西对英国棉制品降低关税，同时表示英国也将对法兰西的酒类与丝制品降低关税。这两种商品都未与任何英国产品竞争，但是兰开郡棉制品的出口损害到法兰西东北的纺织制造业者，并且使其受到此开明措施波及的法兰西工业阶级日增不满。

对皮特而言，进一步的重建与改进希望被欧洲的战争与革命粉碎了，造成他个人的悲剧。他的天赋主要在工商管理方面，他最伟大的纪念物是他有关财政的论述，他精通数字。如柯勒律治①所言，皮特的心智发展过早，没有"大智若愚的迹象，也不像智力日增的人"。他发现他难与他人相处，他进入权力圈后便与其他人断了联系。从1784年一直到1800年，他都不与人来往，只在伦敦狭窄政坛与他在帕特尼的宅邸之间来去。他对于这个大都会以外地区人的生活一无所知，甚至在平民院与政治俱乐部当中，也与人保持疏远。

皮特非常清楚十八世纪英国的经济变迁，却对国外政治的狂澜不敏感。他坚信不干预原则，不为法兰西旧政权的崩溃所动。他不动声色，冷眼旁观国会中他的两位反对派领袖福克斯与伯克就这个问题而起的争执，他只关心其他的议题。如果法兰西人决定反对他们的统治者，那是他们的事。如果想要像英国一样建立君主立宪，那或许是件好事，只不过这全然在皮特的考虑之外。皮特首相对于辉格党反对派热心支持法兰西革命分子的事充耳不闻。伯克与其他人相信，英吉利海峡对面政局的不安会危及英国的君主制度，也会危及文明社会的种种原则，但皮特对伯克等人的警告全都不予理会。

1789年到1793年，当时巴黎与法兰西各地兴起可怕且使世界动摇的动乱，震撼人心。英国政治却处于宁静平和的气氛中，仿若处于真空状态。目睹此种情形确实了不得的事。关于预算的演说，大法官瑟洛勋爵因为对皮特有阴谋而被免职的事，说明内阁所有成员互相忠

---

① 柯勒律治（1772—1834），英国诗人、评论家，著名诗作有《忽必烈汗》与《古舟子咏》等。——译注

诚与意见一致，反对贩卖奴隶的动议，这些全都是来自伦敦的新闻。皮特决心避开山雨欲来的欧洲冲突，因为他深信，如果任由法兰西的革命分子自行整顿门户处理内政，英国就可以避免卷入战争，于是他一成不变地避免发表能被阐释成挑衅或表示赞同的言论。他无动于衷地注意反对派气势汹汹要求以武装运动去对付不开明的专制政治。反对派担心奥地利与普鲁士的君主会干预并弭乱法兰西革命。他们以福克斯为首，在战争中看到了破坏皮特大权独揽的希望。但是伯克说："对个人而言，自由是他们可以做他们喜欢做的事；我们必须在冒险恭贺之前，先看看采取什么行动会使人们高兴。"他的看法比较接近全国人民的普遍情绪。王室对于法兰西君主的困境表示同情，如果干预变得不可避免，王室自然偏向支持路易十六。皮特不偏不倚维持中立路线，并且以他特有的倔强坚持中立立场，度过了充满动乱的三年。

第十七章　美国宪法

　　美国独立战争已成过去，十三个殖民地可以自由创造自己的生活，这一场奋斗已经对原始的政治组织产生了重大的影响。它们依据1777年签署的《邦联条款》，设立了一个虚弱的中央政府。它的权力只相当于殖民者可能容许英国王室所享的权力。它们的大陆会议既没有权力也没有机会在如此广大的土地上，于革命与战争的废墟中创立秩序井然的社会。

　　美国最强有力的分子，是来自内陆边境地区的小农民。他们为陆军供应兵源，而且在大多数州内根据民主方针重新制定了宪法，控制着立法机构，小心地护卫着自己州的权力。战争结束后，大陆会议所代表的联邦可能在战后的压力下丧失功能。美国社会被强大而互起冲突的利益团体弄得四分五裂，农民欠城市居民很重的债务。大陆会议滥发纸币造成通货膨胀。到了1780年，一美元金币值四十美元纸币，每个州都承受着债务重担，为了偿还利息而征收的税赋让人们不堪负荷，各处都可以看到贫困的小农民出售财物，发国难财的人则乘机崛起。在美国社会中，债务人与债权人之间、农民与商人兼金融家之间的鸿沟日益扩大，带来了日益加深的经济危机与动荡不安。希望延长债务期限的运动广布四方。在马萨诸塞州，农民与退伍士兵都因担心货款抵押品收不回来而起义举事。1786年秋，丹尼尔·谢斯上尉率领一伙武装农民企图攻击县法院。人们都非常担心这样的事会如野火燎原。华盛顿本人像克伦威尔一样拥有大批财产，他写道："每个州都有易燃物，一丝火星就可能使它着火。对于已经发生的失序情形，我的感受比笔墨表达的多到不知何种程度。"

不仅国内的情形需要采取行动，和约中若干棘手问题也都未获解决。偿还英国商人的债务、补偿忠王派的损失、撤离英国在加拿大边界上的贸易站与要塞处处都亟须解决。英国政府正在立法抵制美国货运。西班牙在佛罗里达重新安顿下来，防止美国在西南部的拓展活动。法兰西也感受到惊天动地的巨变即将来临。美国与法兰西正式结盟。有远见的人察觉到另一场世界冲突迫在眉睫。各州的失序使美国呈现混乱，全国未统一且欠缺组织，似乎很容易成为外国野心势力的猎物。

城镇市民日益要求修正《邦联条款》，谢斯的起义刺激起行动。1787年5月，来自十三个州的代表在费城开会讨论此项事宜，坚决主张建立强大中央政府者占绝大多数。农民领袖①之一的弗吉尼亚的帕特里克·亨利拒绝出席，他们之中最伟大的人物托马斯·杰斐逊因驻节巴黎未到会。这次大会中有位领导人物叫亚历山大·汉密尔顿，他代表纽约市极有权势的商业利益团体。这位相貌英俊、富有才华的人，是西印度群岛一位商人的私生子，在战争期间于华盛顿的幕僚中崭露头角。后来他进入纽约上流社会，拥有美好的婚姻。他凭自身能力进入统治阶级，且认为统治阶级应当继续统治。现在他成了要求能干的中央政府及限制各州权力者所肯定的领袖。欧洲面临的危机及民主制度所受的威胁，促使这些人在代表大会中展开高层次的辩论。大多数的代表都赞成联邦政府，但是还在为方法与细节争辩不休，许多歧见与讨论互相抵触。较小的州急于在十三个州这个大社会中保留平等地位，嚷着反对联邦政府的代议席位简单地以人数为基础。

所有的代表都来自大西洋海岸地区久已建立的中心，但是他们不自在地体会到，自己的权力与影响力不久就会受到西部人口增长的威胁。在俄亥俄河与阿利根尼山脉以西的广大土地，已被大陆会议规定，

---

① 现在也被人称作农业民主派。——译注

任何地方只要拥有六万自由的居民，就可基于平等加入联邦。那里的人口正在拓展，他们要求自己的权利只不过是时间的问题。四海知名的十三个州会发生什么事呢？它们曾经将英国人赶走，它们有某种正当理由感到自己比起这些遥远的半拓居区域的居留者更加知道政治与联邦的真正利益所在。来自宾州的古弗纳尔·莫里斯——这不同寻常的教名由他的母亲、名作家古弗纳尔小姐所取——这么说："人们常栖息的地点，并非遥远的旷野，而是适当培养政治人才的学校。如果西部地区的人民掌权在手，他们将会毁掉大西洋沿岸居民的利益。"这两点都很正确。大西洋沿岸各州有财富兼经验，但是新西部地区有充分资格加入联邦；在费城参加大陆会议的代表也没有采取任何防止新西部加入联邦的步骤。一旦东、西部发生冲突，西部似乎显得比较有力量与前途。大陆会议代表都心怀疑虑与焦虑地开始制定《美利坚合众国宪法》。

这项宪法是份简明扼要的文献，它界定了新中央政府的种种权力，设立了一位行政首长——总统。总统由州议会推举的选举人间接选举产生，任期四年，有权否决国会的法案，但是也会受到弹劾；他是军队统帅与政府最高首长，仅对人民负责，完全不从属于立法机构。众议院以人口比例为基础，两年一选。但是这种对民主原则的让步，由州议会六年一选而设立的参议院予以抵消。参议院保卫有产阶级的利益不受凭借人口比例原则而选出的众议院的压力，以及通过与总统共享任命官员与签订条约的权力来控制这个权力很大的政府机构。最高法院位于这宪法体系的顶峰，由总统提名，并由参议院批准、终身任职的法官组成，它担负起司法监督的任务，不仅强制监督国会通过的法案，而且还有州议会通过的法案，以确保它们符合宪法。

上述情形就是 1787 年 9 月在费城设计出来的联邦机制。在它本身范围内，至高无上的国家权威逐渐建立起来。但是这个权限范围有严格的界定与限制，依宪法而授的一切权力不是归联邦政府，就是操在州的手里。这里并没有乔治三世在威斯敏斯特的大臣曾经试图行使的中央"专制"。这个历经艰难困苦与奋斗建立的新国家，此后就由世界前所未闻之物——成文宪法——予以巩固。此项有权威的文献，一眼看去便与英国成文宪法中的许多传统与前例呈现出鲜明的对比。它未含有革命性的理论，也非以法兰西哲学家挑动欧洲的著述为基础，而是将英国旧学说重新表述，以应付美国的急迫需求。这部宪法重申英语民族信奉许多世纪以来痛苦演进的原则，它将英国人经年累月关于正义与自由的观念奉为神圣，此后在大西洋的西岸将被视作美国的基本观念。

当然，成文宪法本身带着刻板僵硬的危险，但是又有什么人能够预先立下解决后世难题的规矩呢？在费城的代表们深知这一点。他们做了宪法可以修正的规定，拟定的文献在实践方面比较灵活且允许人修改宪法。但是任何提议的更改，都会遵照开国元勋的指导原则，必须在讨论及辩论中被全国接受才行。宪法主要的目标是保守的，将保护各州的原则与机制，不容许随意、任性与考虑不周的篡改。美国人民根据基本的学说建立了政治制度，这个制度将受到尊敬与忠诚的对待，就像英国对待议会与王室的态度一样。

*　　　　*　　　　*　　　　*　　　　*

接下来得将宪法公布于众。代表们都预见奉行民主与孤立主义的州议会会否决它，因此建议召开地方代表大会，对新的治国方案进行投票。汉密尔顿与罗伯特·莫里斯的强大而完善的组织团体已经变成知名的联邦党。他们二人希望所有与国家息息相关的人（即使其中有些人不愿在战争期间为了各州的行政管理而建立革命团体），都能看出新宪法的意义与道理并且限制极端分子的影响力。

对于边远莽林地区的居民，以及小农民的农业民主政治领袖而言，这部宪法似乎背弃了革命，他们扔掉了英国的统治得到地方自由，现在却创造另一个更有力与强制性的机构。即便有人告诉他们，说他们正在为人权及个人的平等而奋斗，他们也知道这部宪法旨在保护财产、反对平等，但仍在日常生活中感到合约与债务的背后，有强大的利益团体在压迫他们，但是他们群龙无首。即便如此，在弗吉尼亚、纽约和其他地方对于宪法的通过都有激烈的争辩。杰斐逊担任外交任务驻节巴黎，焦虑地深思新政权的问题。但是汉密尔顿与莫里斯一伙人在一系列称为"联邦党人"的公开信件中宣传得有声有色，并占了上风。

《"联邦党人"信件》是美国文学中的经典。在当时源源不断的争议性著作当中，它所含的实用智慧有如鹤立鸡群。作者关心的并不是有关政治理论的抽象论点，而是威胁美国的真正危险、现存联邦的弱点以及新宪法各项条款中值得辩论的益处。汉密尔顿、约翰·杰伊与詹姆士·麦迪逊都是主要的执笔者，前两位都是纽约人，麦迪逊是弗吉尼亚人，没有一位作者来自新英格兰，这地区已失去了它以前在国内的显著地位。这几个人的性格与见解都大不相同，但全都认为在宪法中建立全民信念是十分重要的。唯有这样，十三个州中许多不协调的声浪才能够趋向和谐。他们在这方面的成就及可以持续成功多久，都在他们撰稿以来已经消逝的一又四分之三个世纪中得到见证。《"联邦党人"信件》所建立的信念，至今仍受到美国人民的拥戴。

《"联邦党人"信件》力称：自由可能被滥用成为放纵。美国必须建立有秩序、实现安定和有效率的政府以避免灾难。一位联邦党人在其中一篇信中有力且全面地陈述了这个长存的问题。

人类获得财产权的才能五花八门，因人而异，这种不同正是不可超越的障碍，让人无法拥有同样的利益。保护这些才能是政府的首要目标。由于人们有保护不同的、不平等的获得财产之能力，因此便产生了持有不同程度与不同种类的财产之现象。这些财产对于各个所有者的感情与看法的影响，使社会分成不同的利益团体与党派。

派系之争的潜在原因植根于人的天性之中；而它在公众社会

的不同环境中，在每个地方都引起不同程度的活动。对不同言论的渴求，已经将人类分成党派，并且互相煽动、憎恨，使他们更加倾向折磨与压迫，不愿为了谋取共同益处而进行合作。但是最普遍与持久的分裂来源是对财产所做的各种不同的、不平等的分配；有产者与无产者形成了社会中不同的利益团体；债权人与债务人也被类似地区分开来。地主利益团体、制造业主利益团体、商人利益团体、金融家利益团体以及许多较小的利益团体，都在文明国家应运而生，而且将这些国家分化成被不同的感情与看法驱使的不同阶级。规范不同及互相干预的利益团体，便成了现代立法活动的主要任务，使党派之见卷入政府日常的必要活动之中。

他们的对手也以印刷品从事反击，可惜徒劳无功。弗吉尼亚州的理查德·亨利·李写道："因为我们有时滥用民主，有人遂视民主的支脉为讨厌之物，但我并不与那些人为伍。"每位基于深思的人都可看出，现在提议要做的变更是将权力从多数人手里转到少数人手里。在这派系斗争以及联邦党与激进派的冲突当中，十一个州在十八个月内批准了宪法，罗得岛与北卡罗来纳又袖手旁观了一段时间。新大陆对社会革命极度不信任，社会上两大派别之间的鸿沟仍旧无法跨越。相信人权的人被逼着等待时机，而那些像汉密尔顿一样害怕暴民参与政治，并体会到迫切需要稳定、秩序，以及保护太平洋沿岸地区有产利益的人已经赢了。

1789 年 3 月，新的联邦议会召开会议，参议院与众议院都难以达到法定人数，反对宪法者对此感到欣喜若狂，新政权中没有一点活力与热忱。就在这个月底，足够的议员抵达政府开会的纽约，他们的第一件事就是选举总统。乔治·华盛顿是革命时的指挥官，显然是位人选，他无私又勇敢、有远见和耐心、冷静且直爽，一旦打定主意便不动摇，拥有形势所需的天赋，但他不愿意接受官职，认为没有什么比在弗农山庄过平静、积极的退休生活更能让他感到惬意。但就像以往常见的情形一样，最后他还是担负起职责。当古弗纳尔·莫里斯大义凛然，写信给华盛顿时说："权力的行使视个人的性格而定。你冷静、坚定的脾气，是新政府展现气概时不可或缺的。"他所言不无道理。

关于官衔与地位高低的问题引起了诸多混乱与讨论，招惹批评人士的嘲笑，但是华盛顿的声望给这新设的总统添上了尊严。1789 年 4 月 30 日，在纽约新落成的联邦大厦，华盛顿郑重其事地宣布就职，成为美利坚合众国的第一任总统。一个星期后，法兰西议会在凡尔赛举行会议；另一次大革命即将使一个惶惑的世界感到震撼。脆弱的、未曾测试的美国统一与秩序结构正好及时建立了起来。

＊　　　　＊　　　　＊　　　　＊　　　　＊

许多细节问题还有待安排。第一步是要通过《权利法案》，批评人士不满之处是宪法中居然缺少类似这种基本的主张，于是纳入十项修正案。其次是 1789 年的《审判法》，使最高法院成为联邦机制中最令人敬畏的部分。史家查理·奥斯汀·比尔德①与玛丽·瑞特·比尔德②夫妇合写道：

> 法律加以详尽阐释的细节规定，最高法院由一位首席大法官与五位陪席法官组成，各州有联邦地方法院以及一名检察官、法官与适当数目的副手。这就是创立的权力机构，以便使中央政府的决定成为由新罕布什尔至佐治亚，由（大西洋）沿岸地区到边境的每个社会中充满生气的力量。……《审判法》的制定者还别出心裁设计了一个可以向最高法院上诉的制度。地方政府的措施

---

① 查理·奥斯汀·比尔德（1874—1948），美国著名史家，著述等身，主要有《美国宪法的经济解释》。——译注
② 玛丽·瑞特·比尔德（1876—1948），美国历史学家，著有《美国劳工运动史》等。——译注

与联邦宪法产生冲突时，都可以借这个上诉制度使地方政府的措施变成无效。……简而言之，在美利坚合众国的领土之内，重新建立了昔日大英帝国对殖民地议会的控制，控制权则操在间接选出并且终身任职的最高法官手里。[①]

然而，当时依然还没有政府行政部门。不过很快就成立了财政部、国务院与国防部。新的联邦政府成功与否，有赖于被选出来担任这些要职的人。他们是来自纽约的联邦党要人亚历山大·汉密尔顿；现在由巴黎归国的弗吉尼亚民主党人托马斯·杰斐逊；以及略逊一筹的马萨诸塞州的诺克斯将军。

从 1789 年上任到辞职为止的六年间，汉密尔顿用卓越的能力去培育宪法，并且将美国富商巨贾的经济利益与新制度联结到一起，务求创造出统治的阶级。汉密尔顿意图说明联邦政府意味着强有力的国民经济。依他的建议，政府采取了一系列的措施。1790 年 1 月，他向众议院提出《关于政府信贷的第一份报告》，国家的债务将由国会承担，政府信贷必须依仗对过去义务的承认，国家的战争债务将由联邦政府接管，以便能争取大批债权人关心国家利益，整个债务将获得政府的资助予以偿付；曾因投机而变得无用的旧债券与证券都将由政府买回，并且另外发行新证券。偿债基金即将创设，国家银行也将设立。

金融界对这项计划倍感欢欣，但仍有些人发出不平之鸣，因为他们明白新政府正利用征税的权力，偿还利息给国会承担的各州债务之投机持有者，资本家与农人之间的冲突将再度凸显出来。新英格兰的商人已将他们战时大部分利润投资购买现在大为增值的纸面债券；马萨诸塞拥有最大的州债券，获利也最多。大部分的公债都集中在费城、纽约与波士顿的少数人手中，因为他们曾以巨大折扣购买债券，全国税收依债券的票面价格来偿还他们。于是弗吉尼亚发生暴动，强烈反

---

① 引自查尔斯·A. 比尔德与玛丽·R. 比尔德合著的《美国文明的兴起》(1930)，第一卷。

对汉密尔顿的计划。农人不信任国家财政的整个构想，他们预见托利党财阀政治中的最坏分子将控制新政府。帕特里克·亨利写道：

> 他们察觉到这个制度与 1688 年革命在英国引进的制度有惊人的相似之处。英国的制度已将庞大债务永远加诸在英国之上，而且已经将一种不受束缚的影响力悄悄地交到政府手中，这影响力弥漫在政府的每个部门，压倒了所有的反对力量，而且每天威胁着要毁灭与英国自由有关的一切事物。同样的原因产生了同样的效果。因此，在我们这样的农业国家中，建立、集中并长久维持庞大的金融利益集团之措施……必定在人类事件的过程中产生两种弊病之其中一种；不是农业匍匐在商业脚下，便是改变目前联邦的形式，而此种改变对美国自由的存在是致命的威胁。……为你们撰写请愿书者无法在宪法中找到授权国会承担各州债务的条款。

这种分裂在美国历史中具有持久的影响。强大政党的雏形已经被人察觉到，它们不久就找到了首批领袖。汉密尔顿很快就被人肯定，他是北方金融界与商业利益团体的领袖。他的对手除了国务卿杰斐逊之外别无他人。这两个人曾于新政府成立的头几个月携手合作。的确，汉密尔顿得到杰斐逊的支持获得足够的票数，通过了他提出的关于联邦政府承担各州债务的提案。他能成就此事，是因为同意容纳国会与政府的新所在地应当设在波托马克河河畔跨越弗吉尼亚边界的一座城市，同时费城将取代纽约成为临时首都。但是随着汉密尔顿实行他的财政措施之后，投机风潮骤起，引起了国务卿的反对，造成这两位领袖互相误解。华盛顿受到需要稳定新宪法的影响，于是运用他的影响力防止这两个人公开决裂，但到了 1791 年，杰斐逊还是与弗吉尼亚农人在纽约与北方寻求和汉密尔顿阵营中的不满者结盟。

在破裂发生之前，汉密尔顿提出了他的《论制造业的报告》，成为未来美国保护贸易主义理论的基础。保护性关税与补助金将由政府引进以鼓励国内工业。美国人眼前展现出如英国蓬勃成长的繁荣工业社会的远景。

联邦政府外表的团结因为华盛顿重新当选为总统而又推迟了几个月。但是，杰斐逊与汉密尔顿之间的冲突并不只限于经济方面，对政治的看法也是南辕北辙，终致分道扬镳。他们对人性也有彻底相反的看法；汉密尔顿是位成功非凡的金融家，认为人是受本身的情感与兴趣所引导的，除非是受到严谨的控制，否则他们的动机都是邪恶的。据说他曾说过："人民！人民是只巨兽。"由多数人实行的统治令他深恶痛绝，他认为国家一定得有个强大的中央政府与有权力的统治圈才行，而他由实际统治的工商业阶级支持之联邦机构中看到了美国的希望与前途。英国发展中的社会便是新大陆追求的理想，而他希望凭他在财政部的努力，于大西洋的西岸创建这样的社会。他象征着美国发展的一个面；即成功的与庄敬自强的工商界。工商界并不信任普通人的集体统治，但汉密尔顿在另一种心情下，称这种统治是"民众至上"。但是在这种物质方面成功的福音中，找不到代表美国人民特色与提升他们地位的政治理想主义。伍德罗·威尔逊总统①曾称他为"非常伟大的人，但并不是伟大的美国人"。

托马斯·杰斐逊是在与汉密尔顿完全不同环境中成长的人，与他政治观念对立的预言家，来自弗吉尼亚的边境，那里是顽强的个人主义与博爱思想的家乡，也是力抗英国中央集权阶级制度的核心。杰斐逊曾经是《独立宣言》的主要起草人，美国革命中农民运动民主人士的领袖。他博览群书，对科学的兴趣极广，是位有天赋的业余建筑师，他雅致的古典宅第——蒙蒂塞洛——是根据自己的设计所建造的。他与欧洲哲学中最时兴的左翼圈子保持联系，而且像法兰西的重农主义经济学家一样，主张建立以自耕农为主的社会。他害怕工业无产阶级的程度，一如他厌恶贵族政治一般，工业与资本主义的发展使他胆战心惊。他蔑视也不信任银行、关税、操纵信贷的整个机制，以及纽约

---

① 伍德罗·威尔逊（1856—1924），美国第二十八任总统。——译注

客汉密尔顿正巧妙地引进美国的所有资本主义代理机构。他察觉到联邦政府中央集权的权力可能导致个人自由遭到危险。他勉强地由巴黎回国为新制度服务。时间的流逝与拿破仑战争的压力将修正他对工业主义的厌恶，但他仍坚信，只有在自由的自耕农中间才能实现民主政治。他尚无从预见美国将逐渐成为世界上最伟大的产业与民主国家。杰斐逊声明：

> 欧洲的政治经济学家已经建立了一条原则，即每个国家都应当努力为自己发展制造业。而此原则，像许多其他的原则，我们都将传给美国。……但是我们有广大的土地，吸引人们发展畜牧业。那么，用我们所有的公民来从事它的改进，或者抽出一半的人力为另一半人制造工业品与手工艺品，岂不是上上之策？……大批种植者道德败坏的现象，没有什么年代或国家曾经提供关于它的范例。它是那些人身上的记号。他们都像牧民那样不仰望苍穹，依靠自己的土地与行业而谋生，而是依赖顾客的意外损失，以及心猿意马为生。这种消极的态度产生打躬作揖与唯利是图，扼杀道德观念以及为野心狂徒预备称手的工具。……那么，在我们有土地可供劳动的时候，就永远不要期望看到我们的公民忙着于工作台上制造，或是在转动卷线杆。……因为制造业的普遍发展，我们的工场仍可留在欧洲。将粮食与材料运给那里的工人，远胜过将那里的工人运来这里消耗粮食与材料，而且他们同时还会带来自己的态度与原则。①……大城市的乌合之众给纯粹政府的支持添了不少东西，就好像将痛楚添在健康人体上的情形一样。让共和国保持活力充沛的正是民族的态度与精神。这些方面的退化，不久即将噬食国家的心脏——法律与宪法。

---

① 着重号为笔者所加。——译注

杰斐逊坚守着弗吉尼亚人对社会的概念，他们的概念单纯而且未受到个人主义复杂性、弊端与挑战的影响。他在法兰西见到或认为他见到自己政治概念的实现——过时的贵族政治被推翻，而耕地者的权利在革命中得到伸张。汉密尔顿则指望小皮特的英国是他对美国所存希望的具体表现。英法战争的爆发将会使汉密尔顿与杰斐逊之间的敌对与冲突到达紧要关头，预示美国两大政党——联邦党与共和党——的诞生，两党都将经历分裂、浮沉与改变名称，今日的共和党与民主党可以由此追溯自己的世系。

第十八章 法兰西大革命

1789 年，法兰西发生了与世人以前所见的革命完全不同的剧变。英国于十七世纪目击到王室与人民之间权力的激烈更替，但是国家的基本制度并未受到波及，至少不久就都恢复了。英国的人民主权也还不曾朝着普选方向扩大。英国人的自由相当为人了解并且时常受到维护。他们无法要求平等，不平等也不会让人觉得受到非常严重的委屈。因为所有的阶级都混杂在一起，由一个阶级升到另一个阶级，即使不容易至少也是可能的，而且有相当大的机会能够实现。美国在革命中曾经宣布更广泛的人权，在大西洋的西岸树立的自由范例，高贵且光芒四射，对世界施展着令人不敢轻视的影响力。十八世纪末期，人民甚至政治家都无法预见美国引领世界的未来。在欧洲，争取自由、平等与人民主权的动力还必须有赖其他地方，如法兰西。英国的革命纯属国内事务，大体而言，美国革命的情形也是如此，但是，法兰西大革命将从巴黎散布出去且波及整个欧洲大陆；它引起战争，它的回响一直传到十九世纪，甚至更后面的年代。每一次大规模的民族运动，到 1917 年布尔什维克使形势发生崭新的转变之前，都将诉诸 1789 年在凡尔赛制定的原则。

法兰西于路易十六的统治时期，绝对不是最受压迫的国家，尽管时常有人说是如此，法兰西很富足，人民大多很富裕，那么为什么会发生革命呢？关于这个问题的论著成篇累积，但有个事实却很清楚：法兰西的政治机制绝对没有表达人民的意愿，它无法与时俱进。路易

215

十四给予它形式与外貌。在他威严双手的摆布之下，这个机器曾经几乎是从头到尾都在操作，他的继承者承继了他一应俱全的权力，但是全然没有承继他的任何才能，他们既不能使这个机器运作，也无法改变它。同时，法兰西日益成长的中产阶级正伸手要求他们未被赋予的权利，他们觉得对自己如何被人统治的问题应当有发言权。全国都充满未能得到宣泄的政治情绪，动乱因而待机而发。所有好探究的人早就预见这场爆炸是不可避免的，犹如一位英国官员由巴黎报道所说，法兰西的人民已经"被灌输了前所未有的、讨论国是的精神"。在某个时刻，法兰西人普遍的挫折感必然会寻觅主动的表达，它们仅仅需要的是一丝引燃的火花。王室政府弊端丛生的财政制度无法获得矫正，遂提供了这种火花。

法兰西的政府早已破产，路易十四在长达三十年的战争过程中已使得国家民穷财尽。他于 1715 年归西时，公债是年度收入的十六倍多。法兰西人也没有千方百计想躲避这个负担，许多人都孜孜不倦地想使法兰西有偿付能力，可惜都没有成功。这些阻碍想来令人生畏。大部分的人，包括法兰西公民中最有声望且最有权势的人，大都免缴赋税。在不交税的人当中，贵族阶级为数四十万左右。他们可能身为地主及军事领袖，曾经为国家效力，他们的特权可能一度被认为是理所当然，但是这情形已不再如此。英国军事贵族在十五世纪争夺王位的内战中摧毁了自己。法兰西相对没有受到历史的照顾，它的民主制度长久以来都饱受尚武好战、精力充沛、野心勃勃的贵族阶级所攻击与反叛。法兰西历代的国王与大臣都被迫实行后来证明是有害的政策：如果容许贵族阶级凭他们的领地过活，他们会叛乱，但如果让他们在宫中度日则会受到监督；生活慵懒与享受奢侈是有效裁武解甲的方法。这两者凡尔赛都可以供应，大部分由这些受害者付出代价。而大多数的贵族阶级都被强迫或劝导住在凡尔赛，金碧辉煌的巍巍宫廷内一度住有约二十万人，他们在宫中虚掷光阴与金钱，他们需要的令人胆寒的武器是决斗用的长剑。就这样，离乡的地主就此崛起。他们无权插手政治并远离他们的领地，不为他们的佃农所爱，对这些土地或国家毫无贡献，并且从他们不再亲自管理的土地上抽取免付税的丰厚利润。

神职人员的特权也非同小可；教会拥有法兰西大约五分之一的土地，还有土地上许多有价值的建筑物。教会当局由这些来源每年可以得到大约四千五百万英镑的收入，这笔收入再加上什一税便又增加了一倍。然而有三个世纪之久，大约有十四万教士、修士与修女不曾为财产或财富付过税。他们享受权利如同他们占有国家财富一样不公平。他们当中大部分的人都很虔诚、克己与正直，但仍有一群在政治上贪图富贵、眷恋红尘，并且愤世嫉俗的高级教士，削弱、降低了井然有序的基督教的尊严及影响力。法兰西的天主教会，没有抗拒无政府主义与无神论的力量，而这两者正在欧洲最有文化的国家中沸腾与酝酿。

最沉重的财政负担落在农民的肩上。我们没有夸大他们的困境，自十八世纪初开始，他们就一直在购买土地，而在粉碎欧洲稳定使人民从事一代生死搏斗的大革命前夕，已拥有法兰西三分之一的土地。然而，他们的委屈着实很大，对"农民"土地所征的税，几乎是对"贵族"土地所征税的五倍。不过最令他们痛恨的税是人头税（法国1789年前施行），即从每一百里弗（法国旧时流通货币名，当时价值相当于一磅白银）收入中抽五十三里弗。受财源枯竭所迫的政府所滥用与误用的包税制，使农民更受其害，众多的间接税与各种征收更加增添了苦况。1788年的冬天，这种苦况非常凄惨，许多人死于饥饿。有人说得好，革命并不是由饥饿的人民发动的。农民过的日子并没有比前一个世纪的生活差，还可以说舒适了一点。他们大多数对政治没有兴趣，只渴望能够自由，摆脱压迫他们的地主与不合时宜的各种税。革命的动力来自其他地方。由于贵族阶级已经没有干劲，失去了信心，神职人员又意见分歧，军队已不可信赖，国王与宫廷缺乏治理国家的意志与能力，只有小资产阶级拥有争取权力的欲望与夺取的决心与自信。

小资产阶级并不像我们今日了解的那般民主。他们因某种理由而不信任群众，但是无论如何都预备煽动与利用群众来对付"拥有特权"的贵族，而且在必要时用来维护自己的地位，对抗君主制度本身。卢梭①在他著名的《社会契约论》及其他文章中，曾宣扬关于平等这个主题。每个人不论多么卑微，生来都有权利在治理国家中扮演角色。虽然这是很久以前所有民主制度所承认的学说，但是卢梭是第一个用广义、尖锐的言辞将它明确表达出来的人。伏尔泰②与对狄德罗③主编的《百科全书》有所贡献的学者及政论家，长久以来对所有为人所接受的宗教观念与社会观念表示怀疑。这些编辑《百科全书》的人旨在对法兰西人阐明统治应秉承理智，同时应为了知识而追求知识。在旧政权严加控制的政治世界里，这些观念都像有力的酵母一样开始发生作用。在路易十六的统治时期，没有任何人能说这些观念将领导中产阶级追求权力到何种程度。

不幸的是，在十八世纪的法兰西想要夺取甚或发现权力的宝座都非易事。这个国家由众多公仆管理行政，他们当中某些人由政府支薪，某些人靠他们职权范围内所抽取的佣金及利润过活，某些人则为私下聘雇。这个制度已经长久败坏且毫无效率，造成档案成堆、办事复杂的局面。一位法兰西的史家，在法兰西大革命爆发后不久，述说居然花了四十年书信往来才能修补教堂屋顶。压迫并激怒了这个国家的并非专制政治，而是混乱。在革命的前夕，有位大臣向国王报告说这个国家已经"不可能加以统治了"。

---

① 让－雅克·卢梭（1712—1778），法国思想家、文学家，其思想和著作对法国大革命和十九世纪欧洲浪漫主义文学产生巨大影响，著作有《社会契约论》等。——译注

② 伏尔泰（1694—1778），法国启蒙思想家、哲学家，主张开明君主制，著有《哲学书简》、哲理小说《老实人》（又作《憨第德》）及历史著作等。——译注

③ 德尼·狄德罗（1713—1784），法国启蒙思想家、物质主义哲学家和文学家，《百科全书》主编。——译注

＊　　　　＊　　　　＊　　　　＊　　　　＊

　　为了对这种费用浩大的杂乱情况进行改革，政府曾做过许多尝试。为了筹集金钱，甚至做了更多的尝试。在路易十五的长期统治期间，公债总额已经大为减少。路易十六于 1774 年登基时颇有心励精图治，任命能干并且正直的杜尔哥为财政大臣。杜尔哥的计划都很单纯，若是允许他执行的话，这些计划可能会非常有成效。他提议为了应付国家赤字，政府与宫廷都得力行撙节。他还建议将徭役（即农民在道路上服强迫性的劳役）与闲差及地方关税一齐废止。压制同业公会或行会，以及促进国内谷物的自由贸易，将可增加社会财富，振兴实业活动。但是谷物的自由交易导致投机、面包价格上涨，甚至发生暴动。由于贵族阶级被杜尔哥抨击他们的特权搞得很难堪。宫廷中由玛丽·安托瓦内特王后为首，指责他是革命分子，所以他任职四年就被要求下台了。他所有的改革几乎全部一扫而空。这些改革显然很必要，全国人民也知道他们的国王无法实行这些改革措施。

　　杜尔哥于 1776 年下台。两年后，法兰西与蒙受战火的美洲殖民地结盟。他的消失并没有解决任何问题，与英国作战还需要更多的钱。国家赤字达到五亿里弗，大约二千五百万英镑，不过在当时这也不是什么惊人的数目，依靠合理的税收制度就可以将它摆平。但是在凡尔赛，哪里找得到理由呢？路易十六身处窘境，任命一位瑞士新教徒内克尔为"财政总监"。内克尔以杜尔哥的命运作为前车之鉴，他明白不可以去招惹贵族阶级的特权，因此致力改革监狱与医院，以及废除对嫌疑犯严刑逼供的制度。他做的事尚不只这些，他还设立地方议会来从事激励地方政府的工作，但是这些议会都有各种不切实际的新观念，盲目憎恨中央政府，所以纷纷在叫嚣中沉没了，几乎鲜有例外。内克尔受到阻挠感到失望，遂于 1781 年 5 月辞职。

　　此时，美利坚合众国的诞生激起法兰西民众的意志，他们也想尝一下自由的滋味，美国都可以获得自由，他们为何不能？在拉斐特率领下的法兰西志愿兵，与罗尚博麾下的王室部队曾在美国独立的奋斗中扮演角色。为什么旧王朝一定要压抑法兰西人的自豪与精力呢？但是宫廷依然穷奢极欲，行政混乱，国库空虚。路易十六失去了杜尔哥与内克尔，变得不喜欢统治，除了狩猎、制造钟表及饮宴之外别无所好。他只剩下一个方便之途，即是举债借钱。到了 1785 年，政府的存款已经山穷水尽。次年，政府召开"显贵大会"，要求大会同意对所有财产同样课税以及取消财政特权。大会拒绝这些要求，直到他们后来知道这场灾难的原因才交了税。神职人员都持反对观点，纷纷回家去。政府的崩溃迫在眉睫，巴黎发生暴动，王后与首席大臣的肖像遭人焚烧，除非政府承诺召集议会，否则无法募集贷款，路易十六只好向这场风暴低头。1788 年，内克尔在欢呼声中奉召还朝，面对着紧迫的财政困境而召开议会。在此时造访法兰西的英国议员写下了预言："那么严重的混乱局面与狂热情绪，将不会轻易地消逝。……整个王国的革命时机似乎已经成熟了。"

＊　　　　＊　　　　＊　　　　＊　　　　＊

　　议会即是法兰西的国会，在法兰西历史上每逢重大危机时，都曾召开议会以便领导国家与支持王室，但是它已经有一百七十五年没有召开过了。人们找不到什么尚在使用的传统来指导处理事务。现在它可能完成何事，它的权限止于何处，只能依靠猜测，国王的大臣没有拟定任何政策。于凡尔赛聚集的议员所面对的决策，不论是英明或愚笨都有无限的机会。议员可以自行去改革法兰西或使它复兴，再不然就是通过派系的权力斗争将这个国家掷入无政府状态及战争中。不到三年的时间里，议会与它的后继者已经完成了一场全面的革命，在欧洲引发了重大的冲突。但是在 1789 年的 5 月 5 日，却没有人预示政治激情的发展速度与程度，每种景象似乎都是法兰西古老代议团体与君主制度讲和。在这个阶段中，甚至狂野之士也几乎不曾想到君主制度会被推翻，人们都希望议会制度在共同目标下支持君主制度，法兰西不久就会加入立宪国家行列。议员于 5 月 4 日前往圣母院做弥撒时，没有任何人想到他们的工作会导致现代欧洲第一个无情独裁制度的诞生，它甚至博得了"恐怖时代"之名。他们也不曾想到，自己的无能将为欧洲自尤利乌斯·恺撒以后最伟大的战斗者铺好统治之路。

根据任何欧洲曾享受到的最广义的选举权，法国的五百万选民选出了大约一千五百名议员，神职人员与贵族阶级各自举行选举，人数占整个"议会"半数的"第三政治集团"，包括有地主、商人、律师、医师、行政官员以及其他专业的成员。他们带着各自选民的抱怨来到凡尔赛，他们的情绪可以用英国熟悉的词句做总结：在他们表决对王室拨款之前，先平反冤情。代表中产阶级的财产、教育与天赋使他们与国家有着利害关系，因此要求得到发言权。他们是"启蒙运动"的信徒，其中某些人读过伏尔泰、卢梭与《百科全书》编著人的著作，也都精通关于自由与平等的理论，决心要在自己实际的领域中应用这些理论；少数人自大西洋对岸形成的伟大民主制度试验中汲取灵感，所有的人都意欲伸张自身的权利，不仅是发言让别人听到，而且要求分享长期未曾享受的统治权。许多比较谦卑的神职人员与少数开明的贵族都与第三政治集团有同样的见解。

议会首要的问题是如何进行投票。"第三政治集团"迅速察觉到，如果全部三个议院一起开会投票表决，那么，赞成改革的议员就会占绝对多数，尤其宫廷现在对它们引起的危险已有所警觉，若强迫三个政治集团（三个议院）分别投票，宫廷就能保住它的权力，挑拨享有特权的两院对抗这第三院。路易十六被苛求的王后催促着采取行动，他召来部队关上议会大厦所有的门，将"第三政治集团"摒除门外，并且扬言要解散他们，这些措施导致了革命出现第一个转折点。第三院根本无所畏惧，他们已经改变了名称，自称"国民议会"。面对着议院锁住的门，他们现在撤到邻近的网球场，并于 6 月 20 日在那里立下著名的誓言，永远都不中止商讨，并且"不论什么地方只要环境许可，便继续开会,直到这个国家制定宪法,并在坚实的基础上巩固宪法"。于是一个一院制的国民代表大会宣告诞生,此后另外两个政治集团(即两院)也不复存在了。

国王对这场危机举棋不定,本想使用武力,但又担心发生流血事件而犹豫不决,他之所以如此,乃因天生懒散且富有悲天悯人之心。他设法对代表们发表严峻的训词但却毫无用处。议长坚定地告诉他说:"没有任何人能对全国的国民议会下令。"路易十六做出让步。一位英国的评论家阿瑟·扬对这事件发表意见,恰当地表达了世人的看法。他是农民兼农业学者,当时正在法兰西旅游。他评论"国民议会"时说:"他们一举将自己转变成查理一世的'长期议会'。"这是句预言。但是法兰西的历史将比十七世纪英国的历史发展得更快。路易国王仅剩下三年的日子了。

抗争的场面现在移到巴黎了。这个了不起的大都会拥有六十万居民,半个世纪以来都是这个国家人文荟萃的智识之都,法兰西人民的希望、观念与抱负都以这里为中心,而不是以凡尔赛的繁文缛节为焦点。巴黎因为王室部队集中在它的周围而人心惶惶,在巴黎所有六十个区自发地开始招募民兵。"武装起来吧!"的呼声处处可闻,志愿投效者不计其数,但是武器寥寥可数。他们很快就找到了补救之道,7月14日的清晨,一群民众强行进入军人疗养院,夺取了大批的手枪与大炮。这些武器都被一一分发出去了,现在唯一要搜集的是弹药。巴黎主要的弹药库在巴士底狱,那里很阴森,长期以来都是王室的监狱。从早上一直到下午,民众都在与看守指挥官洛奈侯爵进行谈判,没有任何人知道战斗是如何发生的,是因为心怀不轨还是因为失误。洛奈侯爵向外面的群众开火,他们的领导者都拿着白旗。洛奈侯爵的行动等于是发出了总攻击的信号。外面的人请出大炮,进行炮击。民兵个个视死如归,英勇奋战。经过两个小时的战斗之后,这座城堡沦陷了,它立刻遭到劫掠,石块被逐一拆除,洛奈侯爵被杀死,他血淋淋的头颅被高挂在桩子上,似乎预示着更多凶残的事即将到来。

222

就这样，代表王室权威的主要象征倒下了。当时巴士底狱只关了七名犯人，其中一位是疯子。但他们的获释，反倒引来法兰西全国各地的欢呼。波旁王朝中最仁爱的国王路易十六，迄今签发有他印玺的逮捕令不下一万四千件，他常有很好的理由，往往不经审判就将他的臣民交付囹圄。巴士底狱的陷落显示王室专制作风已经告终。对于自由大业与巴黎群众而言，它是奏凯祝捷。随着这次暴行的成功，法兰西的革命已向前迈出了血腥的一大步。

* * * * *

1789 年夏天，对于外在的世界与在法兰西的外国人而言，这一场革命似乎已经实现了它的目标。人们皆认为一切都已经过去了，特权已经被推翻了，人民的权利已获得伸张，国王与国民议会将坐下来为国家计划新的未来。英国驻法大使报告称："最伟大的革命已经完成了，而人命损失甚微；我们从此可以视法兰西是个自由的国家。"他的话算是表达了当时人们共同的看法。伯克在英国沉思默想，他比较有远见。在他后来付梓的《法兰西大革命回想录》中，察觉到即将发展的形势。他以流畅的言辞指出，法兰西的剧变并不像 1688 年英国革命那样，恰如其分地尊重传统而完成高尚而有秩序的改变。法兰西大革命与过去的传统完全决裂，君主制度还将苟延残喘两年，同时国民议会在商讨理想的宪法，以便二千五百万法兰西人民能依此宪法自由地生活。但是不理性的力量已经以理性之名松绑释放而且不易受到遏制。法兰西注定要经历每种革命形式的实验，虽然后来其他国家也出现这种形态，但是结果差别不大。法兰西是一座熔炉，近代革命的各种尝试首先在那里得到检验。

在凡尔赛的路易十六因为巴士底狱的陷落感到心绪不宁。他最年轻的弟弟阿图瓦伯爵对这件事所代表的意义十分清楚。阿图瓦伯爵后来成为查理十世国王，他是另一次革命的受害者。阿图瓦与一伙追随他且不肯顺应时势的贵族逃到国外去，反动派也跟着开始迁至国外。大约有二十万贵族阶级成员与他们的眷属，据说在后来的三个月期间申请拿到他们的出国护照，这些人被称作"移民"，在德意志与意大利避难，许多人迁往科布伦兹与都灵，在国外密谋反抗法兰西建立好的新秩序。国王、王后与宫廷偷偷摸摸与他们书信来往，国民议会与巴黎的群众都十分担心新建的立宪制度下的国王会与"移民"联手背叛他们，并且在外国势力的援助下恢复旧政权。他们的疑惧并不是没有根据，路易十六像英国的查理一世一样，认为阳奉阴违是王室的特权，在表面上接受许多令人倒胃口的改革，同时又在王后的教唆下秘密设法推翻改革。

巴黎人很快就明白了这一点，市民的领袖控制着决策。10月，他们决定将国王从凡尔赛召回巴黎，与国民议会一同置于监视的范围内。民兵已成为"国民警卫队"，由美国独立战争中的英雄拉斐特担任指挥。他是位有崇高理想的军人，现在投身担任法兰西革命的裁判角色，但这并不是有规则可循的游戏。10月5日，巴黎的妇女出发前往凡尔赛，抗议面包价格太高，国民警卫队中有许多人是她们的丈夫，决定陪同前往。他们前往有何不可呢？这项行动成了家庭出游，拉斐特勉强地率领他们前去。午夜时分，他们抵达了皇宫，场面失序，国王与王后不得不面对群众，但仍表现得很庄严。拉斐特表示，如果路易十六回巴黎，他会保证国王的安全。路易十六同意了，次日在首都高高兴兴地接受欢迎。巴黎赢得了另一次胜利，自从路易十六登基以来，凡尔赛宫首次关上了百叶窗，拉上窗帘。

*   *   *   *   *

国民议会随着国王迁回巴黎，但是不久前才有大约三百位议员辞职或告假。他们对于局势变化如此快速感到惊惶，担心首都的安全，于是都愿意退居外省或流亡国外。国民议会宣布封建制度结束，并且拟好了《人权宣言》，宣布所有的人享有平等的公民权，继而废除世袭的爵位，还将属于教会的土地收归国有。这些土地终于可以自由地贩卖与分配，一个土地新阶级诞生了，他们将一切都归功于这次革命，也将成为革命部队以及拿破仑帝国部队的中坚分子。

议员的热情并没有就此打住。接下来改革了司法制度，将神职人员（或他们之中会接受改变者）变成领国家薪水的公仆，取消傲慢的旧行省，并将全国分成今日的八十六个省（或行政区）。1789 年参加革命的人绝不允许相似的诸多方案相互影响。欧洲对巴黎正在推行的政策感到惊讶、惊惶。不久之后，革命的原则就从法兰西伸展到国外，强行令欧洲一些古老的国家接受。法兰西的革命领袖都开始梦想以武力来传播人人平等的福音。

如果有人被授以权力，或许能控制住局势的扩大。米拉波伯爵①是位相貌丑陋、生活随便的人，然而他拥有真正掌握形势的能力。麦考莱曾经公道地描述他："在小节方面，他和威尔克斯相似；在大节方面，他与查塔姆的才干有几分相近。"米拉波在能力、口才与判断力方面都高出他的议员同侪，因此到处遭人嫉妒与不受信任，宫廷也不听他的话，不采纳他经常提出的谏言。他在 1791 年 4 月去世，雄心大志完全没有实现。法兰西失去了他，等于失去了一位几乎与克伦威尔相伯仲的人才。

国民议会的领导权现在落到群众煽动家与极端派的手里。大权首先传给了吉伦特派②，这样称呼是因为他们的主要人物来自波尔多周围的行政区。后来领导权又落入雅各宾党人手中，他们的名称取自杜伊勒里宫③附近的一个修道院，此处现在充当政治会议的场所。

对于所有这些狂热分子的行动，路易十六至今一直表示默许。他佯装无所谓，忍受着当前的窘境，虽然在公开场合说"可"，其实心里

---

① 米拉波伯爵（1749—1791），法兰西大革命时期君主立宪派领袖之一，于 1789 年当选为出席三级会议的三等级代表，于 1790 年充当王室的枢密顾问。——译注
② 法兰西大革命时期的一派，其中议员来自吉伦特省。——译注
③ 法兰西王宫，建于 1561 年，1871 年焚毁。——译注

想说的却是"否"。他身边是来自哈布斯堡的专横王后,她一直深信她可以使历史的进程改向。长久以来都有人秘密谏劝国王离开巴黎,到外省聚集保守分子以求自保。以前每当巴黎的气氛使国王感到难耐的时候,国王总是成功地采取此策。路易十六则不然,他决心孤注一掷,企图逃往东北边境。他将亲自率领"移民",并借奥地利兵力援助以重建王室威权。6 月 20 日午夜,他化装成仆侍溜出皇宫,王后则装扮成女家庭教师,带着子女与他会合,一起乘坐四马拉驰的马车向北急驶。行驶了一夜,次日又在酷夏中奔驰了一天,这是这年最长的一日。那天傍晚,在距巴黎一百四十英里、距边境仅三十英里的瓦伦镇,由于一连串的意外,路易十六错过了忠心耿耿等候的护送人员。换马的时候,他从马车窗口露脸呼吸新鲜空气,被急于在革命中立功的驿站长根据他薪水里的几张纸币上的国王头像认出了路易十六。国王、王后与他们的子女都被逼着下车,由警卫看守,次日毫无颜面地被引回巴黎。此次的逃亡失败,使得君主制度走向末日。这位国家元首在革命分子眼中是背信弃义,有负所托。如今什么都救不了他了,摆在他面前的还有一年半不自由的日子。他的一举一动都受到严密监视,群众甚至冲入了杜伊勒里宫,当面侮辱他。不久他就陷入囹圄正式被废,以"公民卡佩"①的身份受审,并于 1793 年 1 月 21 日由吉约坦博士发明的死亡机器(即断头台)予以处决。直到最后一刻,他都很勇敢地保持着尊严。就他的头颅落下时,共和国获得了胜利。

欧洲现在还陷在战火之中,冲突已于前一年的 4 月开始,直到二十三年后才在滑铁卢战场告终。吉伦特派内阁很焦急,一直心有所惧地注视即将取代他们的狂热雅各宾党人。它已经对奥地利宣战,希望借一场民族解放运动撑住它濒临危险的政府。在莱茵河的对岸,奥地利、普鲁士与"移民"的军队已经集结了一段时间,他们来势汹汹,扬言要消灭法兰西大革命的怒火。几个月平静无事,此时奥地利与普

---

① 公民卡佩,卡佩乃法兰西王朝名,卡佩家族包括波旁等旁系。——译注

鲁士的君主瓜分了波兰，并吞了这个不幸共和国的大片疆土，且来不及迅速消化，他们在秋季开始入侵法兰西。对世人而言，显然仓促成军的法兰西民兵无法抗拒普鲁士与奥地利的正规军，但是法兰西正快速变成全民皆兵的国家。杜穆里埃将军出乎意料地在瓦尔米以大炮击退了普鲁士人，全国仿佛受到了激励。接着他出兵攻占尼德兰的奥地利行省，革命共和国一举就席卷了路易十四奋斗四十年而未能到手的广大土地。一个国家以所有的人力与资源进行全面战争，在历史上尚属首次。新的人物崛起，领导并指挥着法兰西的力量。他们之中有力拔山河、精力充沛的乔治·雅克·丹东；铁面无情、不贪渎、性情专横的马克西米连·德·罗伯斯庇尔；善于恶语中伤、煽动暴民的天才让·保罗·马拉，以及活得最久、善于设谋取胜的国防部长拉扎尔·尼古拉·卡尔诺。在杜穆里埃的部队中，有许多年轻又热忱的军官与士官，也都将成为传奇，例如米歇尔·内伊、尼古拉·苏尔特、乔基姆·缪拉、拉纳、路易·尼古拉·达武、马尔蒙、安德烈·马塞纳、维克托、让·安多歇·朱诺及贝尔纳多特。法兰西最伟大、战绩赫赫的时代开始了，欧洲其他国家将面临长期的劫难。

第十九章　对抗中的法兰西

英国的辉格党人，特别是改革派与激进派，起初都欢迎法兰西大革命，不久却对它的过分行动起了反感。十八世纪的伦敦并不是没有民众起义的经验，但是在威尔克斯的动乱与1780年乔治·戈登勋爵领导的暴动中，法律总是制服了乌合之众。现在，法兰西对所发生的事情做了令人害怕的示范，即改革派释放出来的社会力量如虎出柙般完全不受控制。大多数的英国人都对法兰西的情势感到恐惧而退缩。只有福克斯乐观看待，在平民院中单枪匹马，尽量本着良心为这场革命仗义执言。为了此事，他遭到故友兼盟友伯克不留情面的攻击，而反对派中忠实的追随者也跟着递减。同样的感受也普及到全国爱自由的年轻人中，满腔热忱地称赞起1789年法兰西大革命。威廉·华兹华斯[①]写道："能生活在那个黎明真是幸福。"蓬勃、新兴的浪漫主义运动的其他诗人与作家也与他有同样的看法。几年之后，他们当中的大多数人却都感到幻灭。有些思想进步的科学家与政治思想家同他们今日的同行一样，忠心支持外国的革命观念。他们在开会的时候，为7月14日与法兰西宪法举杯庆祝，但是他们在英国所有的保守大众当中，只不过是很小的潜在势力罢了。比较危险的是正在主要城镇突起，通常由中产阶级领导的激进派工人团体。他们与巴黎的雅各宾党人保持密切的书信往来，并且派遣团体代表去参加国民议会，以及后来的"制

---

① 威廉·华兹华斯（1770—1850），英国诗人，作品歌颂大自然，重要作品有与柯勒律治共同出版的《抒情歌谣集》及其他诗作。——译注

宪会议"。这些鼓动者在英国社会虽属少数，但他们表达的声浪却不小。英国政府最后终于采取强硬的行动来对付他们。

这就是世界革命的观念在巴黎风起云涌时英国的景象。1792 年，法兰西的新统治者无缘无故对政治犯进行屠杀，使英国许多自以为是的革命分子感到震惊且信心动摇。1793 年处决法兰西国王的行动更使蔑视权威臻于极点。丹东在他著名的演说中对法兰西大革命的态度做了总结："盟国的国王都威胁着我们，我们则将一位国王的首级丢到他们的脚下，以示挑战。"马拉①大声疾呼："我们必须建立自由的专制政体，来粉碎国王的专制政体。"法兰西共和国的部队不仅是奥地利与普鲁士部队的威胁，也是法兰西政府的威胁，因此实在应将他们置于战场，如同吉伦特派的部长坦白所言："和平不可能实现。我们有三十万武装人马，一定要竭尽全力地从事长征，否则他们就会回来割我们的脖子。"

皮特在 1792 年的预算发表演说中宣布，他相信欧洲能享有十五年的太平。他奉行的政策是不干预。在他面对战争问题之前，对英国而言，比屠杀贵族或在制宪会议中发表演说更重要的事、比世界革命的威胁更具体的事必定要发生。在英国历史中屡见不鲜，战争导火线这次又是来自尼德兰。到了 11 月，法兰西当局指示他们的将领，奥地利部队撤到哪里，法军就追到哪里。这项命令显然威胁到荷兰的中立。法国当局的第二项命令，是宣布安特卫普与大海之间的斯海尔德河开放以供航行。一个星期之后，法兰西的战船炮轰安特卫普的堡垒，11 月 28 日，这座城市陷入法军之手。十八世纪国际政治的微妙均衡因此被打破。

英国外交大使格伦维尔勋爵于 12 月 31 日在给法兰西大使的照会中声明英国政府的立场，从那时起，其中的字句就被人们接受，视为英国外交政策的经典说明：

---

① 让－保尔－马拉（1743—1793），法国大革命时期雅各宾党人的领袖之一。——译注

> 英国永远不会答应法兰西随其之意在其自称的天生权利之借口下自行裁决,擅自否认经由神圣条约建立,以及所有强国同意予以保证的政治制度。本政府,恪守其已遵守逾一世纪之准则,决不会漠然坐视法兰西直接或是间接地使她自己成为"低地区"的君主,或欧洲权利与自由的一般仲裁者。如果法兰西真正希望与英国维持和平与友好,必须表示愿意放弃其侵略与扩张的政策,并且将其本身限制在自己的疆域之内,而不侮辱其他的政府,不扰乱它们的平静,不侵犯它们的权利。

1793 年 1 月的最后一天,法兰西制宪会议在丹东演说的鼓动下,宣布将奥属尼德兰并入法兰西共和国。次日,法兰西就对英国与荷兰宣战,并且坚信英国国内的革命迫在眉睫。皮特现在别无选择。法兰西占领了法兰德斯海岸,特别是斯海尔德河河口,已经严重危及英国的安全,英国与欧洲大陆的贸易将陷入危机,英吉利海峡也不再安全。但如果不是有这种来自巴黎的蓄意挑衅,皮特可能还会躲避这个问题。如今,尼德兰南部已落入法军之手,世界革命即将爆发,这个威胁就如火烧眉毛般无法逃避了。

皮特于 3 月在平民院演讲中,以沉痛的心情首次提出战时财政的建议,并勾勒出冲突的原因。

> 引导我们进入战争的动机很多。听说过为了维护荣誉的战争,这也被人们认为是审慎与政策性的战争。在现在的情势下,可以激发民族情绪或激励他们努力的任何因素,都同时促使我们参与战争。法国人蔑视我们严守中立的态度,违背神圣誓言的信仰,妄想干预我国的内政,煽动我国臣民反对政府,侮蔑我们感激、尊敬与爱戴的君主,并且企图离间王室与人民,说它别有动机并代表不同的利益。在一再发生如此无理、至为严重的挑衅之后,

这件事对于我们而言，岂不成了攸关荣誉的战争？岂不成了为了维护民族精神与英国尊严而必须从事的战争？我已听说为了整个欧洲安全而从事的战争。难道那些战争不是因为欧洲国家发现了法军长驱直入、大肆扩张的威胁吗？我听说过为了新教而从事的战争；我们在这种情况中的敌人，同样是所有宗教（路德宗、加尔文教）的敌人。他们渴望借着武力，于各地传播他们在原则上信奉的异教制度。我听说过为了合法继承而从事的战争；但是现在正为我们世代相承的君主制度战斗。我们与将破坏我们宪政结构的人战斗。当我看着这些事情的时候，它们给予我鼓励与安慰，支持我义不容辞去从事的痛苦任务。回顾这次战争之前所处的繁荣景象，我们应当知道目前事物井然有序的意义，以及去抵抗那些无法享受我们幸福生活，因此对我们存有恶意与嫉妒而企图破坏的人。我们应当记住，在目前的危机中繁荣的情况使得我们努力奋斗，以及供应形势紧急时所需要的手段。我确信，现在所从事的大业中，努力只会与我们的生命共存亡。基于这种立场，我提出了决议案，现在并期待你们的支持。

英国即将进行二十年以上的战争，现在则面临着大规模的备战任务。而部队因为缺少装备，将帅与士卒战斗力或许较以前任何时候都差。这些军务的情况，以及陆、海军的行政，如此骇人听闻，还能成就任何事，可真是奇迹。皮特本人对于战争或战略一窍不通，指挥的工作大都落在地道的商人亨利·邓达斯的肩上。依十八世纪的旧传统，他拥护殖民地暨贸易战争，这种做法受商人阶级的欢迎，并且带来贸易上的利益。有几年英国远征西印度群岛，因为人员不足及企划不善而浪费大批资源。由于这些错误的军事行动，募集人马显得困难重重。

只要英国拥有一支小而精悍的部队，这场战争对它而言就不会有多大困难。它可以与由莱茵河一带移动的盟军一同沿法兰西的海岸直击巴黎，推翻挑起这场冲突的共和国政府。但如今，皮特仅能派不到五千的人马去帮助荷兰盟军保护边境。接下来的军事攻势,完全有损英军的名誉。英军试图夺下敦刻尔克,结果悲惨地收场。到了1795年,英国在欧洲大陆的部队已经被逐退到德意志边境的埃姆斯河河口,并撤退回国。伦敦曾经对法兰西保王党寄予厚望,因后者在法兰西内战中曾发动大胆计划,想要扼杀革命。1793年,法兰西保王党夺取了土伦。邓达斯已经将所有可用的英国部队派往西印度群岛,否则这个供入侵的重要基地早就稳稳到手了。

*　　　　*　　　　*　　　　*　　　　*

土伦的局势发生了其他的变化。一个法兰西陆军的年轻中尉出自首屈一指的科西嘉家族,他精通炮术与军事技术,刚好休假离开兵团,顺道出访指挥雅各宾党人围攻土伦的杜哥米耶将军营地。他沿着炮列巡视,指出所发的炮弹达不到一半射程,这个缺陷修正后,这位身为炮术专家的中尉开始在指挥部有了发言权。不久命令由巴黎到达,规定根据见习形式的战术攻城,部队正好缺少所需的物资。没有任何人胆敢驳斥领导法兰西事务的公共安全委员会的指示。不过,在白天露天召开的作战会议上,这位身为专家的中尉大声发言,他说这些命令都愚不可及,其他的人都有同感。不过还是有法子夺下土伦,他在地图上指出在土伦海岬上的埃居莱特要塞堡控制着土伦港的入口,他说:"夺取土伦,关键就在那里。"其他的人纷纷奋不顾身地服从他的命令,他策划并且率军攻打埃居莱特要塞堡。一场恶战之后,土伦陷落了。由数以千计保王党防守的土伦防线仍旧保持完整,攻城者兵力薄弱的战线与它远远地相对。但在埃居莱特要塞堡陷落的早晨,英国舰队正离开港口。这位中尉不仅了解占取土伦港的军事意义,而且还了解保王党防御土伦所坚持的精神力量及政治实力。英国舰队一离去,所有抵抗力量就土崩瓦解,结果守军仓皇地逃到尚未离开的船只上。土伦城投降了。数以千计的无助俘虏原本可能是反革命的先锋,都遭到了惨不忍睹的报复。有人向罗伯斯庇尔兄弟，以及在巴黎的公共安全委员会报告这些事的时候，他们都乐于进一步知道这位精明干练、显然乐意助人的中尉的情况。他的姓名就是拿破仑·波拿巴，他攻下了土伦。

"恐怖时代"达到了最高点，巴黎的政治狂热氛围弥漫。任何人都不知道什么时候会碰到劫数，每天都有四五十名男女前往断头台受死。政客与人民为了自保，联合起来反抗罗伯斯庇尔。1794 年 7 月 27 日，或者根据新的法兰西计算方法是第二年的"热月"①9 日，因为革命党人已经决定撕掉尤利乌斯·恺撒与教皇格列高利的公历而重创历法。就在这一天，在激烈的骚动中，罗伯斯庇尔被拖下送去断头台。在土伦扬名的中尉拿破仑也因为这桩事而又被抛回到原位。他与罗伯斯庇尔兄弟相识，是他们的"智囊"，如果情势有任何变化，可能随着他们而走入冥府。但"恐怖时代"的偏激行为已随着罗伯斯庇尔而告终，后来的督政府②不久就需要他了。1795 年，设立了一个受人尊敬的政府，导致巴黎富裕人士武装起义。督政府的官员身处险境，其中的巴拉斯想起了夺下土伦的中尉。于是，拿破仑被授权指挥军队，将大炮全都列置在议会的四周，并且开始驱散宣称根据公共意志公平地举行自由选举的平民。"葡萄月"③13 日的炮击事件，使拿破仑再度鱼跃龙门，次日就宣称由他指挥法兰西部队抵抗意大利北部的奥军。他以争取光荣及战利品的希望激励衣衫褴褛、饥肠辘辘的部队，并于 1796 年率领部队通过阿尔卑斯山脉的隘道，进入景色宜人、土地肥沃、尚未遭到战火蹂躏的地区。在一连串最危险的小型战役中，以极寡制胜，击败了奥地利许多指挥官，征服了意大利半岛北部宽广的地带。由于胜利，使他战胜了军事领域的所有对手，成了法国大革命的利剑。而他决定要利用革命来摧毁革命，这是他的第三个阶段。科西嘉人、雅各宾党

---

① 热月，法兰西共和历的 11 月，相当于公历 7 月 19 日到 8 月 17 日。——译注

② 督政府（1795—1799），法兰西第一共和国的政府。——译注

③ 葡萄月，法国共和历的 1 月，相当于公历 9 月 23 日到 10 月 22 日。——译注

人与将军是他走过的几座里程碑，下一步就是效法亚历山大大帝的方式征服东方，计划先入侵埃及，然后占领君士坦丁堡，以及征服亚洲所有其他城市。

*　　　　*　　　　*　　　　*　　　　*

英国政府被迫在国内采取未实行且具有代表性的严峻措施。共和制度的鼓吹者都被扫入监狱，《人身保护法》暂时搁置不用，有头有脸的作家都以叛国罪名受审，但是政府无法说服陪审员定他们的罪。根据新的《叛国法》，即使对宪法做温和批评也会遭到危险。自1782年以来，不受威斯敏斯特摆布而由新教议会统治的爱尔兰，处于公开反叛的边缘。皮特认为，只有对爱尔兰天主教徒做出很大的让步才能够避免叛乱。能言善道的爱尔兰领袖亨利·格拉顿曾经竭力为国家争取更多的自由，极力主张应将选举权、参加议会及担任官职的权利都给予天主教徒。他们虽然得到了选举权，但仍未得到议会的席次。

使这些黑暗岁月变得光明的胜利寥寥可数。1794年，装备不良、军官不足的法兰西海峡舰队曾与英国海军将领豪将军不太热烈地交战。三年之后，西班牙已与法兰西结盟，在圣文森特角的外海，西班牙舰队被英国海军将领约翰·杰维斯与霍雷萧·纳尔逊彻底打败，但由于海军中的装备遭到忽略，以致在斯皮特海德停泊的英国军舰都拒绝出海。

这项抗命行动拓展到诺尔，伦敦实际上被英国舰队封锁了几个星期。同时，法兰西的舰队在公海上前往爱尔兰搜寻，并无所获。英国海军全都忠心耿耿，他们在国王寿诞之日所放的礼炮也十分响亮，炮内火药十分充足，将希尔内斯的防御工事都轰塌了。英国做了轻微的让步，满足善变的官兵后，在坎珀当外海漂亮地打败了法兰西的卫星国荷兰，恢复了荣誉。同时，英格兰银行暂时停止支付现金。

法军在欧洲大陆各处高奏凯歌。拿破仑已经降服了意大利北部，正准备通过阿尔卑斯山的各处隘口攻击奥地利。1797年，他与奥地利签订《莱奥本草约》。若干月后改订《坎波福米奥条约》，比利时已并入法兰西，光荣历史可以上溯到中世纪黑暗时代的威尼斯共和国沦为奥地利的一个行省。米兰、皮埃蒙特与意大利北部的许多小公国，也合并成为新生的奇萨尔皮尼共和国。法兰西在西欧称雄，在地中海借着与奥地利秘密的协议，因而不必担心来自德意志的攻击。唯一要做的只有考虑下一步要征服何地。清醒的人可能主张借道爱尔兰攻打英国，拿破仑却认为应当在更大的战场上施展身手。1798年春天，他率舰启航直奔埃及，纳尔逊也尾随他而去。

8月1日下午，纳尔逊舰队的一艘侦察船发出信号，表示许多法兰西战舰停泊在亚历山大东面的阿布基尔湾。十三艘"装有七十四门大炮的法兰西军舰"一字排开，差不多长达二英里，舰头朝西，停泊在浅水区，舰的左侧是危险的浅滩。法兰西海军将领布鲁伊深信英国海军将领无人敢冒险在浅滩与法舰之间航行。但是纳尔逊知道这些舰长们的能耐。黄昏时分，"歌利亚号"后面跟着"热心号"，谨慎地溜到法舰前锋与海岸之间，在日落前的几分钟内开始行动。五艘英舰一连串地在敌舰与海岸之间通过，同时纳尔逊在"先锋号"上面，领着舰队的其余舰只几乎停在法舰战线的右舷这边。

法军水手有许多人都在岸上，军舰的甲板上堆满了索具，他们不曾想到要清理海岸面的炮眼。暮色快速地低垂，法舰陷入一片混乱，四盏平行挂着的风灯映照着英舰无情地打击敌舰，沿着战线一艘又一艘。十点钟的时候，布鲁伊的旗舰"东方号"爆炸了，它前面的五艘军舰早已投降，其他的军舰不是锚链被击断，便是企图避开燃烧中的"东方号"而乱成一团，无助地随波逐流。清晨的时候，有三艘法舰撞到岸上后投降了，第四艘被舰上军官放火烧毁，这支曾经运送拿破仑军队前往埃及冒险的庞大舰队，仅剩两艘战舰与两艘护卫舰逃脱。

纳尔逊在尼罗河的大捷中切断了拿破仑与法兰西的联系，结束了他征服东方的宏愿。他对叙利亚境内的土耳其人发动军事攻势，在阿卡被西德尼·史密斯爵士与英国水兵在那里进行的防御所阻。1799 年，拿破仑逃回法兰西，将军队弃置不顾，英国舰队再度在地中海称雄，这是个转折点。英国在 1800 年耗费时日的围城之后攻下马耳他，已在地中海得到一个巩固的海军基地，舰队不需要像战争早期那样回国过冬。

但是英国政府无法根据欧洲战略要求的规模，想出协调的军事计划，因为它资源有限，盟邦又很少靠得住。它曾派次要的远征队伍前往欧洲大陆周围的一些地方。英军袭击过西班牙的布列塔尼，后来还袭击了意大利南部。这些行动骚扰着当地敌人的指挥官，但是几乎不曾影响到大规模战争的进行。拿破仑再度在意大利统领法兰西军队，1800 年 6 月，打败了在皮埃蒙特境内马伦哥的奥军，法兰西再度成为欧洲的霸主。英国此时对战争的贡献是英舰队保持警戒与英国给予盟国的经援。拿破仑嘲弄英国是"一个店小二民族"其实有些道理。英国部队除了"针刺"与"牛虻"骚扰战术外，使自己扬名立万的时机尚未到来。将军拉尔夫·阿伯克龙比爵士不悦地说："英军从事的军事行动中有其他军队闻所未闻的诸多风险。"不久，他就在埃及登陆，并且逼法军投降，算是收回了自己对他部队的侮辱。他在 1801 年于亚历山大获胜，却受了重伤，但此役为黎明带来了第一线曙光，法军已经被赶出了东方。

*　　　*　　　*　　　*　　　*

1800 年，英国的政治情况，主要是与爱尔兰通过了《王国合并法》。前几年的震惊与惊惶事件，使皮特决心要在这个多事的岛屿试试最后一招以解决问题。爱尔兰趁英国政府困难重重之际逼迫它做了许多让步，因此要求更多，同时爱尔兰的天主教徒与新教徒正互相残杀。新教徒在爱尔兰北部的阿卡斯特成立了防卫宗教的橙社（又作奥兰治协会）。在爱尔兰南部，沃尔夫·汤恩领导下的爱尔兰人联合会愈来愈不顾一切地求助于法兰西。叛乱、法兰西入侵的企图及残酷的内战使爱尔兰的局势黯淡无光，人们对独立的都柏林议会所寄的希望都渐渐消失了，甚至根据十八世纪的标准，这个机构也腐败到令人吃惊的地步。于是，皮特决定，英格兰与爱尔兰这两个王国的合并是唯一的解决办法；与苏格兰的合并已经成功，为什么不与爱尔兰也合并呢？但是任何协议主要的必需条件，是将爱尔兰的天主教徒从刑法滥用中解救出来。皮特在这个问题上被目前半疯狂国王的良心的疑虑弄得无计可施。毫无顾忌的幕后势力，也就是内阁会议中虚伪的同僚，迫使乔治三世遵守加冕誓言，使国王确信这个问题涉及到他的加冕誓言。皮特自行承诺天主教解放的主张，并未设法从国王那里取得书面批准，1801年3月14日，乔治三世拒绝同意皮特的政策，皮特认为非辞职不可，天主教的解放因此延搁了近三十年。同时，《王国合并法》已经因有人大肆庇护与贿赂压倒了强烈的反对，而在爱尔兰议会获得通过。格拉顿发表了他一生最精辟的反对王国合并的演说，但仍于事无补。威斯敏斯特吸收了爱尔兰议员，并在后来的十九世纪尝到此决定的苦果。

皮特筋疲力尽，倍感厌倦，被英国筹备战争的讨厌任务弄得十分困惑。他曾被后来的史家责备，说他没有指挥大规模战争的能力。史家也指责他的财政措施，这是因为他宁可借贷而不愿增税，因此像前人所为，使后代子孙背上负担。他选择大行举债，缺乏计划地度过每一个年度，一直到发动军事攻势的季节凄惨地结束；一天天地过日子，期望未来红运高照。但是，如果皮特真是位能力平庸的陆军大臣，他的继任者也不见得有多高明。

的确，威廉·皮特有许多缺陷，但他仍傲视同时代的人物。他确实较任何人更能得到人民的信任，因为他坚忍有勇气，从来都不对批评表示畏缩。他以毫不含糊的语调与措辞巧妙地演说，反驳对手：

　　他（福克斯先生）向我挑战，要我用一句话说明这一场战争的目标是什么。我不知道我是否能用一句话，但是我却可以用一个词告诉他，这个目标是"安全"；防止威胁世人的最大危险而争取安全。这种安全是防止在过去的社会任何阶段均未存在的危险，防止在程度及范围上空前严重的危险。这种危险曾遭到欧洲所有国家抵抗，但是不曾有任何国家像英国这样成功，因为从没有任何国家像英国如此上下一心，不遗余力。

皮特的地位被"国王的朋友"与他党派的叛徒凑成的联盟夺走，他们佯称是全国联合政府，笨手笨脚地统治了三年多。他们的领袖是平民院和蔼的前任议长亨利·阿丁顿，其实没有人认为他是个政治家。年轻的乔治·坎宁是托利党崛起的希望。他用嘲笑的押韵诗这样写道：

伦敦大过帕丁顿
皮特也就强过阿丁顿

战时情势要求建立联合政府，辉格党反对派仅仅因为他们缺乏统治经验，就被人们视为不合格，他们在 1800 年便已经因战争的改变——由反抗世界革命的战争转换成反抗世界专制独裁的战争，而变得无足轻重。拿破仑崛起之前，他们不断地呼吁与革命分子议和并且互相了解。现在他们被弄到要理会他们偏偏没有什么权威的战略与军事细节问题。皮特意识到自己身为国家可能的唯一领袖，但这似乎未影响他的行动。像坎宁与卡斯尔雷勋爵罗伯特·斯图尔特这样的年轻人都在他手下任职受过训练，他们对上司忠心耿耿。如同坎宁所写的："我不知道皮特是否愿意拯救我们，但是他确实是唯一能够这样做的人。"

1802 年 3 月，阿丁顿政府借《亚眠条约》与拿破仑讲和，战争因此停顿了一段时间。尽管他的追随者极力反对，皮特仍支持政府讲和。英国旅游人士成群结队前往法兰西，福克斯也在其中，所有人都急着目睹革命的现场，亲自看一看令人畏惧的、现在担任第一执政官的拿破仑是何许人。但是旅游季节很短，次年 5 月战争又起，再度处理失当，英国当局完全未能利用喘息之机改进防御能力。拿破仑现在正于布伦集结兵力，意图入侵英国。皮特已在肯特郡境内的沃尔默退隐。过去岁月的辛劳工作已经损害了他的健康，他未老先衰，过着寂寞孤单、超然物外的自然生活，几乎没有朋友添点欢乐。他与世人接触过的唯一时间就是他下野的短暂期间。当时他担任五港同盟①的主管，组织民兵防止入侵的威胁，这位前任首相策马带着一队杂七杂八的乡下人在南海岸的野外操练。同时距英吉利海峡对岸只有二十英里的地方，拿破仑的大军已准备就绪，仅在等待顺风与无碍的航道。此时此景在英国历史上实属罕见。

---

① 专为王室提供战舰的五个港。——译注

第二十章　特拉法尔加之役

　　1804 年皮特重新上台掌权，他竭尽全力投身于重组英格兰战力的工作中。自英法重新开战以来，英国单独对抗拿破仑，在它历史上最艰难的时期，单枪匹马奋斗达两年之久。最后，皮特的努力终于创造出与奥地利及俄罗斯的另一次联盟，但是这需要花时间。法兰西人此刻已经通过恐吓把欧洲大陆放入不得不接受他们的统治之中，现在正集中其全部武装部队的力量对付顽固的不列颠岛民。他们已制订好周密的计划，要使英国臣服。庞大的军队已经组织好，集中在英吉利海峡的港口，准备入侵英国，平底船舰队也已建造了，准备带二十万人马渡过海峡，争取似乎可以得手的胜利。拿破仑如意到已由教皇为他加冕而成为法兰西皇帝，他的大计只差一件事没有办到，那就是掌控海洋。在从事那样的大业之前，一定得先控制英吉利海峡，像以前以及有史以来，英国王室海军似乎独挽狂澜，防止民族灭亡于一旦。它的任务五花八门，日复一日，冬去夏来，英国舰队封锁大西洋沿岸法兰西海军基地布雷斯特与罗什福尔，以及地中海的土伦。他们不计任何代价地防止法兰西主力舰队会合，为了英国实力所依赖的贸易与商业，保持海上道路的自由畅通；如法兰西舰队偶尔逃脱，英舰都必须追赶且将其击沉或驱回港口。英吉利海峡的"西端"必须绝对无误地守住，不让法兰西侵入。当入侵的危险威胁国土的时候，西端是相距甚远的英国舰队的聚集点，也是海军将领威廉·康沃利斯爵士麾下海军主力的所在地。如同美国史家、海军将领马汉①所说:"法兰西'大军'从来不屑一顾的,远方这些饱受暴风雨侵袭的军舰,使'大军'无法称霸世界。"

1803 年,纳尔逊已经返回地中海,重新指挥舰队。他国家的命运可能在这里决定,他的任务是围堵在土伦的法兰西舰队,阻止它袭击西西里与地中海东部或驶入大西洋,否则它可能会从那里解除罗什福尔与布雷斯特的封锁,强渡英吉利海峡,与来自北面布伦的舰队联手出击。纳尔逊深知此时情势紧急,他身为指挥官,将所有才华都用来创建第一流的机器。舰上人员都经过重新改组,军舰都在极度危险、困难的环境下重新装修竣工。他没有可以监视土伦的安全基地,直布罗陀与马耳他又离他太远,梅诺卡岛已依《亚眠条约》归还给西班牙,他必须到撒丁尼亚与西班牙的沿海城镇去补给。每次淡水用完时,他都被迫解除封锁,将整个舰队移入撒丁尼亚的港口。与土伦港口的法兰西舰队相比,甚至在数目上也未占优势。在这样的情况下,不可能完全包围法舰。纳尔逊急于诱他们出来一战并且歼灭他们,他派了一些护卫舰,构成监视土伦的一道网,他也率战舰停驻在撒丁尼亚的外海,小心地准备随时进行拦截。在那两年中,法舰两度企图出击,但都被打退了。这期间,纳尔逊没有踏上海岸一步,他梦绕魂萦,心里想的都是法舰将往哪个方向逃窜,是西西里与埃及,还是西班牙与大西洋呢?他必须看守住法舰所有的逃亡路线。

拿破仑慢慢编织对英国施以最后一击的周密计划,但是他手中的重要工具却很脆弱。法兰西海军在革命时期已遭到摧毁性的打击。由于财政瓦解,剩下的船舰逐渐失修,已有好一段时间无法增添新舰。军官差不多都已经在断头台上丧生,军纪之差使法兰西海军已无法扮演决定性的角色。即便如此,拿破仑的海军大臣仍竭力重振海军。新的法兰西海军指挥官都能在海洋上袭击商船,表现杰出。1804 年 5 月,

---

① 阿尔弗雷德·赛耶·马汉 (1840—1914),美国海军军官、历史学家,著有《海军力量对 1660 至 1783 年历史的影响》等。——译注

拿破仑皇帝已经将土伦的舰队托付给有丰富航海经验的杰出海军将领维尔纳夫。维尔纳夫明白，除非他走运，否则他的舰艇只能扮演防御性角色。拿破仑无法忍受任何妨碍他大计的障碍，因此，法兰西人制订了一套复杂的佯攻之计，用来欺骗蜂拥至法兰西搜集情报的英国密探。西班牙也被拖到他的计划之中，西班牙舰队是完成主要计划不可或缺的一环。在1805年初的几个月，拿破仑做了最后的安排，精挑细选受过训练的九万多名攻击部队，驻扎在布伦的营地。英吉利海峡沿岸的法兰西港口都无法容纳战舰，在大西洋与地中海的法兰西舰队都必须集中在其他地方，以便掌控英吉利海峡。拿破仑皇帝以西印度群岛为集中地，并令地中海与大西洋的舰队打破封锁，而且如他判断，引英国舰队进入西大西洋的水域之后，就可以命令他的舰队到西印度群岛进行集结，然后法兰西与西班牙的联合舰队就可以与海军将领甘陶梅所率的布雷斯特舰队会合折返欧洲，溯英吉利海峡而上，保证由布伦过海攻打英国。这个计划在纸上作业十分杰出，但是并未考虑到法兰西船舰的状况，而且忽略了英国海军将领在遇到敌人全面来袭时，常常进行重要的集中攻击战略。

1805年4月，纳尔逊正在撒丁尼亚海岸线外守株待兔。消息传来说维尔纳夫已于3月30日趁黑夜出海溜出了土伦，纳尔逊尚未知悉维尔纳夫率领着十一艘战舰与八艘护卫舰朝西航行。狐狸已经出洞，追逐由此开始。运气似乎对纳尔逊不利，他的护卫舰被维尔纳夫摆脱，所以他必须先确知法舰不是奔往西西里或近东。在确定并无此事后，便率舰队首途驶往直布罗陀，当时西风大作阻止其前进，直到5月4日才抵达直布罗陀海峡，此时方知维纳尔夫已经在三个多星期前通过海峡到了加的斯。六艘西班牙战舰已经前来与维纳尔夫的舰队会合，而后开始了横渡大西洋的长途航行。纳尔逊收集来自护卫舰与商船的零星消息，拼凑出法兰西人的意图。现在他充分发挥长才，从令人困惑的、模糊不清的以及相互冲突的情报中看出了法兰西的计划。没有任何证据显示维纳尔夫已经北上，几乎不可能有任何理由指出他会沿着西非海岸南行。因此，纳尔逊在 5 月 11 日做了西航这个重大的决定，他的十艘战舰尾随在敌人十七艘战舰之后。此次航行平安无事，阵容堂堂的英舰以每小时五海里的平均速度追逐着他们的猎物，随后就在西印度群岛中展开一场捉迷藏的游戏。维纳尔夫与他的西班牙盟友于 5 月 14 日抵达马提尼克岛，纳尔逊却于 6 月 4 日才在巴巴多斯登陆，错误的情报使他在加勒比海错过了维纳尔夫。不过他到巴巴多斯的消息仍使这位法兰西海军将领大惊，而立即于 6 月 8 日在大西洋再度出海向东行驶。6 月 12 日，纳尔逊赶到安地卡岛，维纳尔夫的舰队四天前还在那里，纳尔逊必须做出生死攸关的决定。他认为法兰西的舰队正前往欧洲，他的判断对吗？在一封急件中他写道："像教皇一样，截至目前都并非无懈可击，我认为我的意见有可能不正确。因此认为敌舰已前往欧洲，可能是我判断错了。尽管有许多有志之士提出不同的意见，我却无法做出其他的判断。"

离开西印度群岛之前，纳尔逊派了一艘单桅帆船带着急件返回英国。它在 6 月 19 日通过维纳尔夫的舰队，而注意到这舰队的航向与位置。单桅帆船上的指挥官看到了维纳尔夫正朝东北而行，企图前往比斯开湾，于是快速航行回国，于 7 月 8 日抵达普利茅斯。新的海军大臣巴勒姆勋爵，已七十八岁，拥有一生的海军经验，立刻识破了敌人意欲何为。纳尔逊的舰队正尾随在维纳尔夫的舰队后面快速东行，相信将在加的斯赶上敌人，希望能在直布罗陀阻止敌人的舰队进入英吉利海峡。此时，法兰西的舰队正稳步地采取更偏北的路线，往菲尼斯特雷角的方向驶去。维纳尔夫有意将被封锁在费罗尔港的法兰西舰队救出来，待力量增强后，与来自布雷斯特的甘陶梅舰队会合。不过甘陶梅尽管有拿破仑断然的命令，却未能突围，英国海军将领康沃利斯在英吉利海峡西端的舰队将他困在港口内。同时英国海军将领罗伯特·考尔德爵士遵照海军大臣巴勒姆的命令，在费罗尔外海拦截维纳尔夫的舰队，展开了 7 月下旬的特拉法尔加战役。考尔德的行动并没有决定战局，法舰逃到了费罗尔港避难。

同时，纳尔逊已于 7 月 18 日抵达加的斯，发现海军将领科林伍德勋爵守在那里，但未见敌人踪影。纳尔逊明白维纳尔夫一定已向北走，遂在摩洛哥补给，于 23 日向英国水域行驶。拿破仑在同一天抵达布伦，危机迫在眉睫，王室海军的外围舰队自动集结在英吉利海峡西端入口防御这个岛屿，考尔德与康沃利斯于 8 月 14 日于布雷斯特外海会合。次日，纳尔逊率领另外的十二艘船舰到达，将舰队主力提升到差不多四十艘战舰。纳尔逊独自随他的旗舰"胜利号"前往朴次茅斯。随后几天，战役达到了高潮，因为拿破仑仍相信英国舰队已经分散，入侵的时机已经到了，维纳尔夫遂再度于 8 月 13 日由费罗尔驶出，企图与甘陶梅会合，然后入侵英吉利海峡。8 月 21 日，甘陶梅欲离开港口，却遭康沃利斯率领全部军舰包围，法舰只好缩回港内。此时，维纳尔夫已经慢慢进入大西洋，却改变了主意。他熟知舰队训练不佳，补给奇缺，舰上有许多病患，于是在 8 月 15 日放弃了庞大的冒险计划，火速前往南面的加的斯。因此，入侵英国的威胁消失。

急件于 9 月初送达伦敦，报告说维纳尔夫的舰队已经南行。纳尔逊在默顿的家中被召回，奉命重掌指挥权。他说："即便上帝知道我想休息，不论何时，只要有人希望我出征，我就会准备前往。"在热烈欢送的场面中，他于朴次茅斯重新登上"胜利号"并于 9 月 15 日启航。英国全体国民都知道国运现在正操在这位身体羸弱的人手中。两个星期以后，他在加的斯外海与舰队会合，英方现在已有二十七艘战舰了。他写信给科林伍德说："我们只有一个伟大的目标，就是歼灭我们的敌人。"他计划使现在集中在加的斯港的敌舰绝粮，并且逼它进入公海一决雌雄。这件事涉及巡逻整个加的斯附近的海岸线。他将自己的船舰编列成封锁舰队，他的精力与激励使舰长精神百倍，还对他们讲述新颖大胆的作战计划，甚至故意不理会海军部的"作战指示"。为了获得决定性的胜利，他决心放弃传统的与敌舰平行并进的作战队形。他企图在维纳尔夫的舰队从港口出来的时候，大胆地将英舰分成两列，以正确的角度驶入敌方阵线。一旦敌方的舰队前锋被切断，其中部与后

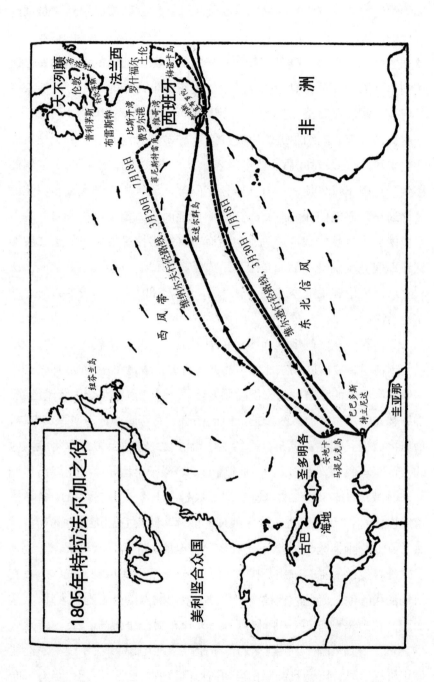

1805年特拉法尔加之役

大不列颠

普利茅斯

布雷斯特

法兰西

比斯开湾 罗什福尔 土伦

费罗尔港 维哥湾

西班牙 菲尼斯特雷角

非 洲

维尔纳夫去时行径路线，3月30日，7月18日

亚速尔群岛

维尔纳夫返行径路线，3月30日，7月18日

东 北 信 风

西 风 带

纽芬兰岛

巴多斯

特立尼达

圭亚那

圣多明各 安地卡

马提尼克岛

古巴

加勒比海地

美利坚合众国

245

部的船舰就会被打垮。纳尔逊与舰长开过会之后写道:"全体都赞同这个计划,因为它很新颖、罕见、简单且一定会成功。"舰队的官兵个个精神紧张却又兴奋,准备迎接即将来临的考验。此时的维纳尔夫已经接到率舰队驶往那不勒斯去支持拿破仑新军事计划的命令;在他获悉即将被人接替之后,决定在继任者到达之前奉命行事。10月19日上午,一艘英国护卫舰向纳尔逊的旗舰打信号:"敌舰已经将它们的上桅帆桁升起来了。"一段时间后,信号又表示:"敌舰由港口出来了。"纳尔逊接到了这些讯息,便率领舰队驶往东南方,切断敌人进入直布罗陀海峡的退路,逼他们在公海交战。21日天亮时分,他从"胜利号"的后甲板上看到敌舰的战斗序列,包括海军将领格拉维纳麾下的十二艘西班牙军舰充当前锋,后面是维尔纳夫指挥的二十一艘法兰西战舰。法军舰队自土伦逃脱至今已有七个月了,自从1803年战争开始以来,纳尔逊首次看到了他的敌人。

英国舰队在法舰西边大约十英里占上风之处。清晨六点钟,纳尔逊发出信号,令舰队朝东北偏东的方向行驶,依计排成两列纵队出击,法舰看到挺进的英国舰队,便向北方行驶,纳尔逊继续全力紧紧进逼。维纳尔夫的水手航海术很笨拙,使他相信不太可能逃走,便下令停船,顶风排成很长的倾斜队形,等待纳尔逊进攻。这位英国海军将领向他的一位军官说:"他们摆出一副随遇而安的样子,但是我一定要给他们从未领教过的教训。"纳尔逊向"王权号"上率领南路纵队的科林伍德发出信号:"我打算进入敌人战舰的前锋,防止它们逃入加的斯港。"然后到他的指挥舱内祈祷:"愿我敬拜的全能上帝,让我的国家,也为了欧洲普遍的利益,取得辉煌的胜利。……至于我自己,我将生命交给创造我的他,愿他的祝福能使我为国效忠而做的努力光耀人间。"两大舰队正愈来愈靠近。"胜利号"上又升起另一个信号:"英国要求人尽其责。"科林伍德看到飘动的信号旗,暴躁地说:"我希望纳尔逊能停止再打信号,因为我们都相当知道自己该做什么了。"但是当有人向他报告这讯息的时候,他所率领的一列战舰反而发出了欢呼声。双方船舰愈靠愈近，英国舰队沉寂无声，每位舰长都瞄准敌手。几分钟之后，两列英国战舰就炮声雷鸣，开始了行动。舷侧炮火咆哮，桅杆的折断声、毛瑟枪近距离的砰砰射击声，在空中乱鸣。"胜利号"猛冲进维纳尔夫的旗舰"布森陶尔号"与"勇猛号"之间，三艘战舰顿时锁在一起，互相以舷侧炮火扫射。下午一点十五分，纳尔逊正在后甲板上踱步，仿佛在检阅的时候被"勇猛号"桅顶射出的子弹打中了肩膀。他的脊椎骨被打断了，在"胜利号"隆隆的炮声中，他被抬到了舱下，战斗仍激烈地进行着。到了 1805 年 10 月 21 日，十八艘法舰投降，其余的舰队也全面撤退；十一艘逃入加的斯，但又有四艘在西班牙的外海被英舰俘获。"胜利号"的航海日志上记下了这个过程："部分战火仍持续到下午四点半钟，此时胜利的消息早已报告给总指挥纳尔逊子爵知道，可惜他却因伤重殉国。"

这场胜利很彻底，且是最后的胜利。英国舰队在最杰出的指挥官指挥下，像他一样尽了它的职责。

＊　　　＊　　　＊　　　＊　　　＊

这时，拿破仑的注意力被吸引到另外的战场。当维纳尔夫在那年夏天无法突围冲进英吉利海峡的时候，拿破仑皇帝突然改变了计划，决定攻打由皮特的外交与金钱而掀起来的欧洲反法同盟。1805 年 8 月，在土伦的法兰西部队拔营出发，开始了前往多瑙河的长途行军。

随后的战役毁掉了皮特的希望与计划。在特拉法尔加战后的那个月里，奥地利的麦克将军于乌尔姆投降，奥地利与俄罗斯在奥斯德立兹战斗中被击溃。拿破仑福星高照再传捷报，这对英国而言，似乎象征着一切都要重新努力。就在这个时候，英国首相接见了一位自印度回国的年轻将领，这位军官直率地记下了他对皮特的看法："他性格上的缺点是过于乐天。……每想到一个方案，就想象它已经履行了。"这个苛刻却正确的判断，出自将与法兰西皇帝的军队数度交手的一个人，他的姓名是阿瑟·韦尔斯利，也就是后来的威灵顿公爵。

个人的忧伤使皮特的生活黯淡起来。平民院经由议长的投票，决定弹劾他的亲近同僚兼终身同伴，受封为梅尔维尔勋爵的亨利·邓达斯。他们指责他对海军部的行政管理不善，导致部属挪用公款。毅然决然地反对邓达斯的演说者，除了威尔伯福斯别无他人。平民院的场面令人感到十分沉痛；皮特听闻威尔伯福斯攻击他另一位好朋友时，不禁热泪盈眶。在这不利的弹劾决定之后，反对派挤在他的身边，"看看皮特如何看待此事"，但是他在支持者簇拥下走出了平民院。正是这种使挚友丧失颜面的耻辱，而不是奥斯德立兹战役，弄垮了这位首相的精神与体力。他于1806年1月去世。威尔伯福斯为他的朋友写下了悼词：

> 他去世的时间与环境特别令人感伤。我真的从来不记得有任何事件对感情产生如此明显的情绪。……他对最复杂的问题都有清楚、周全的看法；他心地公正，追求真理，遇到阻碍后仍承认真理；他宽宏大量，只要认为是对国家有利的，便毅然改变他的措施，尽管他知道将因此被人指控为态度前后不一；他愿意倾听不同意见，听取了解不如己者的建议；他为人纯洁、公正无私、性格正直、热爱国家。就这些方面而言，我从来都不知道有与他相伯仲的人。

伦敦市政厅内，他的纪念碑上有如下的铭文："在败坏的思想蔓延、使文明社会受到解体威胁的时代，他团结了忠心、理智以及善良的人，捍卫值得他尊敬的英国君主制度。"这真是一篇恰如其分的墓志铭啊！

第二十一章　法兰西人的皇帝

　　威廉·皮特的继任者在战争的执行方面表现得十分坚定，却比皮特还要外行。从皮特于1806年去世到威灵顿于1809年崛起的这三年里，由于英国运气作弄，并没有多惬意。英国的军力在对地中海沿岸地区的远征中有所浪掷，只在那不勒斯王国的迈达赢得一次小小的胜利。法兰西突然猛攻，首次被沉着的英国步兵击溃，这次战役的种种报告全都送到英国的阿瑟·韦尔斯利爵士（即威灵顿）手上，强化了他在战场上应当如何迎战法军的看法。但迈达之役在战略上并无重大意义。英国雄心勃勃，想在南美洲的西班牙殖民地建立永久立足点，暂时占领了布宜诺斯艾利斯，最后却失去了有价值的武力。幸亏舰队的奋战，世界的海道得以维持畅通，欧洲重要的西西里岛与撒丁岛也未落入拿破仑的掌控中。

　　1806年与1807年，由格伦维尔勋爵率领的"贤能内阁"整理国政，贤能大都出自辉格党。这是他们自1783年以来首次执政，1830年则是最后一次执政。二十多年来与权力的无缘，已对这个党派产生了潜在的贬抑影响，他们的组织与方案都在领袖们困惑的争吵中烟消云散。欧洲的冲突再起，他们在十八世纪九十年代支持的议会改革运动的希望也落空。拿破仑的崛起破坏了他们有效反对战争的机会，他们零零落落、无关紧要地抨击政府战略方面的提议，现在甚至因为受爱尔兰问题的压力而希望解除对罗马天主教徒的诸多限制，不过在这件事情上他们失败了。陆军大臣威廉·温德姆提出了令人称赞的陆军书面改

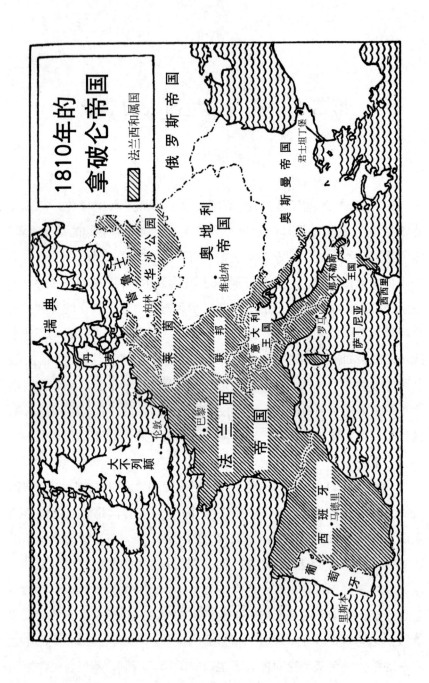

1810年的
拿破仑帝国

法兰西利属国

俄罗斯帝国

奥斯曼帝国

君士坦丁堡

瑞典

丹麦

普鲁士

柏林

莱茵联邦

奥地利帝国

维也纳

华沙公园

大不列颠

伦敦

巴黎

法兰西帝国

意大利王国

罗马

那不勒斯王国

萨丁尼亚王国

西西里

西班牙

马德里

葡萄牙

里斯本

革意见。他建议缩短役期、增加军饷,于是废除了地方民兵。通过了《训练法》,使普遍服兵役成为义务,每一次可召集二十万英国男丁入伍。这在立法上真是惊人之举,但在实际执行上并不成功。威尔伯福斯说:"他是位办事很蹩脚的人,甚至在自己的措施中也看不到明确的目标和详细的步骤。"福克斯废除奴隶贩卖而挽回了政府的统治机能,这项禁止贩奴措施是英国最伟大的成就之一。这项是皮特常常回避的措施,却是福克斯的最后一搏。他热情的口才曾经激励辉格党人达四十年之久,他的整个议会生涯几乎都在反对派的阵营中消磨掉了。死的时候他担任国务大臣,他的强敌皮特已早他一步赴黄泉有九个月之久。

1807 年,辉格党政府垮台。后继者是托利党各派组成的联合政府,名义上由波特兰公爵领导,目标是要尽其所能争取民心。这件事非常成功,托利党的阵营中出现被皮特施以日常府务训练的新人物,如乔治·坎宁、斯潘塞·珀西瓦尔与卡斯尔雷子爵都在伸手抓权。政治斗争集中在陆军部的方针,以及坎宁与卡斯尔雷二人的怨恨与敌对上。这些不安定的情绪,不久便迫使政府放弃威廉·皮特的策略,积极参与欧洲陆上与海上的战争,成了当时政府最重要的事。

＊　　　　＊　　　　＊　　　　＊　　　　＊

速度是十分重要的,因为拿破仑正达到他生涯的高峰。他曾在奥斯德立兹打败俄罗斯与奥地利,成为尼德兰、意大利、莱茵河上各邦的主人。一年后,他又在耶拿击溃普鲁士,成为普鲁士的主人。随后的七年中,法兰西的卫戍部队把守着柏林与普鲁士所有重要的地区。此时的沙皇仍在战场上活跃,1807 年 6 月,俄罗斯军队在埃劳河畔被击败,拿破仑与沙皇亚历山大一世随即和解,双方的军队集结在尼曼河的两岸。两位皇帝在河中的小舟上会面,互相拥抱,缔结了他们之间的和约。不仅订和约,而且结盟。亚历山大一世因为只从英国那儿得到微不足道的支持而与之疏远,自行屈服于拿破仑的魔力之下。这两位君主根据他们共同的利益来规划欧洲。亚历山大一世检阅法兰西的陆军。在拿破仑身边看着禁军行进通过，看到这些老兵都带有刀疤剑痕，不免感到吃惊。他对内伊①激动地惊呼："造成这些创伤的士兵在哪里呢？""先生，他们都死了。"

7月7日，在提尔西特所签署的法俄联盟，是拿破仑权力登峰造极的表现。他几乎已掌控着整个欧洲：奥地利的皇帝像个唯命是从的仆从；普鲁士国王与他俊美的王后苦哀乞怜，几乎已是阶下囚。拿破仑的兄弟分别在海牙、那不勒斯及威斯特伐利亚据地称王，他的继子也以他之名统治着意大利北部。西班牙因为相信局势不可能恶化，同意参与他封锁欧洲大陆的措施。丹麦与斯堪的纳维亚纷纷急着想归顺。连举足轻重的俄罗斯，也已经荡到他那边去了。只有大不列颠仍不求和解，未被征服也不接受安抚。它虎踞英伦三岛，控制海洋，由自豪又固执的贵族统治，独自挺立、心存愠怒、精神奕奕，镇定地面对拿破仑庞大的联盟。有些焦急的商人与制造商抱怨英国的封锁影响到他们的利益。他们煽动辉格党政治家谴责封锁，但政府的基础是建立在土地上而非贸易上，因此对反对之声充耳不闻。然而将会给英国带来胜利的力量大多得归功于日益增长的工业优势，工业界非常清楚这一点。一大堆战后隐患现在已肇其端，工业界将要求在战后分享更多的政治权力。但就目前而言，爱国情操至上。英国这个抗命不从的国家，破坏及嘲笑欧洲的统一，扰乱法兰西的太平，因此，拿破仑决定用全部的军力对付它。除了袭击商船，法兰西军舰如果冒险进行海战，不是被击沉便是被俘获。英国的封锁像是用湿冷的裹尸布将法兰西帝国与被拿破仑控制的欧洲包了起来，无法贸易、无法得到咖啡、无法得到糖、无法与东方或美国人联系……没有结束这个僵局的办法。拿破仑原本认为只要将欧洲掌握在手便可逼英国讲和，但是英国因为海上贸易兴旺，它的统治阶级对职业拳击赛与猎狐像对世界危机同样深感

---

① 内伊（1769—1815），法国元帅，骁勇善战，曾参与拿破仑的多次战争。——译注

兴趣，对拿破仑的企图全然未做任何回应。

法、俄两位皇帝曾在尼曼河上会面，这个严重而带有威胁性的消息传到了伦敦。英国的一位密探报告说，一切已安排妥当，拿破仑将借此夺取丹麦的舰队，并且控制通往波罗的海的入口。这是借俄罗斯帮助而联合入侵英国的前奏。令人钦佩的英国内阁毅然决然地采取了行动。海军将领甘比尔奉命率领二十艘战舰进入波罗的海，若有必要，会使用武力迫使丹麦舰队投降。丹麦人在哥本哈根港遭到猛攻之后，只有屈膝认输。英国这项侵犯中立国的行动引起辉格党政治家与文人反对政府的风暴，但是当时的情势证明这种行动迅捷且正当，同时也为猛烈的行动找到了借口。英国舰队离开领海两天之后，拿破仑便通知驻巴黎的丹麦公使，表示如果英国拒绝俄罗斯在大战中担任调停，那么丹麦就会被逼表明立场。若是英国政府没有火速行动，法兰西就会在几个星期内控制丹麦海军。

陆军大臣卡斯尔雷忙着重建正规军。这件事也因议会的大刀阔斧、火速通过法案而获解决，由已经恢复的地方民兵中抽出三万人组成了正规兵团。另外法案还规定为民兵招募四万九千人，担任保乡卫国的任务。

拿破仑使欧洲其他地区都安全无虞之后，便将注意力转到西班牙半岛。他明白，在海上他毫无力量可言。为了摧毁他的劲敌，他必须用封锁的方式来对付英国。他从俄罗斯边境沿着北欧与法兰西西部海岸及地中海海岸，直到达达尼尔海峡沿线，建立海关，像铜墙铁壁般不许英国货物进入欧洲市场。拿破仑在柏林宣布这项政策，这是从陆上对海上力量所做的封锁。法兰西部队及海关官员在这个巨大屏障中最弱的环节，是西班牙半岛。为了完成这个令人惊讶的计划，不仅得控制西班牙，还要控制英国的传统盟友葡萄牙；葡萄牙的首都里斯本是英国舰队重要的潜在基地。

因此，西班牙半岛处于关键地位。英国内阁也慢慢将注意力转到这个战争即将来临的战区。拿破仑决定在英国舰队向南航行之前，假道西班牙攻击里斯本。英国外交大臣坎宁展现出年轻人的精力。一支英国舰队驶往塔霍河，集合了葡萄牙的船舰，将葡萄牙王室、政府与上流社会人士送往安全的巴西。几天之后，朱诺元帅进入葡萄牙的首都，次日拿破仑就对他刚占领的这个国家宣战。

法兰西与英国现在死缠恶斗。针对拿破仑的欧洲大陆封锁措施，英国政府发表了枢密令①，宣布在海上封锁所有法兰西及其盟邦的港口。换句话说，几乎是整个欧洲都进行封锁。拿破仑的勒令与英国的命令影响到中立国家的海运，这场贸易战的结果对英、法双方都有深远的影响。欧洲的贸易瘫痪了，许多国家都在法兰西的束缚下动荡不安。英国军舰对中立国船只的干预生发了英、美关于自由航海的问题，这个重大的争执，不求助于战争是无法解决的。

拿破仑对于权势贪得无厌，时时都想打垮英国以粉碎它无形的封锁，于是决心攫取西班牙的王冠。他诱使西班牙的国王查理四世与他的儿子斐迪南进入在巴约讷的陷阱，以行刑队胁迫他们签署让位文献，然后让他弟弟约瑟夫坐上西班牙的王位，作为法兰西帝国的诸侯。他对这项暴行的成功欣喜若狂，写信给康巴塞雷斯时说："西班牙的舆论悉听孤意，各地都已恢复平静。"1807 年 5 月 16 日，他在给外交大臣塔列朗的信中说："西班牙的问题进展顺利，不久将完全解决。"但是事情并不像他想象的那样容易。西班牙人一体会到发生了什么事，即他们的国家实际上已遭到法兰西并吞，便马上自动自发地在各地起义。5 月 24 日到 30 日，他们在整个半岛上的村庄，纷纷拿起能当武器的东西，前往省会或地方行政中心，同样的过程已经在那里大规模地进行。历史上从未见过一个人口众多的古老民族，由于一个想法的激励，掀起了全国的起义。在比斯开湾海岸上的阿斯图里亚斯，这个极小的行省被崇山峻岭与西班牙的其他部分隔开。对于其他的省份正在做什么毫不知情，但它却能徒手将法兰西的总督赶走，夺下军火库，获得

<hr>

① 指英国和英联邦国家的内阁根据制定法所颁布的法令，在理论上系君主根据枢密院的奏议会同枢密院颁发的命令。——译注

了十万支毛瑟枪，自行成立政府，并且在拿破仑登峰造极之际对他宣战，派特使到英国去请求结盟及援助。特使于 6 月 6 日的夜晚在法尔茅斯登陆，被海军部护送去谒见坎宁。坎宁了然于心，从那时起，半岛战争就开始了。被法兰西大革命释放的兵力，经过拿破仑的训练及指挥，初次遭遇到并非国王或旧世界的统治阶级的，而是受宗教与爱国情操激励的整个人民的顽强抵抗。当年圣女贞德曾经试图以这种宗教与爱国情操教导法兰西人，可惜功败垂成，现在西班牙却要以此教导欧洲。

战争的特性变得不堪闻问。在德意志、意大利与其他地区，都曾有掠劫与粗暴行为，但所幸部队都不杀俘房，居民袖手旁观。现在在西班牙，法兰西部队在行军途中，不断发现落队与受伤袍泽遭到可怕肢解的尸体，有时尸体上还带着受过酷刑的痕迹。这使得他们不寒而栗，明白与他们搏斗的敌人在正规战役中虽然没有能耐，但是刀枪不饶人也不向人求饶，而且敌人到处都是。约瑟夫国王于 7 月从马德里写信给拿破仑说："至今没有任何人讲过实话。事实上，除了随我到这里来的几个人之外，找不到任何支持我的西班牙人。所有的人都被同胞的同仇敌忾情绪吓到了。"他并且要求"充足的部队与金钱"。拿破仑皇帝迟迟不重视西班牙起义的兵力。他已经在欧洲作战长达十五年，自认了解此类起义叛乱以及它们的意义，他甚至认为自己在解民倒悬。因为他在欧洲大陆许多地区的确如此，所以他无法了解为何一个民族宁可忍受自己内部的不当统治，不愿接受外来的理性统治。7 月底，他在杜伊勒里宫，有消息传来说，在西班牙有桩很严重且对他的整个权力架构颇具威胁性的事件。

杜邦将军由科尔多瓦撤退前往马德里，在安达卢西亚省境内的贝伦被敌人缠住，进退维谷。炎炎热日，他得为取水一战，后因此事未成，遂率领二万二千人法兰西士卒向西班牙叛军投降。这是欧洲在法国大革命以来的战争新局面。拿破仑觉得自己封锁欧洲大陆的措施受到了极为不利的打击。贝伦的投降逼得马德里方面的法军不得不带着约瑟夫国王撤退到埃布罗河背后的东北方。朱诺元帅在葡萄牙也被孤立了起来。那里的人民同样地也揭竿而起，一边是方圆达几百英里充满敌意的国家，一边是英国控制的海域，可从海上发动攻击。拿破仑的身心开始感到震撼，害怕帝国王位基础受到动摇。虽然此时此刻，他仍然强大到足以撤出西班牙，他的权势也仍旧如日中天，但是他仍害怕从一个站不住脚的、危险的处境中撤退。他必须像所有独裁者一样，从一次凯旋走到另一次凯旋。他曾经盼望借由个人与薄弱西班牙政府之间的安排，靠诡计、陷阱，不流血也不付出代价，将西班牙收编到他的帝国内，但是这个国家突然间变成了他军事方面的主要难题，于是他决心要征服西班牙。他将精锐的部队由德意志调到南方。他预料 1809 年会征兵，用新兵来补充精锐部队，并且从他的新兵训练所调了十六万新兵，陆续前往他们在德意志以及奥地利各处的驻扎地。他对于德、奥两国的态度早已有所疑虑。老兵则行军穿过法兰西进入西班牙，一路上备受照料。法兰西各城镇都给予他们盛情的款待。士兵因民众的善良表现得很振奋，民众看到皇帝的壮盛军容也都深为所动。

但同时，英国人施展出精明的一招，坎宁与他的同僚决定派军前往西班牙半岛去帮助西班牙叛军。不过，在加利西亚与安达卢西亚两省的军人集团都还不曾愿意接纳外国部队。这支远征军就只好派往葡萄牙，于 1808 年 7 月在里斯本北方的蒙德古河登陆。这一支较小的英军只有三万装备精良的士卒。首批登陆部队的指挥官阿瑟·韦尔斯利爵士，早先在印度与马拉地人作战中已声名卓著。他曾经赢得亚萨耶之役，且是印度总督的弟弟和国会议员，也是托利党政府的成员，在这个时候担任爱尔兰总督的秘书长。他并没有等候部队的其余人马到来，便占据了阵地。在罗利卡一仗中，朱诺惨遭击退。在维梅鲁一役中，这种情形又重演了一次，只是规模较大而已。法兰西的攻击纵队被现在开始引起人们注意的"稀薄红色防线"预备的火力击溃。朱诺向里斯本撤退。

在这个胜利的时刻，哈利·伯拉德爵士到达，接替了阿瑟·韦尔斯利爵士的职务。后来在同一天，伯拉德又将指挥权交给了休·达尔林普尔爵士。韦尔斯利本想夺取托里什韦德拉什隘口，就此切断朱诺的撤退路线，因为上级不采纳而未能如愿。但是法兰西的这位指挥官现在派凯勒曼元帅到英军军营进行谈判，提议如果英国人将他的部队送回法兰西，他就撤出葡萄牙。双方遂签订了《辛特拉协议》。英方一丝不苟地执行，朱诺与二万六千名法兰西兵卒搭乘英国运输船在罗什福尔登陆。韦尔斯利很愤慨地对他的军官说："我们现在可以去射击红腿的松鸡了。"对于放虎归山，让朱诺返回法兰西，英国人自然大声抗议。伦敦的一个军事法庭宣布这三位指挥官无罪，不过仅其中一位后来再度受到任用。

他就是至关重要的那一位：

> 阿瑟爵士与哈利爵士，
> 哈利爵士与休爵士，
> 公鸡在报晓，
> "喔，喔，喔"。
> 阿瑟爵士是只斗鸡，
> 但是其他两个人
> 只知报晓，
> "喔，喔，喔"。

拿破仑本来有意将朱诺交付军法审判，由于英国人正在审问他们自己的将领，他于是宣称自己很高兴不必非要诉讼这位老朋友。历史已经认可拜伦①所写的诗句："辛特拉！大不列颠对你的名字痛心疾首！"

拿破仑现将他二十五万的精锐部队调入西班牙。这支大军正在埃布罗河的后方集结时，他筹划了一场盛大的展示。在爱尔福特将所有

---

① 乔治·戈登·拜伦（1788—1824），英国诗人，诗路宽广，擅长讽刺，代表作有《唐璜》等。——译注

的属国与盟国集合在一起，重聚的场面十分堂皇，有三十八位君主与统治者应皇帝之召与会。沙皇到来的时候，拿破仑试图煽动他联手向君士坦丁堡进攻，并且沿着历史的路线前往征服印度。沙皇亚历山大一世对拿破仑的性格十分欣赏。他憧憬着与拿破仑一同征服世界，但同时也对拿破仑在奥德河河畔派驻大批的卫戍部队感到苦恼。塔列朗借微妙的密谈，泄露了拿破仑的利益所在，并且敦促沙皇与法兰西结盟，而不是与法兰西皇帝结盟。这次的聚会极其隆重且壮丽，亚历山大一世与拿破仑在嘉宾之前互吻，但是爱尔福特的聚会只不过是提尔西特联盟空洞的回声罢了。

拿破仑要在埃布罗河上指挥大军的时刻已经来到了。西班牙军人集团指挥着九万名毫无经验但热情沸腾的志愿兵，怀着重获自由的幻想与之对抗。拿破仑皇帝挥舞着刀枪，率领来势汹汹的法军向马德里猛进，驱逐西班牙军队，使他们连连败退，法兰西的骑兵在战斗中恣意且无情地报复着。拿破仑极其狂暴以至于他身边的幕僚都感到吃惊。他总是率领着主力部队硬拼，甚至于在索莫山不顾伤亡地使自己的贴身卫队向敌军炮阵冲锋。12 月，他进入了马德里，将随着辎重车一道逃走的约瑟夫重新推上被窃取的西班牙王位。但是西班牙的人民不畏不惧，在入侵者的营地四周进行令人胆寒的游击战。

*　　　　*　　　　*　　　　*　　　　*

一位能征惯战的英国新将领，取代了与《辛特拉协议》有牵连的将领，他就是约翰·摩尔爵士。他从里斯本穿过萨拉曼卡向巴利亚多利德挺进。他曾受到西班牙承诺大力援助的引诱，试图冒极大风险使西班牙的希望成真。他大胆前进，切断了甚至威胁到所有法军的运输线，并且立刻阻挠了法兰西部队在西班牙南方的行动或对付葡萄牙的行动。拿破仑由马德里注视着战局，视摩尔为理想猎物，1808 年的圣诞节，他率领五万人马，同内伊元帅、苏尔特元帅以及禁军，一同前去拦截与击溃摩尔。拿破仑与他的士兵一起步行，拖着沉重的脚步走过瓜达拉马的积雪。他以惊人的速度前进。摩尔及时得到情报，利用本身的两栖作战能力，放弃了他与葡萄牙的运输线，并且命令他的运输船只到西班牙西北端的拉科鲁尼亚去等他。两支军队正在赛跑，但是当法兰西的骑兵渡过塞科河的时候，被英国后卫部队的骑兵击退，法军的一名将领被俘，摩尔已经通过了亚斯托加，并且已在通往他避风港口的半途中。

　　拿破仑皇帝此刻坐在亚斯托加一座桥的栏杆上，看着从首都送来的急件。片刻之后他站起身来，伫立着陷入沉思，然后他下令将他的旅行马车带来，并将追逐英军的任务交给苏尔特元帅，独自出发到巴利亚多利德与巴黎去了。在几个月前，他就已经知道奥地利军队正在集结，而他也预料奥地利一定会对他宣战，但是国内有更重要的事要办，他的弟弟吕西安与他的继子欧仁·德·博阿内都警告他说塔列朗与他的警察总监富歇公爵约瑟夫图谋不轨。除此之外，现在已经没有截断英国军队的机会，追赶已成了强行军，而苏尔特与内伊可以承担此项任务。

　　英国军队经由崎岖难行、白雪覆盖的山区，艰难地撤退，法军在后穷追不舍。英军走过之地，有酒店之处，就有士兵酒醉的场面。劫掠时起，饥寒交迫而垂垂待毙的落队者沿途可见。还有为了阻碍追兵、免于被俘而从峭壁抛下来的、陆军装金币的箱子，均显出英国部队逃脱极为狼狈。但是摩尔在卢戈突然转向，率领部队坚决地求战。苏尔特虽然略占优势，仍等待援军有两天之久。英国部队决定趁黑夜溜往拉科鲁尼亚，于1809年1月14日抵达。但是港口空空如也，逆风使得英国舰队与运输船被延误，看来似乎还是会大战一场。16日，苏尔特以二万人攻击摩尔的一万四千人，不过却到处被击退，也遭到反攻。夜幕低垂之际，追兵已经被打惨了，摩尔与他的副指挥官戴维·贝尔德爵士也不幸战死沙场；著名的散文与诗篇记录了他的阵亡与葬礼。

在行动中参加过战斗的内皮尔①写道：

　　这位将军由一队士兵从他倒下的地点载往这座城镇，他血流如注，伤势加重，但是他的心智坚定，毫不动摇。在他左右的那些人，由他脸色的坚决判断他的伤不足以致命，愿他能恢复健康。他听到这种说法，将伤处看了一会儿，然后说："不，我觉得这不可能。"他有几次让他的随从停下来，将他转个身，以便他注视战场情况，当他从枪炮声中听出英军在挺进时，感到很满意，允许担架兵继续往前行。到了他的营帐之后，外科医生为他验伤，认为他已毫无获救希望。他的痛苦加剧，说起话来十分困难，他不时地问法军是否被击退了。他对老朋友安德森上校说："你知道我常常都想这样子死去。"他再度问是否击退了敌军，有人回答是的，他便说："知道我们已打败法军，我真是至感安慰。"他的表情依然坚定，神志清醒。仅仅有一次他谈到母亲时很激动。他询问朋友以及属下军官的安危，他甚至在这个时刻都没有忘记推荐那些立下功劳、有权晋升的官兵。他的气力消退得很快，生命即将结束，此时仿佛预见他死后会有卑鄙的中伤者，便以不屈服的精神发出感叹："我希望英国人民感到满意。我希望我的国家会对我公道。"他的遗体由参谋人员裹在军用斗篷中，在拉克鲁尼亚堡垒下葬，此时战斗尚未结束，敌军的炮声似乎在为他送葬。苏尔特对他的勇气表现出至高的崇敬之情，为他立了一座纪念碑。

　　摩尔的同胞完全应该给他个公道。因为他凭借着大胆、熟练与运气，粉碎了拿破仑的冬季军事攻势，并且将这位皇帝与他最精良的军队引到西班牙最不重要的地区，这样对在西班牙半岛所有其他地区着手调动的人马提供了保护与争取不少时间。他躲过了拿破仑向前的猛扑，却像沃尔夫与纳尔逊一样，在胜利即将到来的时刻辞世。他的军

① 引自内皮尔《伊比利亚半岛战争》第一卷。

队未受到骚扰而重新上船，他的一番战斗已经恢复了英国自查塔姆以来日益无光的军事声誉，也已经为下一位决定要率领欧洲各国军队走上战场，进行决战的新人铺好了路。

＊　　＊　　＊　　＊　　＊

拿破仑皇帝回到了巴黎，想叛变的属下又再度表现忠诚。他现在必须对奥地利作战。为了这个目标，他要求征集法兰西的青壮男丁，但多年来的丰功伟业早已经使人力不继。宣战这件事使他的咨议大臣都感到震惊。他抽调1810年的应征士兵入伍，强迫各大家族将十六岁以上的子弟送往军校就读，并从西班牙撤回若干部队。4月，他以为有二十四万新兵加入他的队伍，或在后方受训，于是便行军去攻打奥地利。有高层人士认为，1809年在多瑙河谷的军事攻势的开始阶段，是表现军事天才最优秀的范例。拿破仑皇帝发现他的元帅彼此关系不佳，一片混乱，在他到达前线之前，就先对各个军团下令。他在坦恩、阿本斯贝格、兰茨胡特、埃克米尔，与雷根斯堡所进行的五日战役中，只进行一个作战计划，每个阶段都矫正部属的不当部署，所以每天都有崭新且富有成果的胜利。奥地利部队的防线很长，遭到了中央突破，损失惨重，残兵纷纷撤退，拿破仑再度领着他的部队进入维也纳。

但是他还来不及歼灭奥地利的军队就遇到了麻烦。当他企图在阿斯佩恩－艾斯林渡过多瑙河时，河水突然暴涨，冲断了许多桥梁。千钧一发中，他逃过了在奥地利最善战的指挥卡尔大公之手。他在林木葱茏的洛保岛蹲伏了六星期，同时从他帝国各区调集援军。不料他名义上的盟友沙皇却对他的作战感到踌躇不决。7月4日，他自洛保岛上突围，在瓦格拉姆大战中强行渡过多瑙河，几乎有四十万人马在这战场中厮杀，其中有四万人阵亡。欧洲被这一仗打得头晕眼花，沙皇亚历山大一世急忙祝贺，奥地利再度在这位征服者的剑下俯首称臣。

第二十二章　半岛战争与拿破仑的败亡

　　英军从拉科鲁尼亚扬帆离去，西班牙就没有什么有组织的军力足以阻挠拿破仑的各路元帅了。西班牙的军队在各处尝到败绩，仅剩无法剿平的游击队仍在继续活动着。在 1809 年的头几个月里，法军再度随意在半岛上调度部队。苏尔特已经进入葡萄牙，在波尔图扎好了根基。英国早先远征军所剩士卒仍占据着里斯本，而且靠着持续的增援，人数再度提升到三万。这些兵卒与同样数目的葡萄牙部队，在英军将领贝雷斯福德子爵的率领下，使苏尔特无法动弹达几个月之久。在此期间，苏尔特因有意用计自立为葡萄牙国王而分心。伦敦政府对于下一步应当做何行动意见分歧，应当在半岛恢复主要军事攻势，或者是攻击尼德兰呢？最后他们决定将力量一分为二，在两地都试一试。一支远征军准备去夺取荷兰在斯海尔德河河口上的瓦尔赫伦岛，并且进一步占领安特卫普，这将是个损失极重的牵制攻击，但似乎也很有成功的希望，当时相信在遥远的西班牙与葡萄牙可以赢得重大胜利的观察家寥寥可数，阿瑟·韦尔斯利并没有同样地怀疑这种可能，他在 4 月被重新任命在里斯本担任指挥，随后在半岛征战了五年，最后取道法兰西的首都凯旋回到伦敦。

　　韦尔斯利辞掉了他在议会的席位以及秘书长的官职，在 4 月底之前抵达里斯本。他面临选择，是要攻击在波尔图的苏尔特呢，还是重新进入西班牙，与无数法兰西元帅交战；这些元帅的兵团散布在半岛各地。最后他决定先扫除葡萄牙境内的敌军，他借着秘密的急行军，率部抵达杜罗河，趁黑夜用小船与接驳船将一师兵力运过了河，突袭苏尔特在城里的军队。他的损失极其轻微，逼得苏尔特元帅撤退到北方崇山峻岭的地区。苏尔特在向南方撤退的时候，还被贝雷斯福德率领的葡萄牙部队打得损兵折将，被迫放弃所有的大炮、受伤的兵卒以及大批辎重。六天之后，他抵达西班牙属加利西亚省境内的奥伦塞，全军已秩序混乱，筋疲力尽，自他进入葡萄牙以来已丧失六千多名士卒。偷渡杜罗河、突袭波尔图，使苏尔特狼狈不堪，成了这位英国新将领的辉煌成就，并且为进一步的行动铺好了路。

　　韦尔斯利决定沿着塔霍河的河谷前进，突破西班牙的中部，与奎斯塔率领的西班牙军队会合，再与维克托元帅交战。苏尔特的部队已经经过整编，重新装备，正移师前往与维克托会师，如此一来将会给予他决定性的优势。韦尔斯利位于马德里西南方一百英里的塔拉韦拉，现在的处境变得岌岌可危，他的士兵也濒临断炊饿毙。维克托元帅自信兵力够强，不必等苏尔特到达就可以从事攻击。1809 年 7 月 27 日下午，英、法两军开始交战。法军有足足五万人之多，韦尔斯利率领二万英国士兵与二万四千名西班牙士兵，虽然西班牙人很勇敢，但仍无法在正规战役中担任要角，他们的实力仅在于扰战方面。整个激战就由一万六千名英国士兵与三万法兰西士兵进行。维克托于 28 日开始的攻击很不协调，在以刺刀进行凶猛肉搏拼斗之后被对方击退，而且损失惨重。下午时分，战役到达了危急时刻。英格兰的禁卫军团见到前方法兰西部队溃败而感到兴高采烈，心情激动而追击，离开了他们在防线中的位置，造成英军的中央门户大开，法兰西部队于是反击。英军秩序大乱，但是韦尔斯利将第四十八军团调上阵地。他们的阵势整齐、纪律严明，穿过撤退的士兵向前挺进，攻击法兰西部队侧翼，挽救了局势。第二十三轻龙骑兵团发动狂风暴雨般的冲锋，杀入敌军的侧翼，不过这个兵团的半数人马都在冲锋中阵亡了。夜幕低垂的时候，维克托接受了失败，并向马德里撤退。这场战斗的惨烈或者可从英军的损失来加以判断，韦尔斯利所率整个二万人中已有六千人卧倒沙场，

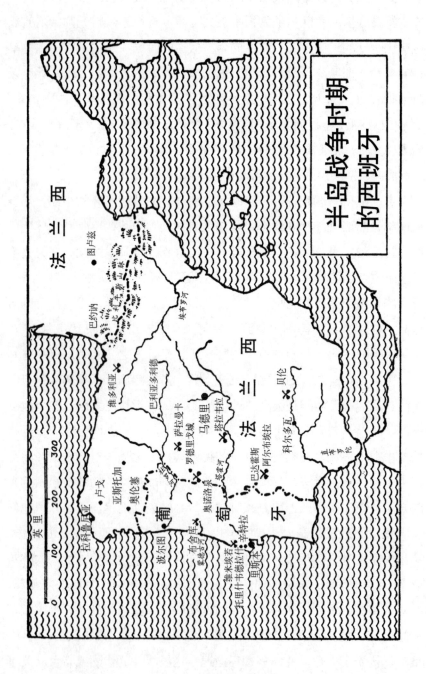

半岛战争时期的西班牙

法兰西

西班牙

法兰西

葡萄牙

图卢兹

巴约讷

比利牛斯山脉

埃布罗河

塔古斯河

维多利亚

巴利亚多利德

萨拉曼卡

马德里

塔拉韦拉

贝伦

科尔多瓦

巴达霍斯

阿尔布埃拉

真布罗陀

卢戈

亚斯托加

奥伦塞

罗德里戈城

奥诺洛泉

瓜迪亚纳河

拉科鲁尼亚

波尔图

布萨库

武德沃斯

维米埃若

托里什韦德拉什

里斯本

英里

0 100 200 300

或死或伤。法兰西部队损失了七千五百人与二十门大炮。西班牙部队则声称折损了一千二百人。

韦尔斯利无力追赶敌军。次日上午，罗伯特·克劳福德将军带着他的轻步兵旅即后来的轻步兵师到达。他们已于二十六小时内行军六十二英里，是历史上步兵最快速的一次行军。韦尔斯利已不再信赖西班牙盟军的合作，因为他们太随心所欲了，而并非以他的方式与敌人交战。他像之前的约翰·摩尔爵士，在冒过极大的风险后，仅以毫发之差而获胜。他率着部队平安无事地沿着塔霍河撤回到葡萄牙，由于他的高明指挥与决心而享有名将声誉，英国部队的能征惯战也给法军留下了深刻的印象。阿瑟·韦尔斯利被升为贵族，封为威灵顿子爵。尽管辉格党人反对，他还是获赐一年二千英镑的年金达三年之久。纳尔逊已殉国，皮特已作古，但幸运的是，英国还有个人可以代替他们。

*　　　　*　　　　*　　　　*　　　　*

国内的政治发展与前方将领的成败有着密切联系，是这段历史的显著特色。每次军事上的逆转都导致身处伦敦的内阁大臣之间的个人关系产生危机。《辛特拉协议》的屈辱使得坎宁与卡斯尔雷二人的敌对态度加深，互相的厌恶更加尖锐。前者急于革除全部涉事将领的军职，后者却对韦尔斯利兄弟的军政生涯极为关切，幸好卡斯尔雷占了上风。现在这两位大臣因为对派往瓦尔赫伦岛远征部队面临的危难而彼此不和，由于外交大臣与作战大臣的职责界定不明且重叠，他们的脾气更加暴躁。挂名首相的波特兰公爵①健康状况江河日下，使这两位年轻政治家为争取首相职位更加互不相让，甚至做了一次决斗。坎宁受了伤，结果二人都辞了官，波特兰亦然，使得身为财务大臣的斯潘塞·珀西瓦尔接掌了政府。他并不装腔作势，机敏善

---

① 即威廉·亨利·卡文迪什。——译注

辩，在进行战争方面态度相当果断。新政府赞成威灵顿在西班牙作战，珀西瓦尔任命韦尔斯利侯爵为外交大臣，这位侯爵在内阁中坚定地支持他的弟弟威灵顿。新任陆军大臣利物浦勋爵①也对威灵顿十分友好。珀西瓦尔政府尽力满足威灵顿的要求，但它却面对着平民院中辉格党反对派以及托利党叛徒的捣蛋，在微不足道的问题上继续受到阻挠。1810年，国王的疯狂症重新发作，惹起了新的危机，珀西瓦尔巧妙地避开了政治权力均衡中的改变。威尔士亲王乔治成了摄政，但是他并没有召见他以前的朋友——辉格党的反对派，尽管他们热切地希望如此。摄政的亲王反而决定信任他父亲的大臣们，这件事给他带来了荣誉。珀西瓦尔靠着节俭的财务政策，而能够维持补给与培植武装部队。他执政三年，政府的效率显然在默默提升。

*　　　*　　　*　　　*　　　*

这些年都是考验威灵顿的岁月。他指挥英国唯一留在欧洲大陆的军队，一旦失败，对英国、西班牙与葡萄牙的爱国者而言，都会大祸临头，也会使大批法兰西的部队抽调出来去支持拿破仑在其他地方的活动。我们只能猜测，若不是因为威灵顿在西班牙半岛稳定地消耗拿破仑的资源，这位皇帝可能会享受到进一步的凯旋，甚至在俄罗斯告捷。威灵顿对所有这一切并非一无所失，但是他当前必须采取的策略是小心谨慎。他冷冰冰地写道："由于这是英国最后的军队，我们必须小心照顾它。"自从法兰西革命的战争开始以来，英军已经在欧洲大陆设立许多的立足点，但是全都没能留下来。法军常常竭尽其力地将英国部队驱到海上。1810年，他们正在集结军队准备重新一试，威灵顿决心不让敌人逼他匆匆撤离。前一年的整个冬天，他都一直将位于里斯本附近托里什韦德拉什山岭的一系列防线加强得极为完善，这样做是要

_____
　　① 即罗伯特·班克斯·詹金森。——译注

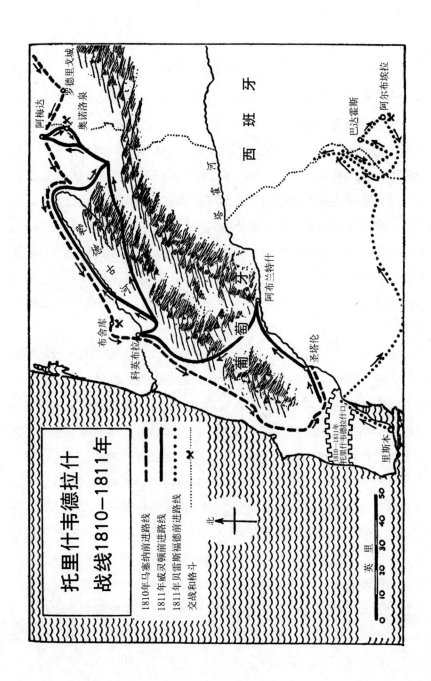

托里什韦德拉什
战线1810—1811年

1810年马塞纳前进路线
1811年威灵顿前进路线
1811年贝雷斯福德前进路线
交战和格斗

北

英里
0 10 20 30 40 50

阿梅达
罗德里戈城
奥诺洛泉
西班牙
巴达霍斯
阿尔布埃拉
霍塔河
梁德古河
阿布兰特什
布舍库
科英布拉
葡萄牙
圣塔伦
1810—1811年
托里什韦德拉什口
里斯本

形成他最后的军事据点，他渐渐地向这些防线撤退。

　　拿破仑手下最能征惯战的马塞纳元帅，正指挥着在葡萄牙的法军，已经顺利打垮西班牙的抵抗，带着八万人越过了西葡边界。英国军队只有为数二万五千人，他们的葡萄牙盟友也只有同样的数目。9月间在布舍库打了一场硬仗，六万法军与英国部队仅占半数的五万联军遭遇。葡萄牙军现已锻炼得相当坚强，法军遭到重创并被击败，不过威灵顿的部队继续撤退，突然之间法军停止向前挺进，因为他们的前面出现了令人胆寒的、未被击败的英国部队把守的托里什韦德拉什防线，而四周伸展出去的是坚壁清野的地区。马塞纳看到未来几个月的远景苍凉、必然缺乏粮秣，没有成功进击的希望。这里是整个战役的枢纽。法军暂停下来，掘壕固守过冬。威灵顿在他们附近准备伺机而动，正如他们所说的"决定让他们遭到种种危难，把他们逼出葡萄牙"。事情的转变果真如此。次年春天，马塞纳放弃了他的目标，撤退进入西班牙，留下了一万七千名死者与八千名战俘。

　　葡萄牙现在获得解放，威灵顿的一再胜利也加强了国内政府的地位。不过，伦敦与里斯本的欢庆中掺杂着不耐烦的情绪，这位英国指挥官遭到急切的，甚至来自自己军中的批评，因为他们无法体会他稳扎稳打战略的智慧。威灵顿并未因为要求火速用兵的叫嚣而感到心绪不宁，没有任何事务能够使他动摇。他坚持自己的意见，决定在冒险深入西班牙之前，先弄妥一个宽广的基地与可以信赖的运输线。他必须掌握且守住通往马德里的边界要塞巴达霍斯与罗德里戈城。两支法军与他对峙，后来被马尔蒙元帅取代的马塞纳，把守着里昂行省内的北方阵线。苏尔特位于安达卢西亚境内的南方阵线。他们与在西班牙境内其他地方的法军元帅共同指挥着大约二十五万人，其中约有十万人面对着威灵顿。他们大受游击队的牵制，已无法指望在西班牙获得补给，无法施行法军在整个欧洲所做的以战养战。他们之间本身不和，并经常接到他们在巴黎的皇帝凭一时兴起的怒气冲冲、而并非基于事实所给的指示。忙着应付欧洲大陆帝国种种问题的拿破仑，即使是天纵英才，也未能在遥远而又无情的西班牙进行战争并获胜。

威灵顿已经精确地估量过眼前任务的规模与范围，一场运动战于1811年在西班牙的边境内展开。阻止他挺进的两支法军分别与他相遇，并且在奥诺洛泉及阿尔布埃拉两地被他击败，战况惨烈。奥诺洛泉位于罗德里戈城的西边，威灵顿承认此役"如果拿破仑在那里的话，我们应当早被打败了"。但是拿破仑并不在那里，他被外交事务及为其他地方备战缠住无法分身。除此之外，他才刚刚举行他的第二次婚礼，科西嘉的新娘是自豪的哈布斯堡家族的女儿玛丽·路易女大公。她为他生了个他长久想要的儿子兼继承人，但是似乎并未带给他任何快乐。

由威灵顿的副将贝雷斯福德所打的两场奥诺洛泉与阿尔布埃拉之战，都不是决定大局的战役，可是英国军队仍占上风，如同威灵顿写给利物浦勋爵的信中所言："我们已确实改变了在西班牙的战争进程，它已经成为我们某种程度的攻势。"这是典型的轻描淡写，事实上威灵顿已订下他的计划，将于何时把法军赶过比利牛斯山脉并将战争带回他们的国家。1812年1月，在大雪纷飞之际，他终于攻下了罗德里戈城，四个月后，巴达霍斯在浴血攻击下陷落。虽然英军付出了大量人马的代价，但是以强大兵力长驱直入西班牙的路已经打通了。威灵顿与马尔蒙彼此遣兵调将周旋着，互相注意对方所犯的错。犯错的是马尔蒙，威灵顿在半岛战争中首次于萨拉曼卡采取的攻势赢得了胜利，约瑟夫·波拿巴国王由马德里逃走。英国部队在钟声齐鸣和民众欢呼中占领了西班牙首都，但他们还得对付从南方赶来的法兰西元帅苏尔特。他突然转到威灵顿的侧翼，以二对一，在兵力人数上胜过了这位英国指挥官的人马。由于他的细心，完全不给英军可乘之机。威灵顿再度将部队撤回到葡萄牙的边境。这年的军事攻势中，他已经打垮了法兰西的一支军队，使西班牙南部能完全摆脱法军的控制。同时，一个更大的、来自东方的阴影正在向拿破仑的帝国扑来，当时时值冬天，拿破仑从莫斯科撤退。

＊　　　＊　　　＊　　　＊　　　＊

　　1812 年的整个春天，拿破仑皇帝都一直以欧洲前所未有的规模招兵买马。夏天到来时，他就从他所有的属地抽调他们向东进行征伐。两年来，他与俄罗斯的关系就愈来愈使他感到激愤。沙皇已经渐渐相信只要法兰西皇帝支配着局势，便不可能普遍解决欧洲问题。《提尔西特和约》亲善的日子已经置于脑后，曾在尼曼河的小舟上宣誓结交的两位皇帝现在成了仇敌。拿破仑决定先下手为强，并且发出令人震惊的一击。虽然他的将领与大臣都不太情愿，且十分担心，但是帝国的军人阶级极其兴奋。这个较以往战役规模还要大的，以及较亚历山大大帝的丰功伟业还要大胆的战役，可能导致征服整个亚洲的构想，盘踞在战士的心头。拿破仑在维斯杜拉河①的河岸聚集了数支大军，几乎有五十万之众。他的代理总督兼继子欧仁带了五万意大利兵卒从意大利行军出发，荷兰、丹麦与莱茵河畔的所有邦国也都分别派出了部队。奥地利与普鲁士身为拿破仑尽责的盟友，各带三万人马上了战场。饱受战祸的欧洲在这些争战的岁月中，从来没有见过这样庞大的阵容。在这些移师东向的部队中，法军还不到二万人，他们在皇帝直接的指挥下形成了攻击的中央矛头，伟大的戏剧就这样到达了巅峰。

　　许多人都警告拿破仑在俄罗斯进行战役的艰苦，他也没有忽视他们的谏劝，他集聚了当时似乎很充分的运输工具与大军补给，但是与这项大举事业并不匹配。1812 年 6 月，他渡过了尼曼河，首途东行直捣约五百英里外的莫斯科，遭遇到俄罗斯总数达二十万人的两股主力部队的抵抗，他计划分别打垮他们，并攫取俄罗斯的这座古老首都。他满怀信心，期盼沙皇的求和，因为欧洲其他的君主面对同样的情况都赶快屈膝臣服，但俄罗斯并不如此。在这个命运攸关的 6 月，俄罗斯驻伦敦的大使做出令人吃惊的正确预言，它反映出沙皇与他顾问们

---
　　① 又称维斯瓦河。——译注

的期望。他写道:"靠着持久的防御与撤退,我们就可以打赢。如果敌人开始追赶我们,他们就会走入绝地;因为他由他们的补给基地向前挺进,愈深入一个无路可寻、无粮可觅的乡野,被哥萨克人的军队弄得断粮及包围,他们的处境将愈加危险。严冬永远是我们最忠实的盟友,他将被冬天毁灭而告结束。"防御、撤退、严冬——俄罗斯的最高指挥当局唯这些资源是依赖。拿破仑已经研究过伟大的瑞典国王卡尔十二世对俄的惊人军事攻势,他认为自己已经因为研读而受益匪浅。在二十世纪,另一位更加无情的独裁者还会研究拿破仑的错误,他也认为自己已经注意到这个教训。俄罗斯让他们二人都有所醒悟。

俄罗斯的军队在拿破仑的面前一一撤退,避开为他们所设的陷阱,并且坚壁清野破坏法军必须经过的乡野。在首都莫斯科西边约六十英里之处的博罗季诺,俄罗斯的军队转过身来做困兽之斗。在这十九世纪最血腥的战役中,库图佐夫将军①对拿破仑施以可怕的打击,两军交战,各自派出大约十二万人,双方都损失了三分之一的兵力。库图佐夫再度撤退,莫斯科落入法军之手,但俄罗斯人拒绝求和。冬天已近,拿破仑不由得想到,莫斯科已经无意或有意地被烧得只剩个空壳子,他饥饿的部队是守不住的,别无他法,只有在大雪纷飞中撤退。这是历史上最著名且最惨痛的撤退,冬天的肆虐使法军伤亡极众,不论后卫行动多么英勇,法军剩下的兵力仍不断被敌人削弱,发动征俄的"大军"如今仅剩下二万人零零落落地回到了华沙,据说,内伊元帅是最后撤离俄罗斯土地的法兰西人。

12月5日,拿破仑离开了他在俄罗斯边境的残兵败卒,乘坐雪橇返回巴黎,他将拯救这支部队的工作交给了元帅们,自己对灾难却无动于衷。他仍然相信他的命运,如果他不曾将他的帝国延伸到东方,他仍旧可以在西方保持住这个帝国,他会竭力募集武力重新再战。1813年的春天,他再度上战场,他的半数人马都是毫无经验的新兵。

---

① 库图佐夫(1745—1813),俄国陆军元帅,于1812年拿破仑发动对俄战争时任俄军总司令。——译注

法兰西不再支持他，他能够得到的仅是勉强的支持，甚至于他的元帅们全都开始动摇了。德意志在他失势时崛起，法兰西军队激起的民族主义精神，一跃而起地使这位欧洲的主人遭到挫折与困难。由英国财政支持的国家联盟也都建立了起来。虽然拿破仑可以得到一个很体面且实现和平的机会，他认为命运会被他在战役中展现的天赋扭转，因此拒绝接受这个提议。他犹豫不决的盟友纷纷离他而去。由法兰西元帅伯纳多特统治的瑞典，以及普鲁士、奥地利，甚至他自己的属国萨克森与巴伐利亚，都放弃了他。沙皇甚至决定进军到莱茵河地区，一直屈从于法兰西的中欧各国都加入了俄罗斯的推进行动，双方在萨克森与西里西亚进行了一连串的交战。最后在 10 月，于莱比锡的三天战斗中，拿破仑的所有敌人都向他扑来，双方差不多投入五十万人，在这场"万国战役"里，拿破仑被打败了，他被追逐向西逃往法兰西边境。自 1793 年以来，盟国首次集结到他们敌人的边界。大规模的革命暨帝国冒险活动正走向结束。

*　　　　*　　　　*　　　　*　　　　*

威灵顿的成就在南方战线出人意料。1813 年 5 月，他由前线的军事据点出发，挥舞着宽硬边帽，有感而发："再见了，葡萄牙！我再也不会见到你了。"他确实没有回来。他再度使约瑟夫·波拿巴国王离开马德里，他弭平了西班牙整个北部，将撤退的法军赶入了古老的山间王国纳瓦拉。6 月 21 日，他在维多利亚战役中击败了儒尔当元帅，将他的军队驱逐越过了比利牛斯山脉。这个胜利的消息使沙皇及在萨克森的欧洲联军受到鼓舞。在维多利亚从事战争的兵力，只比集中在德累斯顿与莱比锡周围的部队的十分之一多一点，但是战果却很可观，除了加泰罗尼亚，西班牙已从法兰西人手里获得自由。历史上首次且是唯一的一次，英军的胜利受到俄文所唱赞美上帝的颂歌祝贺。威灵顿不屈不挠，像他所说的，追求着他的目标，削减"欧洲大扰乱者的力量与影响力"。到了 1814 年春天，他踏上法国的土地，并且占领了波尔多。4 月初，他在图卢兹找到了他的老对手苏尔特，并将他击败。

对拿破仑而言，末日已经到了，他在南方的战线已经崩溃；东面的普鲁士人、俄罗斯人及奥地利人正攻向法兰西的心脏。并没有像 1814 年的短暂战役中那样善于用兵。他于 2 月打败了位于蒙米拉伊与蒙特罗的联军。在以往战争中河流从来不是什么屏障。在这次战役中，拿破仑使用了和挺进的路线平行而更有利于防御的河流，他的调兵遣将可说是军事艺术的典范。他两渡埃纳河与马恩河，逼得他优越的对手们仓皇撤退，但是欧洲合并在一起的兵力太大实非他所能抵挡，在法兰西反对他统治的势力公开地反对他。富歇公爵①与塔列朗，长久以来都被人怀疑密谋策划反对拿破仑，现在也想到法兰西只有抛弃其皇帝才能够得救。3 月底，防御巴黎的马尔蒙元帅弃首都而请降。4 月 3 日拿破仑退位，退居到厄尔巴岛。长期而无所悔恨的战争浪潮向后退卷，欧洲各国在维也纳会议②准备为和平展开外交上的折冲。

*   *   *   *   *

卡斯尔雷代表英国，出席维也纳会议。1812 年，首相珀西瓦尔已在平民院的休息厅中被一位疯人击毙，他的同僚利物浦勋爵接掌政府，掌权达十五年之久。卡斯尔雷重新加入内阁担任外交大臣，而守住这个官职直到他去世为止。这几年的战时政府已在辉格党史家的手中得到粗鲁的评价。然而珀西瓦尔与利物浦勋爵，坎宁与卡斯尔雷，都以勇气与日增的技巧挑起治国重担。卡斯尔雷现在将要在欧洲的重建工作上，担任有影响力的角色。在提议寻求公正而又体面的和平方面，

---

① 名为约瑟夫。——译注

② 维也纳会议（1814—1815），英、普、俄、奥等因为结束反对拿破仑的战争，并恢复封建王朝统治而召开的会议，会后建立神圣同盟与四国同盟。——译注

他可说是一言九鼎。他已经在 1814 年 3 月同主要盟国间议定《休蒙条约》，为未来解决争端打下了基础。卡斯尔雷相信权力均衡，这是二十世纪两次世界大战之间令人反感的一个概念。我们从那个时候起就明白，当两三个国家拥有极大力量的时候，就有均衡的需求。在卡斯尔雷当时，欧洲有五大强权，他的目标是要协调它们的利益，毕竟它们之间的和谐太重要了，虽然最后无法达成，但是至少可以防止国家间的冲突造成不可避免的战争。

卡斯尔雷在维也纳的主要任务是与奥地利首相梅特涅[①]，以及法兰西的发言人塔列朗来往。梅特涅坚信十八世纪的旧政权，他的愿望是将一切恢复到法兰西革命之前的情况，他在晚年丧失权势时，还自豪地宣布他永远都是"秩序的庇护者"。趋炎附势的塔列朗曾经先后为革命、拿破仑以及现在的波旁家族效力，他的目的是尽他所能地将法兰西自失败的帝国冒险活动中拯救出来。卡斯尔雷位于他们二人中间，地位超然。

治理法兰西是最迫近的问题。拿破仑已经下台，该由谁来代替他呢？塔列朗劝说列强助波旁王朝复辟，拥立已遭处决的国王之弟路易十八。在法兰西革命获得光荣与拿破仑一再告捷之后，甚至于保王党人夏多布里昂[②]的文笔也无法为阴暗的君主制度添增声誉或名望。不过至少路易十八代表传统及法兰西残余的政治信仰，最重要的是他代表和平，因为他本身个性温和谦让，多年的流亡生活并未使他性格变得乖戾，过去二十五年的社会变迁都被人们默默地接受了。拿破仑所创的治国与行政制度却被他的继任者承继下去，另添上新奇的部分出版自由以及肇始的议会制。

---

① 克莱门斯·文策尔·冯·梅特涅（1773—1859），奥地利外交大臣（1809—1848），首相（1821—1848）。代表奥皇参加维也纳会议（1814—1815），1815 年参与组织神圣同盟，镇压奥地利和德意志的民主运动，被 1848 年的革命推翻，逃亡英国。——译注

② 弗朗索瓦-勒内·德·夏多布里昂子爵，法国早期浪漫作家、外交家。波旁王朝复辟后，曾任外交大臣和驻外使节。——译注

对战败的敌人所提出的条件中，表现出政治上的宽大，战胜国不向法兰西索取赔款，联军不进行占领，甚至于不要求法兰西归还它从欧洲其他国家的美术馆所劫掠的艺术宝藏。拿破仑皇帝在外国征服的土地都交了出来，法兰西仍维持自身领土的完整，路易十八统治的疆域比路易十六统治的还稍为宽广一点。采取这种宽大政策的理由并不难理解，因为分割法兰西将会使某个欧洲大陆强国过于强大，除此之外，它会燃起所有法兰西人心中复仇的火焰。

英国人比较关心殖民地的问题，许多征服的土地都归还原主，然而《巴黎和约》是维也纳会议的结果，显示出建立新帝国另一阶段，而这个帝国正可以取代失去的美洲殖民地。被夺取的法兰西殖民地都交了出来，但毛里求斯、多巴哥岛以及圣卢西亚除外。曾经成功治理富足的爪哇岛的托马斯·斯坦福德·莱佛士爵士，亲眼看着这个英国的战利品被交还给它的原主。若干年后他才建立另一个贸易站，也就是现在的新加坡。英国花了三百万英镑的代价由荷兰人手里得到圭亚那部分的地区。不过，英国政府还是比较关心那些具有战略价值，可作为港口的属地，因此它守住马耳他岛，以及通往印度之路的枢纽好望角。由于在南非拥有这样的属地，一个麻烦甚多的冒险故事将要展开。英国仍控制着荷属的锡兰与丹麦的黑尔戈兰岛，后者早已证明是打破欧洲大陆封锁，以及将货易走私到德意志去的良好基地，这些属地都散落四方、零零碎碎，但是拼凑在一起，它们就表明帝国结构有力而又巩固。

欧洲大陆上列强主要全神贯注的事，是绕着法兰西所画的封锁线，用来保护中欧免于革命的感染与危险。在北欧，建立了加尔文教派的荷兰与信奉天主教的比利时合并成尼德兰王国，但是它岌岌可危并不自在，维持到1830年便结束了。莱茵兰主要是由英国政府的提议而分配给普鲁士。在南欧，撒丁尼亚国王重新得到了皮埃蒙特与萨伏伊，并且获得了旧的热那亚共和国。奥地利将威权伸展到意大利其他地区，没有受到挑战。伦巴第与威尼西亚、的里雅斯特与达尔马提亚全部置于奥地利直接的统治之下。奥地利大公在佛罗伦萨与摩德纳进行统治。玛丽·路易皇后分到了帕尔马公国，乃因她是位哈布斯堡家族的人，而非拿破仑的妻子，但规定她的儿子将来不能成为她的继承人，波拿巴家族的成员将被禁止登上王位。有一阵子曾让缪拉元帅①在那不勒斯拥有他霸占的王国，但为时不久。波旁家族不久复辟，而奥地利的影响力高高在上管束着他们。

西欧的情况已叙述了不少，根本的麻烦还留在东欧，俄罗斯想并吞波兰，普鲁士觊觎萨克森，若留给它们自己去处理，它们可能已接受了彼此的要求。但对于法兰西或奥地利而言，这样子令人难以容忍，卡斯尔雷害怕俄罗斯扩张的程度就像梅特涅害怕普鲁士的情形，于是选择反对这样大肆扩张的协议。英国、法兰西与奥地利遂结盟抗拒俄、普两国的这些要求，必要时甚至用战争予以制止。不过战争并无必要，俄罗斯吞并波兰大部分地区，沙皇做了保证，表示将尊重波兰的权利与种种自由，而他没有守住承诺。普鲁士一边埋怨，一边接受了五分之二的萨克森以及莱茵兰，这种妥协刚好及时达成。因为当参加会议的人在维也纳活动，欧洲的政治家在重画地图之时，拿破仑正在厄尔巴岛上沉思、企划。在列强结束他们的争论之前，他将再度出现在历史的舞台上。

---

① 若阿尚·缪拉（1767—1815），法国元帅，那不勒斯国王（1808—1815）。——译注

第二十三章　华盛顿、亚当斯、杰斐逊

　　欧洲政治混杂纷乱的问题在美国被白纸黑字地提了出来，全美国如火如荼地展开了对法兰西大革命的辩论。在任何支持杰斐逊原则的地区，以法兰西革命为模式的相关会社应运而生。联邦党人的报刊则对新大陆的雅各宾党人鸣鼓而攻，如同伯克在英格兰一样，谴责他们是社会的破坏者。

　　只要美国商业利益一受到波及，是非之争便变得比较不太偏重理论，而是变得更加激烈。美国的船只与货物饱受法兰西与英国对商船的袭击与私掠船的劫掠，美国人民群情激愤，两党都要求开战——联邦党人要求对法兰西宣战，杰斐逊派则要对英国宣战。华盛顿决定要维持这个稚嫩共和国的和平，因为法兰西革命政府派往合众国使节的古怪动作，使他较易完成他的任务。这位特使是公民热内，他发现美国政府并不太情愿遵守 1778 年的法美联盟，于是干预美国政治，企图募集部队，使他的政治盟友大感困扰。1793 年 8 月，华盛顿要求法兰西将他召回。热内深知法兰西断头台的活动甚剧，于是娶了一位美国女继承人，并且在新大陆安居了下来。

　　华盛顿赢了，宣布了美国传统外交政策的首项原则。1793 年 4 月，他在著名的《中立宣言》中宣布了"合众国倾向是对于交战国采取中立态度"，美国公民若违反这项原则将会在联邦法庭遭到起诉。但是美国与英国的关系却因为存在未能解决的问题而像乌云罩顶。汉密尔顿的联邦党积极主张与英国维持友善的商业来往，因为新英格兰的海外贸易大都由伦敦的银行家资助。两国之间的贸易会带给东部各州的船东很大的利润，他们强烈反对同革命的法兰西并肩作战的任何建议。边境农夫的感受与拓荒者的感受则完全不同。对他们而言，英国是敌人，这个敌人拒绝遵守1783年的条约，不撤走加拿大边境的哨站，并且正将皮毛贸易越过加拿大边界向南推进，还煽动印第安人对付美国拓荒者，并且威胁到向西部拓展的侧翼。英国人则憎恨美国政府未能解决法兰西革命之前至今犹未付清的债务。同时英国以协助支持法兰西为由，干预美国的海运，这也激起美国全体人民舆论的声讨。

华盛顿决定修正并解决英美的整个关系。1794年，他任命最高法院大法官约翰·杰伊为特使出使伦敦。英国政府对不久前揭竿而起的美国人并不友好。他们知道美国人在军事上的弱点；华盛顿需要汉密尔顿一帮人的支持。再者，杰伊在谈判中表现不当，这反而帮了英国人很大的忙，双方签订了一项条约，英国对美国所做的让步极少。英国人撤走了加拿大边境的哨站，使美国拓荒者因此减少了困扰，往西部拓展的路这样才算是打开了，但是英国在它将来与印第安人的关系这个问题上却没有给予任何保证。英国虽然愿意赔偿在公海上对美国船只所做的损害，却拒绝放松封锁，也不放弃劫夺开往法兰西与其盟国的船只及船货的权利。关于强行征募美国船员为皇家海军服务一事，美国也未得到满意的答复。更糟糕的是，杰伊被迫对英国债权人所欠的债务问题让步，使得美国不得不赔偿英国债权人的重大损失。

这项条约对于联邦党的影响可以说是极具伤害性。西部各州也因有关加拿大边境的安排不够完善而感到气愤，南方人因为债务条款而遭受到严重损失。这项条约处处显示与暴露了英国外交的卓越以及美国新政府的软弱。全美国又充满了不信任的气氛，并且撒下了英美之间另一场战争的种子。

华盛顿的第二次任期于1796年告终，他准备尽早到弗农山庄退隐。在他执政的最后阶段，反联邦党者对他所做的抨击与日俱增，同时准备选举新总统的事又吵吵闹闹，着实使他烦恼。华盛顿与他的许多伙伴都为党派态度的成长感到吃惊，他们坚持认为，只有使力量平衡的政府才能反映美国的各种利益。对他们而言，两大政党永久争权的这个观念既陌生又令人反感。只有辞去行政职务的杰斐逊，对于政党应当扮演的角色有清楚的看法。他看出将派系斗争导入宽广的溪流，并且在国内有个有组织的反对党，作为可能组成政府的另一种力量，这样是有利的。但在华盛顿的心目中，派系的危险最大，他在 9 月发表对全国的临别演说，这项文献是美国历史中最著名的一项文献。它文情并茂，呼吁全国团结，警告"党派分歧的有害影响"。这项文献也说明了孤立主义是美国未来的政策："欧洲有一些主要的利益，它们对我们而言，毫无关系或只有非常遥远的关系。今后欧洲一定会经常发生冲突，这些冲突的原因实质上与我们无关。因此借人为的联系将我们自己卷入欧洲政局的变化之中或陷入它的友好或敌对的阵营之中，一定是不智之举。我们的立场超然，距欧洲又遥远，均要求我们走不同的路。……避开与任何国家的永久结盟才是我们真正的政策。……自立自强，靠着适当的军事建树，保持可敬的防御态势，我们就可能安全地信赖暂时的结盟以应付不同寻常的紧急情势。"

乔治·华盛顿持有历史能赐予的、最引以为傲的称号——美国的国父。在独立战争中，他几乎孤军奋战，他的坚毅将美洲殖民地为了他们的目标团结起来。在赢得胜利之后，他为国劳命效命也很伟大，他担任第一任总统时的坚定态度以及所树立的典范，抑制住党派之间的恶斗，并将国家的分裂延迟了六十年之久。他的性格与影响力制止住美国人选择对英或对法宣战的危险倾向，他使自己的职责充满尊严，以自己充分的才智鼓舞政府。联邦政府的组织井然有序、国家信用得以建立、外交政策之有基础，全都得归功于他担任总统，不过他推辞做第三任总统的候选人，在美国政治上立下了只能连任两届总统的传统。直到第二次世界大战期间，才被富兰克林·罗斯福总统打破。

接下来的两年，华盛顿平静地退居在位于波托马克的乡间，整日驰骋于农场之中，过着早些年一直渴望的隐居生活。十八世纪最后几日的冬雪来到了他的窗边，在 1799 年 12 月 14 日的午后，他对床畔的医生轻声低语道："医生，我就要死了，但我不怕。"言犹在耳，便与世长辞了。

＊　　　　＊　　　　＊　　　　＊　　　　＊

约翰·亚当斯继华盛顿之后担任美国元首，他乃经由联邦党提名。对于混乱与失序的恐惧，对于民主制度缺乏基本信念，使他将革命的热情冷却下来，并且成了汉密尔顿的支持者。他有立场超然的心智，因此是位思想家而非政治家，是位知识分子而非领袖。虽然他同意汉密尔顿加强政府力量与保护财产的主张，却反对为了特别的利益而使用联邦统治机器，并且绝对不是位全心全意的联邦党人。他的判断通常都很正确，但却缺少说服人的技巧，他在用人方面很差，因此名誉受损，不过仍旧是美国政治家当中一位最能干的政治思想家。

在外交事务上，新危机迫在眉睫，拿破仑·波拿巴的崛起使美国人对他们的头号盟友法兰西的崇高敬重走向暗淡。人们担忧法兰西人可能自西班牙手中轻易获得路易斯安那与佛罗里达这两个殖民地，强大而具野心的欧洲强国将会取代弱国，成为美国向墨西哥湾拓展的障碍。法兰西在加拿大说法语的居民中间广泛宣传的消息也传来了，美国对此的反应很强烈，联邦党人终于开始想办法超越对手。战争的歇斯底里症横扫全美，联邦党人抓住机会强行通过法案，给予政府非比寻常的权力管制外国人。1798 年的《归化法》将合格居留的时期由五年延长到十四年，而《客籍法》使总统有权下令将外国人驱逐出去。更加突出的是《叛乱法》，它实际上是批准对报业做严格的检查，而且具体地针对反对派的报纸。结果这些做法引起了激烈的宪法冲突，汉密尔顿徒劳无功地告诫他的同僚："我们不要建立暴政，精力与暴力截然不同。"杰斐逊决定接受这个挑战，草拟了在肯塔基与弗吉尼亚两地通过的决议案，主张各州可以审查国会的法令，并且废除任何被视为不合乎宪法的措施。这是自美国有史以来所听到的重要原则，1798 年的这些决议，在以后的岁月中成了各州权利的宣言。

联邦党人对于个人自由的抨击显示他们开始失势，汉密尔顿几年前就已经辞去了财政部的职务，后又认为他可以迫使政府与法兰西作战而重新掌权。他勾勒出一个与英国一起瓜分西班牙在新大陆殖民地的大计划，他心中想到阵容浩大的战役，由自己率领美国军队南征到密西西比河河口，可惜总统让他的这些希望化为泡影。亚当斯并不爱群众，也痛恨财阀统治与穷兵黩武。直到 1799 年，他都没有表现出有反对联邦党人的迹象，但是他明白战争已经逼近了。身为总统，全权掌管外交事务，所以很容易快速地行动。他突然任命一位特使前往法兰西，于 1800 年 10 月 1 日在巴黎与法兰西订立了贸易条约。同一天，法兰西却秘密由西班牙购得了路易斯安那。

亚当斯的任期即将结束，选举总统的时间又到了。因为双方内部都发生了戏剧性的分歧，选举成了很复杂的景象。联邦党人因为亚当斯阻止他们对法兰西宣战而不原谅他，不过他却是联邦党人尚有一丝希望的唯一候选人，所以还是赢得了提名。然而党内的真正大权掌握在汉密尔顿手里，他心怀憎恨，因此尽其所能地阻挠亚当斯。

杰斐逊是共和党的候选人，而想角逐副总统之职的是位纽约的腐败政客阿伦·伯尔。美国宪法在当时有个古怪之处（它不久就加以矫正了），赢得最多票数的人当总统，票数位居第二者为副总统，因此总统与副总统可能分属相反的党派。亚当斯在选战中被杰斐逊与伯尔击败了，但是杰斐逊与伯尔各自获得同样数目的票数，他们二人之间几乎没有什么情义可言。伯尔设法推翻他的上司，这个僵局便交由众议院裁决，汉密尔顿此时却插手进来使伯尔受到挫折。美国的地方政治常常唤起死心塌地的忠诚与十分强烈的厌恶，这种忠诚与厌恶还胜过联邦议题。汉密尔顿与伯尔在纽约拼命争夺权力，他容不下伯尔当选总统，所以他在参议院以他自己的分量支持杰斐逊，靠着运气非同寻常的扭转，汉密尔顿旧日的对手成了美国的第三任总统，影响力的中心再度由马萨诸塞移到了弗吉尼亚。但是，托马斯·杰斐逊获得权力的意义不宜加以夸大。以约翰·马歇尔为首的最高法院，仍然是联邦政府权力与威权极为热心的、不偏不倚的守卫者与支持者。杰斐逊自己虽然是位农业民主派，但既非不务实，也并不滥情，不久情势就逼他遵守前任两届总统的政策与方法。

*　　　　*　　　　*　　　　*　　　　*

　　杰斐逊于 1801 年 3 月 4 日就任美国总统，美国在它短暂的存在期间已经成长得很快，而且仍在继续成长。《独立宣言》宣布之后的二十五年里，人口已增加了一倍，现在已有五百五十万人。三个新的内陆州也已经建立起来，并且被纳入了美利坚合众国之中，它们分别是北部的佛蒙特、中南部的肯塔基与田纳西。阻止西部移民的美洲印第安人联盟已经被彻底打败，他们的土地都被分成许多地区，后来变成了州；俄亥俄是 1803 年首先这样成立的州。美国这个国家正由它大西洋海岸原有地区的各处向外伸展，它的货物现在借道快速兴起的港口波士顿、巴尔的摩。尤其是纽约，流经海上绕过合恩角，运往中国或向东渡海运往欧洲各国。费城仍是美国最大的城市，但它却正渐渐失去作为合众国生活中心的地位，它现在已不再是首都。杰斐逊是在新兴的华盛顿城宣誓就职的第一位总统。这个新都早就拟订了兴建计划。容纳国会的国会大厦才刚建妥一个侧厅；白宫也还未竣工，只有一个方便的旅馆，以及供参议员与众议员食宿的少数房舍；除了沼泽与荒地别无其他。杰斐逊对于选在偏僻林地中的首都所带来的困苦毫无畏惧，他只要一想到美好的城市终有一天会在那里诞生便信心满满，而这座城市开拓时期的生活也适合他节俭、朴素的风格。

　　杰斐逊总统不能忽略当时的世界斗争，他所代表的农民依靠欧洲作为他们的市场，西部各州与地区需要通行无阻的运输，将农产品沿密西西比河顺流而下运往墨西哥湾。新奥尔良这个港口就位于这条大河的河口，可它当时掌握在西班牙人的手中。法兰西秘密购买路易斯安那的谣言正在流传，不久将得到证实。拿破仑派遣远征军去镇压由图森·路维杜尔①领导的在法兰西殖民岛屿海地的黑人起义。法军完成这件任务之后，就要以法兰西政府之名占领路易斯安那。当《亚眠条约》为欧洲带来并不自在的和平之时，训练有素的法兰西部队已再度到达北美大陆的外海，似乎不久就要登陆。这件事就像十八世纪法兰西对加拿大构成的威胁，促使英语民族团结在一起。杰斐逊在写给美国驻法特使的信中说："一旦法兰西占领新奥尔良……我们国人必须与英国舰队联手御敌。我们必须将我们所有的注意力转到海上武力，使第一枚在欧洲射出的炮弹成为……控制美洲两个大陆为英国与美国的共同目标服务的信号。这并不是我们寻求或希望发生的，而是法兰西一旦实行购买路易斯安那，我们被迫实行的唯一办法。"杰斐逊一直仰慕法兰西与反对英国，这番表白真是他见解中令人感到惊奇的转变。但理论上的见解一定得时常就国际政治的事实让步。无论如何，如果让步算得上是聪明的话，杰斐逊便算是很明智的，讲求实际的。

1802年秋天，法兰西逼西班牙人关闭新奥尔良港，拒绝接纳美国农产品。整个西部地区的人们又怒又惊，如同杰斐逊写给他在巴黎的特使："地球上有个地点，谁占领这个地点，谁便是我们的天敌与宿敌，这个地点就是新奥尔良，因为我们八分之三的农产品都必须通过那里进入市场。"詹姆士·门罗现在奉特别使命前往巴黎，设法从法兰西手中购买路易斯安那或新奥尔良。他还在途中，美国的计划便突然被其他地方的局势向前推进。法兰西远征海地失利，损失三万士卒，法英两国在《亚眠条约》之后即将重启战端。拿破仑以迅雷之势，放弃了建立美洲帝国的希望，而且令美国特使感到惊讶的是，拿破仑提

---

① 图森·路维杜尔（1743—1803），又称杜桑·卢维蒂尔，海地革命领袖，黑人，奴隶出身，1791年领导黑人起义。——译注

议卖掉西班牙割让给法兰西的路易斯安那土地，结果路易斯安那花了一千五百万美元就转卖给美国了。

大笔一挥，美国的疆域就这样增加了一倍，获得了广大的土地，后来又建立了十几个州，事实证明它是美国历史上最划算的交易。当消息传到大西洋对岸的时候，对岸的抗议之声响彻云霄，拿破仑有凭签字就将这些土地卖掉的合法权利吗？美国是否已付出大笔的金钱来获得这个令人诟病的地契呢？而且宪法并没有明确表示联邦政府有权完成这样的交易啊。但是必须马上批准此项交易，否则拿破仑将改变他的心意，于是参议院立即开会批准此割让交易，杰斐逊力称依宪法授予他签订条约的权力，这次交易的谈判都合法。联邦党人大声谴责这项新的购买行动，说购买的价钱高昂，同时边境并没有界定清楚。他们十分清楚这项交易会惹起美国权力广泛的变动，以及西部农业利益团体快速地成长。东部大西洋沿岸地区发挥所有影响力与压力，但是反对仍徒劳无功。1803 年 12 月，美国的国旗在新奥尔良的政府大楼升起，美国开始占有九十万平方英里的新土地。

得到路易斯安那这件事后，国内又出现浮躁不安的情绪和扩张的欲望。沿着墨西哥湾伸展的西佛罗里达仍属西班牙，而除新获得的土地之外的得克萨斯平原也格外引人注意。西部各州及地区与联邦首都之间产生了麻烦，这个时期的邪恶天才是阿伦·伯尔。

如我们所见，由于汉密尔顿的干预，伯尔于 1800 年错失了当总统的机会。1804 年，又因为汉密尔顿的反对使他没有选上纽约州的州长，于是他向汉密尔顿提出决斗的挑战，汉密尔顿接受了。他意图满足对方的荣誉心而打算在射击时不对准目标，但伯尔致命地击中汉密尔顿，结束了美利坚合众国创立岁月中这位杰出人物的性命。在所有人的眼中，伯尔名誉扫地。他便寻求捷径去创造属于自己的美国新天地，甚至企图自英国政府取得庞大贿赂。他的举动是否希望使西部各州脱离联邦，抑或是将西班牙的属地切走一大块，至今仍然扑朔迷离，颇有争议。因为被捕，以叛国罪受审使得他的政治生涯告终，后因证据不足，他获得无罪开释，流亡国外去了。

杰斐逊已于 1804 年获胜，再度当选总统，但是他的第二次任期不如第一次任期来得愉快。在往西部拓展的压力下，他在东部的党人正分裂成地方派系。欧洲的战端重起，再次发生了禁运、封锁与强行劫夺海员这些旧的、不幸的问题。杰斐逊面对着英国舰队持续在美国领海的边缘，甚至在领海之内拦截美国船只与掳走水手的挑衅。虽然英国根据当时的惯例有资格征用刚好在美国船上服务的英国臣民，但是他们也抓走美国公民及许多国籍不明的水手。除了这种苦况之外还有另一种，为了报复拿破仑从《柏林敕令》建立的欧洲大陆对英国的封锁，英国 1807 年在伦敦颁布了枢密令，对所有与法兰西及其盟国进行的中立贸易加以严格的限制。美国的贸易遭到英、法双方敌对措施的严重打击。但如同特拉法尔加战役所证明的，王室海军比法兰西海军强大得多，美国海运在英国人手中的遭遇最为惨重。

杰斐逊面对这些烦恼仍旧泰然自若，维持着按兵不动，但是反对他的舆论日益增强。1807 年基于他的推荐，国会通过了《禁运法》，禁止美国船只驶往外国海域，禁止从海上或陆上出口美国货物，以及禁止英国制造的某些进口货。杰斐逊希望失去美国的贸易会强迫交战国讲和，但实际上，他的新措施证明对美国贸易造成的损害，大过于对英国或法兰西贸易的损害。新英格兰及大西洋沿岸所有海港的经济都依赖于英美的贸易，因此东部诸州各地的抗议四起，尤以新英格兰为甚。联邦党人也团结起来，加入这场反对的行列。连共和党内部也发生意见分歧，起而反对杰斐逊。在禁运付诸实施十四个月之后，他终于被迫将新措施撤销。而三天之后他任期已满，便回到弗吉尼亚的蒙蒂塞洛庄园退隐。

在总统任期的最后两年中，虽然他的政策未能有任何成绩，但也不至于使杰斐逊在美国历史上的崇高地位黯淡无光。他是美国政治家中第一位政治理想家，以及美国民主传统的真正创立者。在世界战争危机发生之际，与极端政策的危险保持接触，修正了他原来的单纯看法，但是他对于一般人的信念从未发生过动摇。虽然他在晚年减弱了对工业主义的厌恶，但自始至终对自耕农耕作与民主制度之间的密切关联都坚持自己的信念。他的实力存在于西部边境的各州，他真正代表着它们，并且花费三十多年的政治生命为它们效力。

第二十四章　1812 年的战争

　　1809 年 3 月，美国所选出的新总统是詹姆士·麦迪逊。他做过杰斐逊的国务卿，因此有很丰富的公职经验，他也是位有名气的政治理论家。他的天性中有顽固的一面，而他处理实际问题的技术与判断力常常与杰斐逊前辈所拥有的并不相称。麦迪逊继任时，全国舆论对英国至表愤慨，因此与英国出现微妙的关系，起初似乎颇有解决争端的希望。他与英国驻美使节达成对英国的利益有利的临时协议，但是英国外交大臣坎宁否定了这项文献，且召回负责的使节。他从来没有像他对欧洲事务一样如此关心地处理美洲问题。以后三年，英美的关系就愈变愈坏。拿破仑撤销了关闭法兰西控制的所有欧洲港口之《柏林敕令》，麦迪逊却被拿破仑此举所骗。他现在设法劝英国为回报起见，废除关于禁止与法兰西控制的港口从事贸易的"枢密令"。比较聪明的政治家都警告他，说拿破仑的行动仅只是外交动作，"要将我们拖下水与英国作战"，可惜麦迪逊并未听取谏劝。

　　与美国进行的非正式贸易战对英国造成的损失很显著。美国市场的丧失与 1811 年至 1812 年的严冬使大批人失业，英国商业发生危机，请愿书纷纷送到议会，请求政府取消"枢密令"。在外交部任职的卡斯尔雷几番犹豫之后，于平民院宣布撤销枢密令，但是为时已晚。横渡大西洋要花很长的时间，以至于这个消息无法及时传到美国。在卡斯尔雷宣布撤销决定的两天后，即 1812 年 6 月 18 日，美国正式向英国宣战。

接下来的那个星期，拿破仑发动了他计划已久的征俄之举。

美国的史家都已指出，英美不和的根源并非是对海事法的敌对阐释，而是美国的西部边境问题。大西洋沿海地区都想要和平，特别是新英格兰，它们主要关心的是已经严重减少的美国对外贸易，与英国作战会使贸易终止。但美国国内的政治形势使仇视英国的西部及西南部的代表夺得权力；是他们逼得美国进入此冲突而并非大西洋沿岸的商人。在边境，尤其是西北部，人们都渴望拥有土地，而这只能以印第安人或大英帝国手中取得。

与印第安人的冲突已经酝酿了一段时间。十九世纪早期，美洲的拓荒者都是以林业为生，他们已经占据了美洲印第安人部落在伊利诺伊与印第安纳拥有的林地，现在又觊觎五大湖区四周英属加拿大地区的森林，那里是无人拓居的王室疆域，拥有极少的忠王派人士。美国西部地区已人满为患，因此必须向西北做进一步的拓展。1811 年，位于俄亥俄河畔的美洲印第安人就在他们最后一位伟大的战士领袖提昆瑟率领下团结起来。依他的命令，这些部落都对酒与贸易的引诱无动于衷。边境一再告急，印第安人的东山再起将会结束美国人进一步的拓展。印第安纳州州长威廉·亨利·哈里森主要负责近期向西部的拓展，遂召集部队出征；而 1811 年 11 月，印第安部落联盟就在蒂珀卡努战役中被打垮了。

印第安人的抵抗活动是受到加拿大的鼓励与组织，这堪称美国历史上的一则传奇，其实是 1812 年由主战派编造的神话。一个新生代，以肯塔基的亨利·克莱与南卡罗来纳的约翰·考德威尔·卡尔霍恩为首，正进入美国政坛。这些年轻人在众议院形成了一个强大的组织，被人称作"鹰派"。他们对于欧洲的事务毫无概念，对于拿破仑的意图毫不在意，对于俄罗斯的命运更是漠不关心。他们主要的目的与目标是攫取加拿大，并且在整个北美大陆建立美国的主权。由于克莱的影响力，总统站过来支持作战的政策。冲突的导火线仍然是传统的说辞：英国海军强行征募美国船上的英籍水手、违反三英里限制的领海权、实行封锁与前述的枢密令。美国国内的意见分歧严重，新英格兰以多数票反对宣战，但是"鹰派"却以大肆宣传的手法主张宣战。美国政治中的边境势力怀着报复的心理加入这场争执而且表现得很有信心，边境的农人觉得他们确有苦衷，他们认为采用"维护自由贸易与水手权利"这个口号，颇有理由，因为英国对于美国船运的限制妨碍他们农产品的出口。一般认为，拓荒者的短期远征就可以扭转乾坤，而且在几周内魁北克就唾手可得，国会甚至没有投票表决给予美国陆军或海军额外军费便径自休会了。

*   *   *   *   *

依书面数字，双方的军力极不相等。美国的人口现为七百五十万人，其中还包括奴隶。加拿大只有五十万人，其中大多数为法兰西人，但却有几近五千名训练有素的英国部队，以及约四千名的加拿大正规军与大约同样数目的民兵，印第安人也供应了三千到四千名辅助部队。

美国正规军不到七千人，虽然政府费了很大气力从各州调集了四十万名民兵，但几乎没有用到。在任何交战中，美国这方面的参加战斗者从来没有超过七千人，而未受过训练的志愿兵都不堪一击。不仅如此，七年战争已经显示，只有溯圣劳伦斯河而上的进攻才能征服加拿大，但是美国并没有从事此计划的充分海军，因此被逼在广大的边境发动攻势，有些边境地段根本不能通行，他们的队伍遭到印第安人的猛攻，如果他们曾在安大略湖区集中部队，或许可以获胜，但是他们并不热心，而且并不协调地越过了边界进攻。

美国的第一次远征以灾难收场，英国最善战的指挥官艾萨克·布罗克将军由印第安联盟支持，将他们击退了。到了8月，英国部队占领底特律，几天之内攻陷了现在芝加哥所在地的迪尔伯恩要塞。美国的边境再度缩到由俄亥俄河到伊利湖的一道防线。这一年剩下的时间，美国人在尼加拉瓜前线作战但毫无成果，战争尚未有胜负便结束了。

在加拿大的英国部队被迫采取守势，同时欧洲发生了大事。

海上的战争比较多彩多姿，对美国人而言也比较令人欣慰。他们有十六艘军舰，其中三艘的配备超过任何船舰。这三艘军舰是各拥有四十四门炮的护卫舰"宪法号""合众国号"与"总统号"。它们的舷侧炮比英国护卫舰的舷侧炮口径要大，船体都是用更坚实的木材制造的，平滑的水下部分使它们在海上的航速远胜其他船只。它们的船员都是志愿投效的，军官也都训练有素。一位伦敦的记者称："它们是几棵枞树建造的，并由一撮杂种与不法之徒驾驶的护卫舰。"美国人很高兴地采用了这句话，不过却以行动驳斥这侮辱并为此感到光荣。在越洋停泊站的不列颠舰队包含九十七艘船，其中包括十一艘战舰与三十四艘快速帆船。他们的海军传统既悠久又光荣，对特拉法尔加与尼罗河战役的记忆犹新，船长也都信心十足地认为可以击沉任何美国船舰。但是当英国船舰相继发现炮弹发射的射程不及美舰，而被重击成碎片的时候，"枞树建造的护航舰"便一鸣惊人。美国人民本来对在加拿大的种种挫败感到痛心，但从这些胜利中重新恢复了勇气。美国的护卫舰，一年之内打赢英舰的次数，比法兰西与西班牙于二十年战争中获胜的次数还要多。但报应就在眼前，1813年6月1日，由劳伦斯船长指挥的美国护卫舰"切萨皮克号"由波士顿港口启航，率领一群毫无经验、抗命不从的船员去迎接英国"香农号"布洛克船长的挑战。战斗十五分钟后"切萨皮克号"便投降了。美国的损失接踵而至，海权又落到了英国人的手中。不过，美国的私掠船在战争接下来的整个时期继续骚扰着英国的船只。

这些海上插曲对战争的过程并没有什么影响。如果英国政府放弃强行征募美国海员的话，1813年新的战役也许可以避免，但是他们并没有这样做，于是美国人修改战略。战争正继续就海军强行征募海员这个问题进行，因为美国从来没有宣布其战争的目标是为了征服加拿大，不过加拿大仍旧是它主要的目标。美军数度袭击现在称作安大略省的上加拿大地区，洗劫焚烧城镇与乡村，其中包括以后称为多伦多城的小省都。战争变得愈来愈猛烈。在1812年至1813年的冬季期间，美军也在伊利湖上的布利斯凯要塞建立基地，费力地翻山越岭将军需品运给美国的指挥官奥利弗·佩里，当时他正率领一支小舰队在淡水区域战斗。1813年秋天，佩里的小舰队出发去争取胜利，且于9月打了一场奇怪的两栖战。黑人、边境部队与民兵都匆匆登上了用刚砍伐的树木匆匆建造的船，在静止的湖上一直战斗到最后。由于美国的军舰较强大，英国人终于被打败了，且损失惨重。佩里简洁地报告说："我们与敌人交战，他们败于我们之手。"

美国在蒂珀卡努战役中的胜利者哈里森，现在可以长驱直入安大略。10月在泰晤士河战役击败了同年稍早时击败他的英军以及其印第安盟友。印第安联盟被打垮了，提昆瑟被杀，就这样美国在五大湖的南岸建立了地盘，印第安人无法再从侧翼骚扰它的边境。但是从陆路入侵加拿大地区失败了。年终的时候，加拿大人占据了尼亚加拉要塞。

*　　　*　　　*　　　*　　　*

迄今，在加拿大的英国人缺少进攻的手段。因为他们的部队与船舰都在欧洲与拿破仑做生死搏斗而不易调动，而且英国政府不敢从北方威胁新英格兰各州免得激怒它们，甚至于到1814年封锁都还没有延伸到马萨诸塞州，而英国的兵力几乎由新英格兰的港口供给给养。但到了1814年的春天，在欧洲的争端有了结果，拿破仑在4月退位，英国人终于能派遣充分的增援部队。他们打算由尼亚加拉与蒙特利尔借道尚普兰湖发动攻击，以及在南方则是于新奥尔良下手，同时以海军对美国海岸进行袭击。威灵顿的老兵还没自西班牙半岛到达前，这场战役就已经开打了。从尼亚加拉出发的部队，在尼亚加拉瀑布附近的伦迪巷激战中败北。但是8月底，由欧洲来的一万一千名部队都已经集中在蒙特利尔附近，沿着以前伯戈因的路线往哈德逊河谷挺进。他们于9月在乔治·普雷沃斯特爵士的率领下，前往普拉茨堡，准备争取尚普兰湖的控制权。他们仅面对着几千民兵和一千五百名美国正规军，胜败全赖英国与美国小型舰队的交战而定。一如在伊利湖的战役那样，美国制造了较好的船舰进行内河战斗，并且取得了胜利。这件事使英军的挺进受挫，这也是这场战争中最具决定性的交战，普雷沃斯特与他的部队退回到加拿大去了。

尽管英国人先前几年在海上走霉运，但仍占优势，许多船舰都陆续由欧洲的海域到达。美国的海岸处于无防御状态。8月，英国的罗伯特·罗斯将军，率领四千人马在切萨皮克湾登陆，美国的民兵足足有七千之众，但都没有经验且未受训练，只能迅速撤退。24日，英军部队就进入了联邦的首都华盛顿，麦迪逊总统逃往弗吉尼亚避难。因为美国人的撤退十分仓促，所以英国军官在白宫还能享用为麦迪逊及其家人烹调的餐点。然后，为了报复美国民兵在加拿大的所作所为，英军烧掉了白宫与美国国会大厦。华盛顿在波托马克河河畔的家宅逃过此劫，但也被英军严加看守。这次军事攻势在英军企图于巴尔的摩登陆时结束，因为民兵在那里早有埋伏，罗斯将军因此阵亡，英军遂撤回到船舰上去。

英军最后且最不负责的猛袭是远征新奥尔良，他们12月到达了基地。但在西南边境的地区，已经出现了一位很有气质的军事领袖安德鲁·杰克逊，他早期在田纳西开垦的时候，就在抵抗印第安人的战争中赢得了名声。当英国人设法补助与组织印第安人的时候，杰克逊将他们赶入了西班牙控制的西佛罗里达，并且占领了它的首府彭萨科拉。

同时，八千英国部队在以前于萨拉曼卡指挥一师的爱德华·帕克南爵士率领下于新奥尔良登陆。密西西比河河口上的许多沼泽与小港湾使得两栖作战变得极端危险，所有的人马与军需品都必须用划艇自七十海里外的军舰运来。杰克逊从佛罗里达匆匆赶回，自行在河的左岸掘壕防守，他的兵力在数目上太差，但仍有许多技术高超的神枪手。1815年1月8日的上午，帕克南率领士卒向美军的土垒展开正面攻击，这是英国战史上最不聪明的一次军事调度，也促使他在这里阵亡。他的两千名部队非死即伤，唯一大难不死的一位将级军官将部队撤到运输舰上。美军仅折损了七十人，其中十三人阵亡。这一役分毫不差只进行了半个小时而已。

1814年圣诞前夕，英国与美国已经签订和约，但新奥尔良战役是美国历史上的一项重要事件，它造就了一位未来的总统——杰克逊的生涯。它使人们相信美国人已千真万确地赢得了这场战争，同时也创造了一个不幸的传说，就是这场战争成为第二次反抗英国暴政的独立战争。

＊　　　　＊　　　　＊　　　　＊　　　　＊

在美国国内，形势一直都在快速地发展中，仰赖船运与贸易的新英格兰遭到严重损失。它的领导者都感到困窘，因为他们曾经支持现在内部混乱的联邦党，他们痛恨曾推他们作战的西部各州与地区之张扬得势，并且开始打算脱离联邦。1814年的夏天，马萨诸塞已经被甩到只能依靠自己资源的地步。英国部队占领了缅因，英国船舰封锁住港口。税赋的重担大都由新英格兰诸州承受，然而联邦政府似乎没有什么能力提供地方防御。10月，马萨诸塞、罗得岛与康涅狄格的代表接到开会通知，他们将于12月在哈特福德开会。他们想要与英国另签和约，并且不再与快速成长的西部做进一步的联系，他们相信英国远征新奥尔良会获胜，而且由于西部各州被英军在海上截断与东部的联系，大概会让联邦主动照顾它们。总统为此大感震惊，主战派更感恐惧。幸运的是，新英格兰在哈特福德占了上风，就在此时，代表大会仅对麦迪逊的政府做出严厉的指责，而脱离联邦之事胎死腹中。他们宣布："企图滥用任何权力改变宪法的企图，将会使社会改革的弊病贻害千年。"

安德鲁·杰克逊在新奥尔良获得的胜利以及和谈的成功，产生了谴责新英格兰不忠的呼声，并且使联邦党就此蒙羞。然而哈特福德的代表们坚持的州权利原则，将会成为美国政治中的一股活力。这场战争也促使新英格兰的经济变得多样化，除了海运与贸易利益，新英格兰还增添了大规模且有价值的制造业与其他工业的发展。

美国在整个战争期间都谋求和谈，但是直到 1814 年 1 月，英国才同意谈判。美国代表中的亨利·克莱于 6 月抵达根特。起初英国拒绝讨论中立权或强行征募美国海员的问题，他们仍希望在美国西北部建立印第安人缓冲国。威灵顿的判断力改变了这种气氛。前一年的 11 月，英国政府已请他赴美国接掌英军的指挥权，但是他研究了普拉茨堡战役的报告，明白胜利有赖于五大湖上的海军优势，他也看出无法得到这种优势，并且认为要求得到加拿大边界上的美国领土与英国的利益不符。因此双方同意漫长的北方边界"现状"，其他问题则谈而未决。在五大湖的海军力量于 1817 年由一个委员会加以规范，而有争议的缅因边界到后来也以同样的方式解决。到英国海军再度赴战的时候，强行征募海员的活动早就已经放弃了。

就这样结束了一场无益也无必要的冲突。英国的反美情绪几年来都很高涨，但是美国成了独立的强权，再也没有得到不适当的对待。英国的陆军与海军已经学会尊重他们以前的殖民地居民。当和平的消息传到尚在新大陆的英军军中时，一位士兵写道："我们全都很高兴，因为我们这些参加过西班牙半岛战争的士兵，看到了靠这种形式的陆战、海战、游击战、劫掠战，既赢不到名声，也得不到任何其他军功。"

和平的成果扎实又持久，这场战争是加拿大历史上的一个转折点。加拿大人对于他们在防御国家中所扮演的角色引以为荣，也加强了他们与日俱增的民族情绪，许多意见不合的地方仍将动摇英美的关系。三十年后，关于俄勒冈所有权的争执将涉及到广大的疆域，并且有诉诸战争的威胁。但是此后，加拿大与美国之间有条三千英里的国际边界一直没有兵卒或枪炮防守。在海洋上，英国海军在即将来临的世纪中称雄，而美国在这块盾牌后面也将自由自在地去实现它本身的命运。

第二十五章　厄尔巴岛与滑铁卢

　　1815 年的新年，欧洲与美洲洋溢着一片和平气氛。在巴黎，顽强、年迈、任性的波旁家族成员登上了法兰西的王位，并对他的亲戚、顾问及追随者所犯的错误置若罔闻。其他保王派的支持者比他还要更像君王而颐指气使，正在考验他臣民的耐性。法兰西的人民仍然梦想着帝国的光荣，已经做好准备去从事另一次冒险。欧洲列强已经在维也纳解决了一个最恼人的问题，它们已经决定如何在饥不择食的胜利者——普鲁士与俄罗斯——之间瓜分萨克森与波兰民族。但无论如何，它们对于开会重新划定欧洲各国疆界的许多细节并无一致的意见。在奋战二十年之后，它们感到已经挣到了足够的闲暇，可以用来尽情讨价还价、谈判交涉与寻欢作乐。这得靠一种剧烈的、突如其来的震惊，才能使它们忆起它们统一的目标，而这个震惊来自熟悉的地方。

　　拿破仑已经在厄尔巴岛称霸九个月之久，这个欧洲大陆以前的主人，现在眺望着萎缩成岛屿的版图。虽然他仍旧保有帝王之尊的排场，仍有指挥大军的无穷精力，如今只能用来指挥他的小王国采矿炼铁与捕捞鲔鱼。他仍拥有一支军队，包括四万名禁军、少数被迫离开家园的波兰士兵以及当地民兵。他也有一支海军，并为它设计了厄尔巴岛特别的军舰旗。他的舰队包括一只双桅横帆船与若干独桅纵帆船。他将注意力全部放在这些微不足道的武备，以及厄尔巴岛微薄的预算上面。他告诉厄尔巴岛的人民，此后他将全力从事能使他们快乐的任务。他为文职高官设计了令人动容的制服。他在首都费拉约港装饰了一座富丽堂皇的皇宫，而且他与母亲玩牌也习惯要诈。他与心爱的妹妹和忠实的波兰情妇娱乐。唯独他的妻子玛丽·路易皇后和他们的儿子不在这里，奥地利政府小心地将这母子二人留置在维也纳。皇后并未表现出想要违誓逃走的征兆。对她而言，对哈布斯堡家族的忠贞比对她的丈夫来得更重要。

大批好奇的外国访客——许多来自英国——都来看这位下台的皇帝。其中有个或许是带有偏见的人，报道皇帝看起来比较像一位机灵的教士，而非伟大的指挥官。驻厄尔巴岛的盟国行政官员尼尔·坎贝尔爵士观察得比较清楚些。几个月过去了，密切的观察者都确信拿破仑正在等待时机。他也正注意着法兰西与意大利的局势，他继续与间谍和各方言论接触后察觉到，复辟的波旁王朝无法使法兰西人效忠输诚，也未依合约中的规定付给他年金，这种小气的做法使他相信可以不必遵守合约中的条件。1815 年 2 月，他认为他看到了维也纳会议正在闹分裂，盟国互相不和，法兰西国内怨声载道，似乎在向他召唤，而坎贝尔这个狡猾的苏格兰监察员正在意大利。拿破仑疾如闪电，抓住了这种机缘巧合的时机。在 2 月 26 日，一个星期天的夜里，乘坐双桅横帆船，由一小队较小的船只陪同溜出了港口，率领着一千人向法兰西驶去。3 月 1 日，他在昂蒂布附近登陆，当地的人为了欢迎他，还唱起像英文《甜蜜的家庭》的法国歌曲。

"百日王朝"的戏剧已经开始了，随后便是不流血进军巴黎，奉命阻止这位闯入者的保王部队冰消瓦解并且向他投降。"勇者中的最勇者"内伊元帅曾为波旁王朝效力，夸口说他会将以前的主子囚入铁笼送回巴黎，结果却发现他仍无法抗拒皇帝的召唤，反而加入拿破仑这一边，其他曾经变节的元帅如今再度变节。拿破仑在登陆十八天之内便已经于首都坐定，波旁王朝开始逃亡并寻求藏身之所，最后避难到根特去。于是拿破仑宣布他追求和平的意图，开始发展他的军队寻求支持，承诺将自由的制度给予法兰西人民。其实他希望在军事上获胜让地位巩固，以便恢复帝国所有的旧制。但是自从奥斯德立兹、耶拿与瓦格拉姆几次战役的顶峰时期以来，法兰西人的心情已经有所转变，虽然热忱依旧在，但不再有高昂的战斗情绪，军队与将领都已物是人非。在入侵俄罗斯的战役以及莱比锡战役中，令人毛骨悚然的损失都无法弥补。自 1805 年以来，已有一百四十八位法兰西将领在战役中阵亡。活着的将领中，只有半数还愿意效忠拿破仑，像马尔蒙与维克托元帅就逃到比利时去了。维克托在布鲁塞尔的威灵顿大饭店中避难，这家饭店是以在塔拉韦拉之役击败他的那位公爵名字命名。拿破仑当年不可或缺的参谋长贝蒂埃元帅也没有前来援助。拿破仑只好依靠后来他所抱怨的"白痴苏尔特"。他表现出常见的精力且充满自信，但是早年迅如电光火石的军事判断力已经黯淡下去了，长期所患的胃溃疡使他断断续续地感到疼痛。

然而对欧洲而言，拿破仑依然是个令人生畏的人物及挑战。参加维也纳会议的欧洲列强以不寻常的速度及一致的步调采取了行动。他们宣布拿破仑是不法之徒，宣称他扰乱世界和平，应当受到公开的起诉。列强也都着手整顿自身的兵力，曾经领导国人与全世界抵抗这位科西嘉人的英国政府，明白它将在战役中首当其冲地面对旋风似的军事攻势。俄罗斯与奥地利都要花时间集聚他们的兵力。普鲁士是当时唯一有所准备的盟国。为了备战，一点时间都不能拖延，威灵顿建议立即派军到尼德兰，在那里建立向巴黎进军的基地，以及为法兰西边境上的冲突做好准备。拿破仑自厄尔巴岛脱逃不到一个月，威灵顿便已在布鲁塞尔坐镇指挥了。

英军的状况并未能使威灵顿公爵感到喜悦，他参加西班牙半岛战争的精锐部队，有许多都已经被调派到美国去，其中包括他的参谋长乔治·默里爵士。英国政府费了九牛二虎之力才觅得六个团的骑兵与二十五个营的步兵，包括部分参加半岛战争的老兵，部分未受过训练的新兵，其中最不足的是炮兵。根据 1814 年缔结的《巴黎和约》，英国政府已下令整批炮兵与瞄准手退伍，所以人员短缺的情况非常严重。但就如同欧洲历次战争中的情形，总是有欧洲大陆的盟友与辅助部队出现。英国国王依然是出自汉诺威的家族。汉诺威的部队在经由尼德兰回国途中停了下来，并且加入了威灵顿的新军阵营。威灵顿因为人马不足，设法说服葡萄牙派数营兵力，他已经对他们教导战争的艺术，称他们为自己的"斗鸡"而引以为荣。但这一次未能奏效，他们未派一兵一卒。由尼德兰国王交给他指挥的荷兰与比利时部队看起来并不可靠，他们的国家二十年来都被法兰西人占领，比利时人也曾对法兰西的统治表示友善，他们行伍大概都倾向于拿破仑这边，也还有来自拿骚与德意志其他地区的部队。夏季日近的时候，威灵顿集聚了一支有八万三千人的国籍混杂的部队，其中英军占三分之一，他像以往一样直率地抱怨着部队未受过考验而素质太差，但也竭尽全力地在训练他们，企图改变部队的素质。支持他新冒险的主要人物是布吕歇尔元帅。普鲁士人有支十一万三千人的部队，但其中差不多有一半是未受过训练的民兵，驻扎在比利时东部。在威灵顿与其幕僚企划大举进攻法兰西时，他有意采取主动，不愿温顺地等待拿破仑的猛袭，他镇静、周密地制订了全盘计划，以布鲁塞尔为基地，在莫伯日与博蒙之间设了一道防线，将普鲁士人置于他的左翼，守在菲利普维尔与吉威之间。结果像以往所发生的情况一样，拿破仑采取了他惯常的主动。

＊　　　　＊　　　　＊　　　　＊　　　　＊

　　拿破仑一天都不愿意浪费，他的两个大敌站在东北边境，距首都只有几天行军的路程，他必须立即对声势浩大的敌人出击。胜利的精神价值无可限量，而英国政府的威望将会受到动摇；在伦敦敬佩他的辉格党和平人士可能取代托利党人提出谈和之议。路易十八将被驱逐而长期流亡国外，尼德兰的比利时地区将归还给法兰西统治，待这件事办妥之后，他就可以镇定地面对奥地利与俄罗斯的威胁。当他利用强烈的意志力去唤醒法兰西民族的时候，就是怀抱着这样的希望，要集聚到足够的大军，这使精疲力竭的法兰西受到沉重的压力。五个军团在边境堡垒防线上组织了起来，大约有十二万五千人，这些堡垒提供的屏障使他能够在后面悠闲地建立力量，这场战役的初期给了拿破仑一股动力。威灵顿不得不将他的部队驻扎在一道长四十英里的防线上，提防法军攻打他英国部队与普鲁士部队的会合点。6月初，紧张情势与日俱增，情况非常明显，至少可以预测拿破仑企图将威灵顿与布吕歇尔的部队各个击破，但他会在哪里先下手呢？威灵顿在布鲁塞尔耐心地等待透露拿破仑意图的迹象，等待他与其死对头的交锋，他们两个人当时都已四十六岁了。6月15日，拿破仑静悄悄地在沙勒罗瓦与马希埃纳两处渡过了桑布尔河，将挡在他前面的普鲁士先遣部队驱赶到距布鲁塞尔不到二十五英里的地方，他攻击英普两军的相接之处，只要夺下布鲁塞尔就是向前迈进了一大步，占领都城这种成就永远都在诱惑着他，也是增加他力量的来源。

不列颠部队与普鲁士部队之间的联络，不知何故居然在此时出现了问题，几个小时之后，普鲁士部队败北的消息才传到威灵顿那里，英普两军的指挥官之间似乎并没有详细的合作计划，军事情报像平常一样都是在情势搁浅时才到手，场面一片混乱、矛盾。在滑铁卢到沙勒罗瓦的路上并没有英国部队，只靠荷兰与比利时的一个师在防守，军力十分薄弱。15日夜里，法军集结，准备要消灭普鲁士人，此时里土满公爵夫人为了招待盟军军官而在布鲁塞尔开舞会，威灵顿也莅临捧场。他知道保持无畏、宁静的表情确属必要，在舞会当中，他斟酌着迟收到的消息，决定不惜一切代价与普鲁士部队保持联系，以挡住法军向布鲁塞尔挺进，于是将军力集中在战略性地点卡特尔布拉斯。16日清晨，皮克顿①的一旅部队从布鲁塞尔沿着大路出发，与占据了英普两军之间危险敞开地带的荷兰部队会师。

对法军而言，得先击败普鲁士部队，然后才能够逼威灵顿朝西北撤退到海岸去。拿破仑憧憬着被打垮的英国部队在法兰德斯的各港口

---

① 托马斯·皮克顿爵士（1758—1815），英国军人。——译注

等候运输船只载他们归国的惨状，这样的情形以前曾在拉科鲁尼亚与瓦尔赫伦发生过。拿破仑命令内伊去指挥法军的左翼，他则调动六万三千人与九十二门大炮去迎战集中在利尼的普鲁士军队，但是威灵顿迟缓与稳妥的调军遣将把他巧妙地骗过了。拿破仑此刻明白，截至目前只有一小股兵力守住卡特尔布拉斯，遂命令内伊发动攻击，然后预计在傍晚与他在布鲁塞尔会师。16 日下午 2 点的时候，法军对两英里长的战线展开行动，威灵顿亲自带领七千人与十六门大炮抵达指挥，皮克顿的前行旅在战役中首当其冲，这些参加过半岛战争的老兵已经从布鲁塞尔行军十二个小时，仍旧精神抖擞，法兰西的骑兵只能无可奈何地绕着他们打转。同时，荷兰与比利时的步兵被迫退出战场。在 6 月的下午，于通往布鲁塞尔途中的十字路口，激烈的拉锯战中几乎根本没有任何战术表现可言。战争是正面交锋，统御术举足轻重，但是将帅才干在其中并没有什么发挥。威灵顿在战斗最火炽的时刻常常都表现得最冷静。在这场短兵相接的战役中，英国步兵的火力占了上风，在夜幕低垂前投入三万盟军，伤亡了四千六百人；法军损失比较少一点，但是内伊没有完成他的目标，布鲁塞尔并没有落入他的掌控之中。

　　法军这方面，参谋工作几乎没有可称赞之处，德尔隆在拿破仑的命令下，漫无目的地行军，一会儿朝着利尼的方向，一会儿又朝着卡特尔布拉斯的方向乱走。拿破仑在战役初期占了先机，但他却没有打算使大军两翼同时行动，看来他似乎没有依照原来的计划进行，不过在利尼赢得了惊人的胜利。布吕歇尔元帅在战略上的失算使部队被裁成两段，遭到法军强大的炮兵痛击，退到瓦福雷，盟军间的联络又告中断，威灵顿未能立即得到利尼战果的消息，也无法知道普鲁士部队随后的动向。他在卡特尔布拉斯挡住法军的左翼，但是法军在东边的胜利使他们能够集中力量到布鲁塞尔的路上来对付他。等到威灵顿得知普鲁士兵败的消息时，主力已经集结在卡特尔布拉斯这个村庄的四周。17 日凌晨，拿破仑决定派遣格鲁希元帅率领三万三千人马去追赶普鲁士军，同时亲自率领主力军来攻击威灵顿，这场战役的紧要关头迫在眉睫。

无疑地，威灵顿在开战的头几天似乎很惊讶，就像他当时承认的，拿破仑的行动"骗倒了"他。多年后，他读到法国人关于卡特尔布拉斯战役的记述，以常见的坦白态度表示："他们该死，我打败了他们，尽管我吃了一惊，选择了那样愚蠢的阵地，他们却更蠢，不知道如何利用我的失误。"在这战役之后，他那有条有理的心智立即全盘掌握住情势，计划着退守到早在圣尚山预备妥当的阵地。早在战役开始之前，英国工兵就已经勘查过这个阵地，预料会在那里与敌人会战，他向普鲁士部队要求派一个军团支持。

1814年的秋天，威灵顿就已经视察过比利时乡野的地形，也注意到滑铁卢山脊的有利地势。一个世纪之前，伟大的马尔博罗公爵也曾注意到这一点，但可惜被他的荷兰盟友阻挡住，未能在那里与维勒元帅交战。他未打的仗现在可要展开了，16日夜晚，英军在小心翼翼地掩护下开始撤退，17日早上就到了滑铁卢阵地，这个威灵顿已经在半岛战争中测验过的防线，法军一定会被逼着做艰苦的正面进攻。威灵顿知道时间对他的敌手不利，如果拿破仑想要在法兰西再度重建地位，他一定得快速获得战果。一排加强了工事的农庄与起伏的山坡构成的盟军前线，由六万三千人与一百五十六门大炮把守着，法军未能趁盟军撤退时进行骚扰，他们的参谋工作再度出了差错。拿破仑并不知道在卡特尔布拉斯发生了什么情况，也不知道普鲁士军队会随时回头来与威灵顿会师。布吕歇尔与身为普鲁士军队智囊的参谋长格奈瑟瑙，正从利尼朝西北方向的布鲁塞尔撤退。格鲁希因为情报不灵，加上判断错误，认为普军正朝东北方向往列日移动，未与拿破仑联络，也未曾发挥作用。格鲁希的所作所为都是错误，使法军一直损失惨重。同时，拿破仑听闻威灵顿技巧高明的撤退消息，大为震怒，并急乘马车驶上前往布鲁塞尔的大路，他与他的前卫部队都拼命企图追上英军的后队。暴风雨大作，使行进慢了下来。英国骑兵在雷鸣电闪、大雨如注之下，狂奔到安全的地方。拿破仑与内伊终于碰头了,他怒不可遏地对内伊说:"你已经将法兰西毁掉了。"拿破仑到达了滑铁卢山脊,看到英国军队已经在他们的阵地上严阵以待,同时也明白了英军的脱逃简直做得天衣无缝。

*　　　*　　　*　　　*　　　*

6月18日,接近中午的时候,法军攻击盟军阵地的两个侧翼,这阵地上的据点是右方已加强工事的乌格蒙堡以及中间的拉·黑·圣特农庄。拿破仑对他的参谋人员承诺当夜会在布鲁塞尔下榻。他对提出异议的苏尔特说:"因为威灵顿打败过你,你就认为他是位伟大的将领。我告诉你,这一仗像野餐一样容易。"然后七万名法兰西部队与二百二十四门大炮就集中起来,准备进行一场决定性的攻击。猛烈的炮火开始向盟军的驻扎地射击,双方在草坡上前后来去厮杀,密集的战斗都集中在拉·黑·圣特农庄进行,农庄终于落入法军之手。英军整天坚守的乌格蒙堡,战斗更加惨烈。中午方过,法军当时惊天动地的大炮发威,朝威灵顿的步兵拼命发射,为内伊所率一万五千名骑兵大举冲锋做准备。在法军炮火如雨的攻击下,威灵顿将他的步兵后撤到滑铁卢山脊,给军队多一点掩蔽。内伊一看到这种情形,就发动骑兵部队做一连串的冲锋。现在,英军的胜败全赖毛瑟枪与刺刀了。威灵顿焦急地朝东眺望,看看有没有普鲁士军队前来的影子,幸好布吕歇尔守信,普军正在驰援的途中,但是法兰西的重骑兵已扑向威灵顿,他们没能接近盟军步兵方阵。一位目击者写道:"至于所谓的冲锋,我认为实际上,一次厮杀也没有发生。有许多次,我都看到重骑兵大胆地冲到距方阵大约有二三十码的地方,一看到我们的士卒稳如泰山,他们都一成不变地避开,退了回去。有时候注视着三排刺刀,他们就会勒马停下来,这时就会有两三位勇敢的军官上前,并且用军刀将头盔高高挑起,努力催他们进攻,但是一切都无济于事,因为任何努力都无法使这些人马与可怕的刺刀短兵相接，迎接死亡。"

　　战斗没有明显的定局，拿破仑由望远镜中看到这令人敬畏的混战，不禁叹道："英军从来都不退却吗？"苏尔特回答道："我恐怕得先将他们砍成八块。"威灵顿也满腹忧思，虽然在中午刚过的时候，可以远远地看到路上的普鲁士部队，但嫌助阵攻袭法军右翼的速度慢了点。傍晚六点钟的时候，内伊的猛攻已渐失败，普鲁士部队正无情地杀向法军侧翼，法军只好从攻击威灵顿的部队中抽调一万四千人御敌。法军最后再攻，农庄四周再度爆发了生死搏斗，帝国禁军由内伊率领，翻上山丘，但英国步兵的火力发威阻止了他们。等待已久的反攻时刻已经来了，威灵顿整天都站在危险的最前方，骑着他的栗色骏马"哥本哈根"到处奔驰，粗暴地下令，气冲冲地鼓励他的士卒，现在他沿着饱受打击的防线奔跑，并且下令前进，他大声喊："前进！前进！他们是守不住的！"他的骑兵从山脊飙出，挥舞军刀，将法军砍得东逃西散，溃不成军。内伊愤怒得不能自已，一手持着断剑，跟跟跄跄由一队残兵走到另一队残兵面前大声嘶喊，但全然无用，为时已晚。威灵顿将追逐的任务交给了普鲁士部队。拿破仑满心痛苦地循路返回巴黎。

＊　　　　＊　　　　＊　　　　＊　　　　＊

　　当天晚上，布吕歇尔与威灵顿聚首、互相拥抱。这位年老的德意志陆军元帅一句英语也不会，便先用德语说："Mein lieber Kamerad（亲爱的战友）。"然后勉强用法语说了句："quelle affaire！（真了不起！）"这简短的问候大合威灵顿说话简洁的习惯，这件事也是多年后威灵顿担任同盟五港的主管时，时常于他在沃尔默的城堡中乐于一讲再讲的往事。他骑马回到了布鲁塞尔，对一位铁人而言，这一天发生的事也太紧张了些，几乎到他无法承担的地步。这场战斗的整个重担都落在他一人肩上，他只能凭自己人格发挥的力量与树立的典范，才能够将他杂乱凑成的部队团结起来，压力大到令人无法忍受。他很公道地说：

"天啊！我认为如果我不在场，就打不赢这一仗。"他喝茶、吃点东西，看过死伤名单之后，终于忍不住地哭了起来。

滑铁卢之役随后的几天，向威灵顿公爵祝贺的信纷至沓来。奥地利的首相梅特涅公爵致函祝贺时，谨慎地称此次战役是"辉煌的肇始"。事实上，这一仗已结束了整个战役。布吕歇尔与他的普鲁士军队一直平静无事地向巴黎挺进。在会战的三天之后，拿破仑就已经回到巴黎，曾经有一阵子他兴起了希望，以为自己可以像 1814 年的战役一样在法兰西再战，但是没有人跟他一样有同样的乐观态度，帝国中因他而拥有荣华富贵的大官们早已吃足了苦头。6 月 22 日，他再度退位，退居到马尔梅松。阴险的富歇公爵成立了临时政府，着手与盟军及路易十八谈判，除此之外别无他途。7 月 6 日，布吕歇尔与威灵顿进入巴黎，威灵顿此刻有一项首要任务便是遏制普鲁士部队进行充满仇恨的报复，因为他们的军队在 1806 年曾遭到法军的痛剿，把国家弄得残破不全，他们卫戍的城镇遭到占领，因此怀着公爵未能体会的怨恨。当布吕歇尔提议用爆破方式炸掉塞纳河上依著名的普鲁士，遭到败绩之地而命名的耶拿桥时，威灵顿便在桥上布哨严加防止。盟军进入巴黎两天之后，路易十八终于现身亮相，他第二次的复辟大都归功于威灵顿伸出援手，因为多数的法兰西人与许多盟国都宁可选择奥尔良公爵担任拿破仑幼子的摄政，或者实现立宪的共和制。威灵顿并不重视波旁王族，但是他深信，法兰西在他们摇摇晃晃的统治下不会再有力量去扰乱欧洲的和平。路易十八并不是"伟大帝王"，也未曾渴望成为一位伟大的帝王。一如许多伟大的将领般，威灵顿在取得胜利后，便期望能有个和平的时代。桂冠与名声都已经赢到手了，现在该是种植橄榄树的时候了。

*　　　　*　　　　*　　　　*　　　　*

拿破仑于 6 月底离开了马尔梅松，前往位于比斯开湾岸边的罗什福尔，在途中千钧一发地逃开了布吕歇尔麾下普鲁士部队的擒拿。一

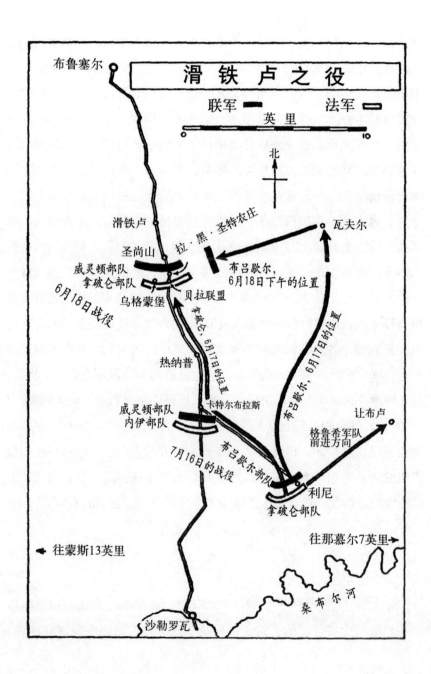

滑铁卢之役

联军 ■   法军 □

英里

布鲁塞尔

北

滑铁卢

拉·黑·圣特农庄

圣尚山

瓦夫尔

威灵顿部队
拿破仑部队

布吕歇尔,
6月18日下午的位置

6月18日战役

乌格蒙堡

贝拉联盟

拿破仑,6月17日的位置

热纳普

布吕歇尔,6月17日的位置

威灵顿部队
内伊部队

卡特尔布拉斯

让布卢

格鲁希军队
前进方向

7月16日的战役

布吕歇尔部队

利尼

往蒙斯13英里

拿破仑部队

往那慕尔7英里

桑布尔河

沙勒罗瓦

且被他们逮住，一定会被枪决。他曾想到逃往美洲，还订了一套关于这个隔洋大陆的旅游书籍，或许可以在墨西哥、秘鲁或巴西创建一个新帝国，否则就只能让自己任由不共戴天的仇人摆布，可惜最后的事实就是如此。"柏勒罗丰号"①的船长梅特兰正在罗什福尔的外海巡弋，奉命防止任何法兰西船只出海，拿破仑只好与他进行谈判。梅特兰提议将他的船作为拿破仑的避难所，但他无法预测英国政府将如何对待这位著名的人质，也没能做任何承诺。拿破仑希望可以愉快地被软禁在英格兰的某个庄园或苏格兰的堡垒，因为一个世纪以前，塔拉尔元帅与其他法兰西将领就曾经享受过被强迫居留在英格兰。拿破仑写了一封奉承的信给英国摄政王，并称呼后者是"我的敌人中最强大、最顽强、最慷慨的一位"。摄政亲王看到这封信函的时候，可能深信是他而不是他的将军或大臣，已经在战争中获胜，他倒是不需要别人做太多的说服便有此看法。"柏勒罗丰号"在托贝下锚靠岸。德文郡好奇的群众都凝视这位"科西嘉的食人魔"，同时利物浦勋爵与英国内阁在伦敦反复商议，各大报纸言论都要求将拿破仑付诸审判。英国政府代表盟国，决定将他流放到圣赫勒拿岛。该岛的面积与新泽西的大小相同，但是境内山峦起伏而且距离很远，想从那里逃走简直是不可能的事。7月26日，下台的拿破仑皇帝便航向南大西洋度其晚年，他从不理解为何会在滑铁卢败北，他认为这是其他人的错而非自己，他将与他少数忠实的随从一起消磨六年的放逐岁月，这些随从创造了拿破仑天下无敌的传奇，而此一传奇对法兰西的未来将产生十分重大的影响。

＊　　　＊　　　＊　　　＊　　　＊

维也纳会议已于 6 月完成了它的工作，列强的代表还会在巴黎集会并与法兰西签订新的合约，最后花了三个月的时间完成这项任务。

---

① 柏勒罗丰号，希腊神话中骑飞马杀死喀迈拉的英雄。——译注

普鲁士人提出对法兰西非常苛刻的条件。卡斯尔雷代表英国,他认为宽容的条件会使法兰西人的怨恨减少到至少能防止重启战端的地步,在这方面他获得威灵顿衷心的支持,而威灵顿现在在整个欧洲都建立了独特的威权。11 月缔结的第二次《巴黎和约》,较 1814 年的《巴黎和约》苛刻些,法兰西因此丧失了某些小的领土,还得偿付七亿法郎的赔款,并且由盟军占领国土三年,所幸条款中并没有让人无法忍受的羞辱。这项条约就解决法兰西问题的方式而言,表现得宽容而至为成功。威灵顿指挥着占领军,在接下来的三年当中,他俨然就是欧洲的强权。卡斯尔雷较为忧郁,他认为如果能维持七年和平,条约将更有道理。他们建立的和平比他们所知的要更好,因为后来列强之间至少维持了四十年的和平,而维也纳会议与《巴黎和约》的主要原则到二十世纪都还发挥作用。

1815 年签订的一些和约是直到 1919 至 1920 年之前欧洲最后的重要条约。自由党的史家兼内阁大臣赫伯特·费希尔比较过这两项条约:"塔列朗提出的合法性原则将条约的精神做了个总结:是合法性使波旁王族在法兰西复辟,为韦廷王族保留住萨克森,并且肯定撒丁尼亚王室的权力,对国籍问题或有关人民的愿望则未表示任何尊重。因此,在所有的要点方面,在维也纳拟定条约的政治家,于目的与原则上,和欧洲创造者的目的及原则格格不入。1920 年的和约构成的民主制度,这种制度也只有在维也纳会议授权维持欧洲太平的君主国家覆亡时,才可能确立起来。1920 年的条约创建了新的共和国,重新划分了边界,正式解散了古老的奥地利帝国,依法兰西革命分子宣扬的、但是后来长久不见踪影的自决原则,建立了欧洲。对于维也纳会议而言,威尔逊总统的原则将会是可诅咒之物。由梅特涅、塔列朗以及卡斯尔雷的指导,维也纳会议认为欧洲的福祉将不会取决于顺从有关民族的意愿,而只取决于严谨地服从合法的权威。"[①]

---

① 赫伯特·费希尔所著的《欧洲史》(1935)。

1815年维也纳会议
之后的欧洲

瑞典和挪威

大不列颠

伦敦·

丹麦

柏林

汉诺威

尼德兰王国

普鲁士

萨克森

志

巴伐利亚

奥地利帝国

维也纳·

瑞士

奥斯曼帝国

罗马·

教皇国

两西西里王国

法兰西

巴黎·

西班牙

葡萄牙

里斯本·

308

卡斯尔雷可能摒弃现在由三个专制强权，即俄罗斯、普鲁士与奥地利之间形成的"神圣同盟"，而斥之为"极端荒诞思想及胡言乱语"。它的确是沙皇亚历山大一世想入非非、含混不清的脑袋所臆想的产物。然而为了安定，卡斯尔雷准备看着罗曼诺夫王朝①、霍亨索伦王朝②与哈布斯堡王朝，在中欧与东欧整个的较大部分，重建他们反动的威权，而无视于人民争取民族独立与自由的运动。这就是欧洲为推翻拿破仑所付出的代价，甚至于当合法性的原则与某个强权的利益产生冲突时，它就会被人抛弃而置之不顾。1792年仍然独立的波兰，在1814年已不再被人认为具有合法性。萨克森王国的部分与莱茵河的亲王——主教管辖区都割给了普鲁士，而威尼斯共和国与它的亚得里亚海海岸地带都让给了奥地利。合法性并未成为扩张疆域的障碍。

因此在最长的世界大战之后，紧接着出现的是旷日持久的缔和活动。法兰西大革命的冲击已由拿破仑的天赋散布到欧洲的四面八方。自由与民族主义的观念在巴黎诞生，并且传给了欧洲所有的人民。在即将来临的十九世纪中，它们将与维也纳会议努力追求的世界秩序发生彻底的冲突。如果法兰西被打败了，它的皇帝也将下台，曾经激励法兰西的原则仍继续传承下去，它们将会在欧洲的每个国家扮演值得注意的改变政府形式的角色，就连英国也不例外。

---

① 罗曼诺夫王朝（1618—1917），俄罗斯统治者王朝。——译注
② 霍亨索伦王朝，该王室统治勃兰登堡（1415—1701）。——译注

图书在版编目（CIP）数据

丘吉尔论民主国家：革命的年代 ／（英）温斯顿·丘吉尔著；刘会梁译.
—上海：上海三联书店，2017.3
ISBN 978-7-5426-5910-1

Ⅰ.①丘… Ⅱ.①温… ②刘… Ⅲ.①英国－历史－通俗读物 Ⅳ.①K561.09

中国版本图书馆CIP数据核字（2017）第094607号

本书中文简体字译文由左岸文化出版社授权

丘吉尔论民主国家：革命的年代

著　　者／〔英国〕温斯顿·丘吉尔
译　　者／刘会梁
责任编辑／陈启甸
特约编辑／谭秀丽
装帧设计／Metis 灵动视线
监　　制／李　敏
出版发行／上海三联书店
　　　　　（201199）中国上海市都市路4855号2座10楼
印　　刷／三河市华润印刷有限公司
版　　次／2017年3月第1版
印　　次／2017年3月第1次印刷
开　　本／710×1000　1/16
字　　数／214千字
印　　张／20.5

ISBN 978-7-5426-5910-1/K·419

定　价：35.80元